高职高专经济管理类“十四五”理论与实践结合型系列教材

校企合作优秀教材

基础会计

JICHU KUAIJI

主编　黄佳蕾　朱丹　董肖群

華中科技大學出版社
http://www.hustp.com
中国·武汉

图书在版编目(CIP)数据

基础会计/黄佳蕾,朱丹,董肖群主编.—武汉:华中科技大学出版社,2020.4
ISBN 978-7-5680-6084-4

Ⅰ.①基…　Ⅱ.①黄…　②朱…　③董…　Ⅲ.①会计学-高等职业教育-教材　Ⅳ.①F230

中国版本图书馆 CIP 数据核字(2020)第 057474 号

基础会计　　　　黄佳蕾　朱丹　董肖群　主编
Jichu Kuaiji

策划编辑:聂亚文
责任编辑:史永霞
封面设计:孢　子
责任监印:朱　玢
出版发行:华中科技大学出版社(中国·武汉)　　电话:(027)81321913
武汉市东湖新技术开发区华工科技园　　邮编:430223
录　　排:华中科技大学惠友文印中心
印　　刷:武汉科源印刷设计有限公司
开　　本:787mm×1092mm　1/16
印　　张:13
字　　数:333 千字
版　　次:2020 年 4 月第 1 版第 1 次印刷
定　　价:42.00 元

前言

PREFACE

从当前社会变革的角度看，知识更新越来越快，经济业务越来越复杂，这就要求应用型会计人才的培养不能简单地局限于"会用"，还要强调"用好、用活"，不能忽视应用型会计人才的应变能力和创新能力的培养。

"基础会计"作为会计专业最重要的一门专业基础课程，在整个会计知识体系的学习中起着启蒙的重要作用，因此，在注重培养应用能力的教学模式下，绝对不能忽视基础理论教学工作，应针对不同知识点，进行职业岗位能力分析与技能分解，根据职业能力特点安排课程必须掌握的专业理论知识，进行有针对性的重点讲授、深入讲解。在侧重应用的前提下要着眼于学生综合素质的提高，增强应用型会计人才主动进行知识创新的能力。

培养应用型会计人才的过程中，一个至关重要的方面是认真遴选优秀教材，必要时开发特色教材以适应高职院校学生的学习特点，充分考虑高职院校学生的接受能力，选取的教材内容突出实践性、技能性，同时，具备可读性和可理解性。

本书根据最新的会计、税务、财政等方面的准则，结合企业案例进行编写，适用于经管类各专业学生，也可作为财务会计从业者自学的参考读物。本书由广东青年职业学院财经系组织编写，其中由黄佳蕾、朱丹、董肖群担任主编，各项目编写分工如下：朱丹编写项目一、项目四，胡筱瑜编写项目二，黄佳蕾编写项目三，董肖群编写项目五、项目六，刘冰编写项目七、项目八，广东诚安信会计师事务所有限公司高级会计师包玉玲编写项目九。黄佳蕾负责拟定全书大纲和组织编写工作，并承担了全书定稿前的统稿工作，包玉玲对本书的业务核算部分进行了审核。

本书在编写的过程中，参阅了大量的相关文献，对此表示深深的感谢。由于时间仓促，加之编者水平有限，难免会出现不足之处，恳请读者和同行批评指正。

编者

目录

CONTENTS

项目一

总论

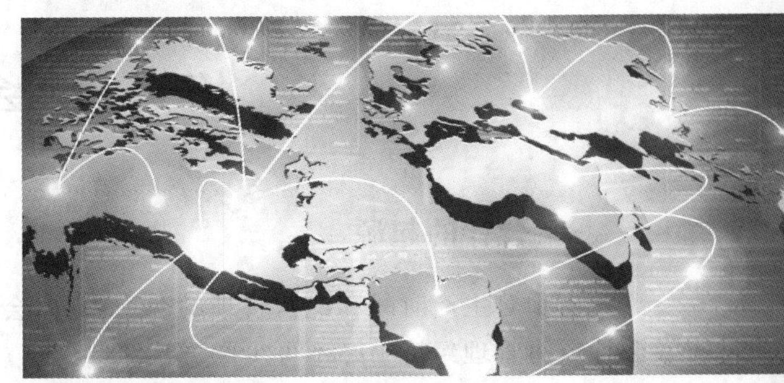

JICHU KUAIJI

知识目标

1. 了解会计的定义、会计的目标、会计的基本职能、会计的基本对象等基本理论知识。
2. 掌握会计核算的基本假设与会计基础。
3. 掌握会计要素及其基本属性。
4. 掌握会计基本等式及其恒等关系。

技能目标

1. 能结合实际情况说明工业企业资金运动的一般过程。
2. 掌握会计核算的流程,初步了解会计工作过程。
3. 能熟练分析不同经济业务对会计等式的影响。

任务一 会计的概念

一、会计的起源

由于对生产时间和经营管理的客观需要,会计取得了不断的发展,从原始社会到现代社会,会计成为管理经济中必不可少的方法之一。

物质资源在人类社会中的储量有限,因此对生产中的消耗与成果的平衡就尤为重要,人类生产活动总以最小的劳动消耗来获取最大劳动成果为目标,在持续提高生产技术、精益生产工艺之余,经营管理方法的不断提升也成为必要。在原始社会,“结绳记事”“刻契计数”,成为会计最开始的表现形式。这些简单的记录计算劳动成果的方式所起到的管理作用是有限的。随着对管理活动要求的不断提高,会计逐渐独立成为一项专门的管理方法。

会计的发展如表 1-1-1 所示。

表 1-1-1 会计的发展

会计发展过程	时期	特征
会计萌芽阶段	奴隶社会以前	没有专门的会计职业,人类已经具有了简单的记录、计量行为,以记录计算劳动成果作为简单会计管理方式。其记录、计量的方式有“垒石记数”“刻竹为书”和“结绳记事”等
会计发展阶段	奴隶社会—15 世纪	会计职业开始出现,国家设立会计部门用于管理收支情况,同时各类会计名词也不断产生
	15 世纪—20 世纪 50 年代	复式记账法的诞生为合理记账提供了方法,使得会计的发展有了飞速的进步。成本会计的产生使会计出现了新的分支
现代会计阶段	20 世纪 50 年代以后	管理会计与财务会计分离后,管理会计的地位逐步提升,成为管理经营活动中必不可少的部分。另外,计算机科技的发展促使会计电算化的进程加快

二、会计的定义

会计是以货币为主要计量单位，采用一系列专门的技术方法，对特定企业、行政事业单位和其他组织的资金运动进行全面、综合、连续、系统的核算与监督的一种经济管理活动。

本教材以《企业会计准则》为依据，对企业的经济业务进行会计处理。会计作为一项管理活动，通过记录、分类、汇总和分析经济数据，为管理者、投资者、债权人、政府以及社会公众等利益相关人提供重要会计信息，为信息使用者进行决策提供参考依据。因此，会计被称为“商业语言”，用于解释、描述和报告经济活动。会计具有以下基本特征：

(1)会计是一种经济管理活动。

会计的本质是一项经济管理活动，企业越来越重视会计在管理活动中所起到的重要作用。通过会计核算和监督这两项基本职能，会计能为企业管理提供数据资料，使得管理人员能更好地进行经营预测、管理决策；为外部信息使用者报送会计报表，帮助信息使用者进行合理分析。

(2)会计以货币为主要计量单位。

货币计量是指会计主体在会计确认、计量、记录和报告时以货币进行计量，用货币反映会计主体的生产经营活动。经济活动中，可以用于计量的单位有多种，其中较为常用的有劳动计量、实物计量和货币计量。劳动计量是指依据劳动量来进行计量的方法，例如计时工资的计算。实物计量的衡量标准是具体的实物，如原材料、固定资产等。由此可见，劳动计量和实物计量都具有特殊性，只能针对具体的某一类项目进行计量，不能适用于所有的企业经营管理活动，其计量的结果无法直接汇总、比较。而货币计量可以为企业经济活动提供统一衡量标准，能够实现纵向综合和横向比较的综合功能，并以此来全面反映企业的生产经营情况。因此，为了加强企业的经济管理，会计通常以货币为主要计量单位，但劳动计量和实物计量也是必不可少的计量单位。

(3)对经济活动进行连续、系统、全面的核算和监督。

核算和监督是会计的基本职能，具体是指会计在经济管理活动中所具有的客观功能。核算是指对会计主体已经发生或已经完成的经济活动进行的事后核算，也就是会计工作中确认、计量、记录、报告的总称。会计监督是对相关会计核算真实性、合法性和合理性进行的监督检查。

(4)会计核算和监督的对象是资金运动。

会计对象是指会计核算和监督的内容，具体是指社会再生产过程中能以货币表现的经济活动，即资金运动或价值运动。不同单位所涉及的经济活动各不相同，经济业务的内容也具有差别，本书以工业企业的核算为主，因此以工业企业为例介绍资金运动的过程。

工业企业的资金运动主要包括三大类：资金的投入、资金的循环与周转以及资金的退出。工业企业的资金运动过程如图 1-1-1 所示。

①资金的投入。工业企业资金的投入主要包括两大类：一类是投资者投入的资金，该项资金的投入形成所有者权益；另一类是向债权人借入的资金，将形成企业的负债。企业收到投资者、债权人的资金主要用于后续的经营活动，例如生产用机器设备的采购、原材料的购买、职工工资的支付等，最终投入的资金由货币形式转化为企业的其他资产、费用等。

②资金的循环与周转。资金的循环与周转是指资金投入企业后进行的价值创造过程，由供应过程、生产过程和销售过程组成。在循环周转过程中，投入的资金进行了多种转变，由货币资金转变为储备资金、生产资金、产品资金，最终又转变为货币资金，资金就这样周而复始地循环，

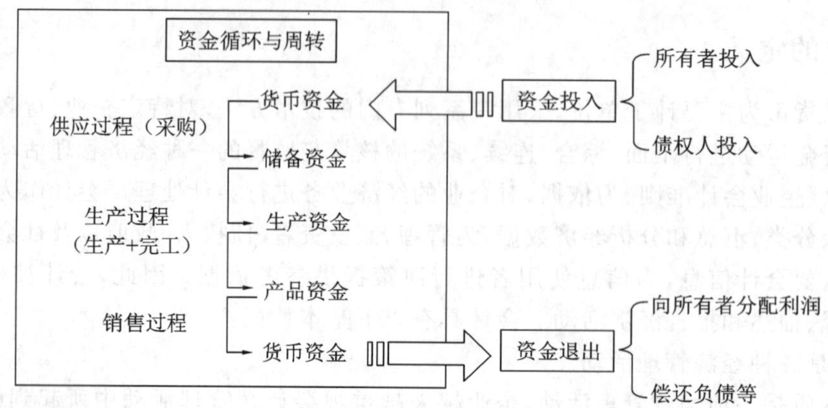

图 1-1-1 工业企业的资金运动过程

因此称之为资金的循环与周转。

在供应过程中，企业主要涉及的经济业务有固定资产的购置、原材料的采购等为生产活动顺利开展而做的准备工作；在生产环节，劳动者将原材料加工成为可供出售的产成品，这一过程将消耗企业的资金、材料、固定资产等形成新的资产即待销售商品；最终在销售过程，将商品销售给客户形成新的货币资金，完成整个资金的循环周转。

③资金的退出。资金的退出指的是资金离开本单位的资金循环与周转的过程，是资金运动的终点。主要的资金退出业务包括向所有者分配利润、偿还债权人债务、依法缴纳税费等。当资金退出企业后，该部分资金将不再有后续的循环与周转。

(5)会计采用一系列专门方法进行核算和监督。

会计所采用的专门方法主要用于核算与监督，这一系列的方法能使得企业的经营管理活动更加有效。会计所采用的专门方法主要有会计核算方法、会计分析方法、会计检查方法，其中会计核算方法是这三种会计方法中最基本的方法。

三、会计的目标

会计目标是指会计工作希望达到的目的和结果，即通过一系列会计活动向会计信息使用者提供会计信息，帮助会计信息使用者进行计划、决策的制订。企业的信息使用者可以分为内部信息使用者和外部信息使用者两大类别。其中内部信息使用者主要是企业内部各层次的管理人员，外部信息使用者主要指投资者(潜在投资者)、债权人、政府、社会公众等。

(1)企业管理人员。企业内部管理当局需要全面掌握本单位的经济活动，包括财务状况、经营成果、现金流量等信息，通过这些会计信息对本期经营情况进行监控、对下期经营计划的制定提供可靠依据。

(2)投资者(潜在投资者)。投资者和潜在投资者需要通过对企业本期的经营状况、长期经营的趋势、以后期间盈利能力的分析，预测投资风险、投资报酬，做出投资、继续投资或转移投资的决策。

(3)债权人。债权人是为企业提供贷款、存货物资或设备的人，例如银行等金融机构借贷人、供应商等。债权人最关注的信息则是企业是否能及时收回款项，因此偿债能力是债权人最关心的问题。

(4)政府。政府机构如国税局、审计局、工商局等与企业经营密切相关的单位需要通过企业提供的信息来监督管理企业的经营。

四、会计的基本职能

会计的职能是指会计在经济管理过程中所具有的功能。会计有两大基本职能，分别为核算和监督。除此之外，会计还具有预测经济前景、参与经济决策、评价经营业绩等拓展职能。会计的本质是一项经济管理活动，即需要对单位的经济业务进行确认、计量与报告，同时通过相关会计资料能对经济活动进行预测、参与决策并实行监督。

1. 会计核算职能

会计核算职能是指会计以货币为主要计量单位，对特定主体的经济活动进行确认、计量、报告，为有关各方提供会计信息。

会计核算是会计的一项最基本的职能，是其他经济管理工作的基础。会计确认是指企业将符合确认条件的会计要素登记入账并列报于会计报表及其附注中的过程。会计的确认需要符合一定的标准，如符合会计要素的定义和特征、可以用货币进行计量、经济信息可靠且相关等。会计计量是将符合确认条件的会计要素登记入账，是会计确认的结果。在计量环节，会计人员需确定该项交易或事项的金额。会计报告则是指在会计确认、会计计量的基础之上，将特定主体的财务状况、经营成果、现金流量等信息通过财务报表的形式披露给信息使用者。

2. 会计监督职能

会计监督职能是指对特定对象的经济活动、会计核算的真实性、合法性和合理性进行监督。

会计监督的真实性审查主要检查会计核算的内容是否是实际发生的经济业务，会计应对真实发生的经济业务进行核算。合法性审查是检查相关经济业务是否符合国家有关法律法规规定，是否遵守财经纪律，是否执行了国家的各项方针政策，企业应杜绝违法乱纪行为。合理性审查是指检查各项财务收支是否符合特定对象的财务收支计划，是否有利于预算目标的实现，是否有奢侈浪费行为，是否有违反内部控制要求等现象，为增收节支、提高经济效益严格把关。

会计监督可以分为内部监督和外部监督。内部监督主要指单位内部监督，是指企业的自我检查，是为了保证其资产安全性、经济业务合法性、提高经济效益、控制风险等目的而采取的一系列措施，如不相容职务分离、重要事项监督、财产清查、内部审计等。外部监督可以分为国家监督和社会监督两个方面。国家监督是指政府有关部门依据法律和有关行政法规的规定，对有关单位的会计行为、会计资料进行的监督检查。各单位必须依法接受有关监督检查部门依法实施的监督检查，如实提供会计凭证、会计账簿、财务会计报告和其他会计资料以及有关情况，不得拒绝、隐匿、谎报。社会监督是指国家机关以外的社会组织对企业进行的监督，如会计师事务所对委托单位的经济活动进行审计，并据实做出客观评价的一种监督形式。社会监督主要体现了公正性，有较强的权威性、公正性。

3. 会计核算与会计监督的关系

会计的核算职能与监督职能是相互依存、密切结合、相辅相成的。核算职能是基础，监督要源于核算之中，离开核算，监督就失去了依据；监督职能是指导，离开了监督，核算资料的质量就难以保证，甚至会变得毫无意义。因此，有效地发挥会计的职能作用，必须在核算的基础上进行监督，在监督的指导下进行核算。

五、会计的核算方法

会计核算方法体系包括设置会计科目及账户、复式记账、填制与审核会计凭证、登记会计账簿、成本计算、财产清查、编制财务会计报告等环节。会计核算方法体系如图 1-1-2 所示。

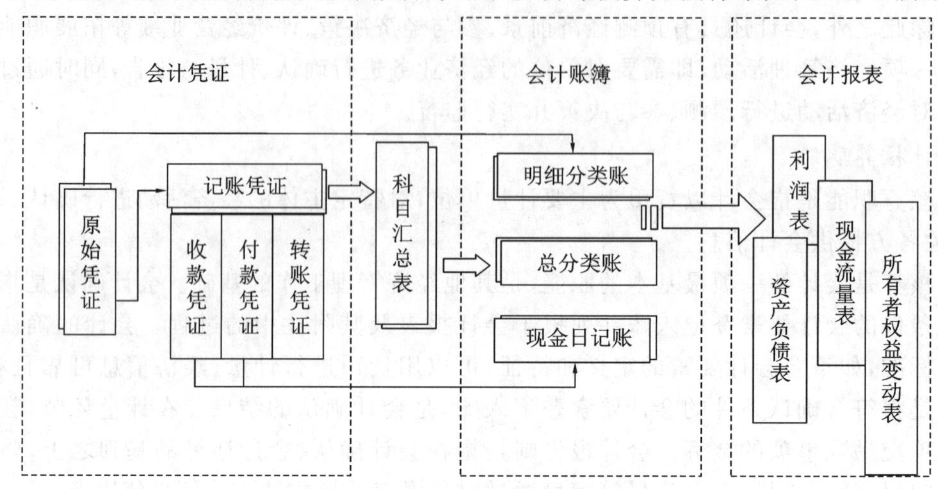

图 1-1-2 会计核算方法体系

(1)设置会计科目及账户。设置会计科目及账户是对会计要素的具体内容进行具体分类核算和监督的专门方法。会计科目是具体的分类项目名称,是在账簿中开设账户的依据。企业通过账户可以分类连续记录各项经济业务,是其他核算方法的基础。

(2)复式记账。复式记账是一种科学的记账方法,对每一项经济业务的发生都以相等的金额在两个或两个以上相互联系的账户中进行登记,能够形成账户之间的平衡关系,从而可以了解整个经济业务的来龙去脉,同时通过平衡关系可以检查有关业务的记录是否正确,实现核对会计记录。

(3)填制与审核会计凭证。会计凭证是用来记录经济业务、明确经济责任的书面证明,是登记会计账簿的依据。通过会计凭证的填制与审核,能够审查经济业务是否真实、合法,保证会计记录正确、完整。

(4)登记会计账簿。会计账簿的登记是以审核无误的会计凭证为依据进行记账的。会计账簿能连续、完整、系统地记录和反映经济业务。

(5)成本计算。在生产经营过程中将发生各类生产费用,企业需对这一系列的生产费用按照不同的成本对象进行归集与分配,以此确定各个成本对象的总成本、单位成本及费用。

(6)财产清查。财产清查主要针对的是企业的货币资金、实物资产、往来款项等,通过对资产的盘点,确定其实存数,再将实存数与账存数进行比较,判断两者是否一致。

(7)编制财务会计报告。依据会计准则制度的要求,企业应当定期向财务报告使用者(所有者、债权人及其他财务报告使用者)提供财务报表和其他应当在财务报表中披露的相关信息和资料。

总而言之,企业所运用的各种会计核算方法不是独立存在的,在实务工作中它们往往相辅相成、紧密配合。会计核算的一般流程如下:单位经济业务发生后,由会计人员审核、整理相关原始凭证,按照单位设置的会计科目,运用复式记账的方法编制记账凭证,并依据记账凭证及原始凭证登记会计账簿，接着，对生产经营过程中发生的各项费用进行成本计算，在会计期间终了时需对财产进行清查，在账实相符的基础上编制会计报表。因此，在学习过程中应熟练掌握并灵活使用各类会计核算方法。

任务二 会计基本假设与会计基础

一、会计基本假设

会计基本假设也称为会计核算的基本前提，是对会计核算所处时间、空间环境等所做的合理假设，是企业会计确认、计量和报告的前提。会计核算的基本前提是从会计实践中抽象出来的，其最终目的是保证会计核算资料符合财务报告的目标。我国会计核算的基本前提主要包括会计主体、持续经营、会计分期和货币计量。

(一)会计主体

会计主体是指企业会计确认、计量和报告的空间范围，就是会计所核算和监督的特定单位或组织。明确会计主体才能明确会计所要处理的各交易或事项的范围，才能将会计主体的交易或事项与会计主体所有者的交易或事项以及其他会计主体的交易或事项区分开来。在会计主体假设下，会计的核算应当以本企业为基本会计主体，对其本身发生的交易或事项进行会计确认、计量和报告，反映企业本身所从事的各项经济活动，并将其与其他经济实体区别开来。例如，企业所有者的交易或事项是属于企业所有者主体所发生的，不应纳入企业会计核算的范畴。

区分:会计主体与法律主体

法律主体指的是活跃在法律之中，享有权利、负有义务和承担责任的人，以能够独立承担法律责任为确定依据。法人是一种享有民事主体资格的组织，法律赋予了它等同于自然人一样的人格。在特定的情况下，可以将法人等“人和组织”类推为法律主体。会计主体是能够独立进行会计核算的主体，一般而言，法律主体必然是会计主体，而会计主体不一定是法律主体。例如，一个企业是一个法律主体，能够独立承担法律责任，同时企业也应当建立财务会计系统进行会计核算，单独反映财务状况、经营成果和现金流量等信息。但是并非所有的会计主体都是法律主体，例如，在集团公司下，母子公司单独来看是不同的会计主体和法律主体，但企业集团作为一个整体有必要编制合并财务报表来全面反映企业集团的财务状况、经营成果和现金流量等信息，因此整个企业集团是一个独立的会计主体。但这一整体并不是单独的法律主体。

(二)持续经营

持续经营是指在可以预见的将来，企业将会按当前的规模和状态持续经营下去，不会停业，也不会大规模削减业务。持续经营假设是指企业的会计核算，会计确认、计量和报告应当以企业持续、正常的生产经营活动为前提，而不需要考虑企业是否破产清算。持续经营假设明确的是会计核算的时间范围，在该前提下会计主体将按照既定用途使用资产、按照既定的合约条件清偿债务，会计人员可以在此基础上选择会计政策和方法。例如，企业的固定资产在持有期间需要采用一定的折旧方法，将历史成本分摊到各个会计期间的费用或相关产品成本中。如果企业不能持续经营，则不需要对固定资产计提折旧，会计核算的方法也将有所不同。

(三)会计分期

会计分期是指将一个企业持续经营的生产经营活动划分为一个个连续的、长短相同的期间。将企业的经营活动人为划分为若干个相等的时间间隔,能够让企业在持续经营的过程中有等距离的期间来结算盈亏,能够定期确定企业的财务状况、经营成果及现金流量等信息,以便企业结算账目、编制会计报表,同时提供更加有比较性的会计信息给企业报表使用者。在会计分期假设下,企业需要划分会计期间,分期结算账目和编制财务报告。会计期间通常分为年度和中期两种,《中华人民共和国会计法》规定会计年度自公历 1 月 1 日起至 12 月 31 日止,中期指的是短于一个完整会计年度的报告期间,如月度、季度、半年度等。正是由于有会计分期才使得会计核算有当期、以前期间和以后期间的区分,才使得折旧、摊销等方法出现在会计核算中。因此,以会计分期为前提,界定了提供会计信息的时间节点,为会计核算奠定了基础。

(四)货币计量

货币计量是指会计主体在会计确认、计量和报告时以货币计量,反映会计主体的生产经营活动。货币是商品的一般等价物,是衡量一般商品价值的共同尺度,具有价值尺度、流通手段、贮藏手段和支付手段等特点。其他的计量方法有实物、劳务、时间等,只能适用于企业的小部分经济业务的衡量,较为片面且不够准确,不能针对所有的业务进行核算,因此均不适合在会计核算中使用。相比较而言,使用货币进行衡量能够全面、综合反映企业的生产经营情况,虽然在某些情况下,采用货币计量也有缺陷,如某些影响企业财务状况和经营成果的因素难以用货币来计量,但该部分信息所占比重较小,且这一缺陷可以通过财务会计报告中的非财务信息来弥补,所以《企业会计准则——基本准则》规定,会计确认、计量和报告选择货币作为计量单位。

《中华人民共和国会计法》规定:会计核算以人民币为记账本位币;业务收支以人民币以外的货币为主的单位,可以选定其中一种货币作为记账本位币,但是编报的财务会计报告应当折算为人民币;在境外设立的中国企业向国内报送的财务会计报告,也应当折算为人民币。

二、会计基础

会计基础是会计确认、计量和报告的基础,指的是会计以什么为标准来确认、计量和报告企业单位的收入和费用,目的是更加真实、公允地反映企业在某一特定日期的财务状况和某一特定期间的经营成果。会计记账基础包括全责发生制和收付实现制两种,《企业会计准则——基本准则》规定:企业应当以权责发生制为基础进行会计确认、计量和报告。

(一)权责发生制

权责发生制也称为应收应付制,是以权力或责任的发生与否为标准来确认收入和费用的一项原则。在实务工作中,企业交易或事项发生的时间和相关货币资金收到和支出的时间并不完全是一致的,经常出现销售业务已经完成但款项尚未收到或采购已完成但款项未支付的情况。为了真实、公允地反映企业的经济业务,企业应当以权责发生制为基础进行会计核算。按照权责发生制的要求,凡属于本期的收入,不管其款项是否收到,都应作为本期的收入;凡属于本期的费用,不管其款项是否支出,都应作为本期的费用。以此类推,凡不属于当期的收入,即使款项已在当期收到,也不应作为当期的收入;凡不属于当期的费用,即使款项已在当期支付,也不应当作为当期的费用。例如,赊销商品时销售业务已经发生但款项尚未收到,企业应当按照权责发生制的原理在销售商品的当天已满足收入确认条件,可以确认销售收入,而不是在收到款项时才确认。

(二)收付实现制

收付实现制是以收到或支付现金作为确认收入和费用的标准，以此来记录收入的实现或费用的发生。收付实现制下的会计核算与权责发生制下的会计核算的规定不同。在收付实现制下，凡属于本期收到的收入和支出的费用，不管其是否应归属于本期，都作为本期的收入和费用；凡本期未收到的收入和未支付的费用，即使应归属于本期收入和费用，也不能作为本期的收入和费用。在我国，政府会计由预算会计和财务会计构成，其中预算会计采用收付实现制，国务院另有规定的，依照其规定；财务会计采用权责发生制。承接权责发生制当中的例子，赊销商品时销售业务已经发生但款项尚未收到，企业在销售商品的当天已满足收入确认条件，但在收付实现制下，由于没有收到款项还不能确认销售。

收付实现制与权责发生制的对比分析如表 1-2-1 所示。

表 1-2-1 收付实现制与权责发生制的对比分析

项目	权责发生制	收付实现制
收入	在取得收款权利时确认收入	在实际收到款项时确认收入
费用	在产生付款义务时确认费用	在实际支付款项时确认费用
优点	利润合理准确，收入与成本相匹配	会计记录直观，核算简单
缺点	实务处理烦琐	不符合收入与费用配比的原则
适用范围	大部分企业以及政府会计中财务会计的部分	政府会计中预算会计的部分

【例 1-2-1】 2019 年 1 月 1 日甲公司将一栋厂房出租给乙公司，租期 1 年（2019 年 1 月 1 日至 2020 年 1 月 1 日），合同约定租金于 2019 年 1 月 1 日一次性收取，金额为 200 万元（不考虑相关税费）。

判断：

(1)在权责发生制下，2019 年 1 月 1 日是否能确认租金收入；

(2)在收付实现制下，2019 年 1 月 1 日是否能确认租金收入。

【解析】(1)在权责发生制下，2019 年 1 月 1 日虽然收到了租金 200 万元，但不满足租金收入的确认条件，不能在 2019 年 1 月 1 日确认收入；

(2)在收付实现制下，2019 年 1 月 1 日当天虽然不满足租金收入的确认条件，但收到了款项，因此应在 2019 年 1 月 1 日确认收入 200 万元。

任务三 会计要素

一、会计要素

会计要素是根据交易或者事项的经济特征对财务会计对象所做的基本分类，是会计核算对象的具体化，是利用会计语言对会计核算内容类别的概括，也是设置会计科目的依据。根据我国《企业会计准则——基本准则》的规定，根据性质的不同，会计要素分为资产、负债、所有者权益、收入、费用和利润六大类,其中:资产、负债和所有者权益反映的是企业的财务状况,是静态会计要素,是构成资产负债表的基本内容;而收入、费用和利润更侧重于反映企业的经营成果,是动态会计要素,是构成利润表的基本内容。

会计对象、会计要素与会计科目的对应关系如图 1-3-1 所示。

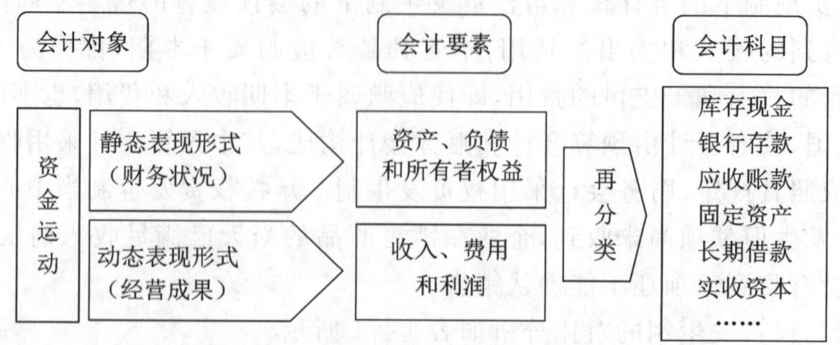

图 1-3-1 会计对象、会计要素与会计科目的对应关系

(一)资产

1. 资产的定义

资产,是指由过去的交易或者事项形成的,由企业拥有或控制的,预期会给企业带来经济利益的资源。资产具有以下特征:

(1)资产是企业过去的交易或者事项形成的。

企业资产,必须是现实的而非预期的资产。它是企业过去已经发生的交易或者事项形成的结果,包括购置、生产、建造等行为或其他交易或事项。至于尚未发生的交易或事项以及未来计划的交易或事项可能产生的结果,则不属于现实的资产,不得作为企业资产确认。例如,某企业 1 月计划购买一台机器设备并与销售方签订采购合同,合同中约定的购买时间为 2 月份,则该企业 1 月份不能将该机器设备作为资产入账。

(2)资产是由企业拥有或控制的。

企业拥有或控制,是指企业享有某项资源的所有权,或者虽然不能享有某项资源的所有权,但该资源能够被企业所控制。换句话说,企业能够支配该项资源,为企业带来经济利益。例如,以融资租赁方式租入的固定资产,企业虽然不具有该项资产的所有权,但由于租赁合同中规定的租赁期限接近于该项资产的预计使用寿命,因此该项资产所生产出的产品可以由企业支配,实质上企业可以控制该项资产预计所带来的经济利益,应将融资租入的固定资产确认为企业的一项资产。与此相反,以经营租赁方式租入的固定资产,企业既不具有所有权,也没有实质上的控制权,因此不能确认为企业的资产。

(3)资产预期能够给企业带来经济利益。

经济利益,是指直接或者间接流入企业的现金及现金等价物。预期能够给企业带来经济利益,是指直接或者间接导致现金及现金等价物流入企业的潜力。能够带来经济利益的资产既可以是有形的,也可以是无形的,但必须是可以为企业带来现金及现金等价物流入的资源。例如:一台在技术上被淘汰的生产设备,尽管在实物上依旧存在,但由于生产不出适销对路的产品,无法给企业带来经济利益,所以应予以报废,不再是企业的资产;一项拥有使用价值的专利技术,虽然不具有实物形态，但依此为基础生产的产品能够给企业带来经济利益，应确认为企业的一项资产。

2.资产的分类

企业的资产按照流动性可以划分为流动资产和非流动资产。流动资产是指可以在一年或者超过一年的一个营业周期内变现、出售或耗用的资产，企业日常生产经营过程中持有或以备出售，以及在产品生产、劳务提供过程中正在消耗的物料等，主要包括货币资金、交易性金融资产、应收及预付款项、存货、持有待售非流动资产等。某些行业比较特殊，例如造船业、大型机械制造业等，从投入资金、购买原材料、制成产品、实现销售到最后收回资金，其经营周期往往会超过一年，因此不能将一年内变现作为划分流动资产与非流动资产的标准。非流动资产是指除流动资产以外的资产，是为企业生产商品、提供劳务、出租或经营管理需要而持有的，使用寿命超过一个会计年度的资产，主要包括长期股权投资、固定资产、在建工程、无形资产等。

3.资产的确认条件

(1)企业将一项资源确认为资产首先需要符合资产的定义。

(2)与该项资源相关的经济利益很可能流入企业。“很可能”指的是流入企业的概率大于50%小于95%。为企业带来经济利益是资产的特征之一，但由于市场经济环境的不确定性，与资源有关的经济利益是否能流入企业还不能完全确定，因此，只有经济利益很可能会流入企业的资源才能被确认为资产。

(3)该资源的取得成本或者价值能够可靠地计量。只有资源的取得成本或价值能够可靠地计量，才能将该资源确认为资产。例如，企业为了开展生产经营工作需要购置厂房、购买原材料等资源，在采购过程中都需要付出成本，只有实际发生采购的成本能够可靠计量，才能确认为资产。

(二)负债

1.负债的定义

负债，是指企业过去的交易或者事项形成的，预期会导致经济利益流出企业的现时义务。负债是企业向外部借入资金的重要来源之一，包括采购材料暂未支付的款项、应付职工的工资、应交而未交的税金、向银行或金融机构借入的款项、发行的债券、长期应支付的款项等。

2.负债的特征

(1)负债是企业过去的交易或者事项形成的现时义务。

现时义务是指企业在现行的条件下应该承担的义务。企业过去形成的交易或事项，导致企业现在甚至将来必须要承担义务，而未来将要发生的交易或事项形成的义务不属于现时义务，不应确认为企业的负债。例如，企业过去某一时间接受了银行的贷款，那么企业现在甚至将来必须要承担还款义务。如果企业筹划在将来的某一时间向银行申请贷款，则现在不会形成银行存款这一项负债。因此未来的潜在义务不属于负债。

(2)负债的清偿预期会导致经济利益流出企业。

负债的清偿会形成经济利益的流出。现如今企业清偿方式多种多样，如用现金清偿、以实物清偿或者提供劳务方式清偿等。无论哪种清偿方式，企业在履行清偿义务时都会导致经济利益的流出。

3.负债的分类

负债按照其流动性划分为流动负债和非流动负债。流动负债是指将在一年或者超过一年的一个营业周期内偿还的债务,包括短期借款、应付账款、预收账款、应付票据、应付职工薪酬、应交税费、其他应付款等。非流动负债是指除流动负债以外的负债,偿还期限往往超过一个会计年度,包括长期借款、应付债券、长期应付款等。

4.负债的确认条件

(1)企业将一项现实义务确认为负债需满足负债的定义。

(2)与该项现时义务相关的经济利益很可能流出企业。与资产的确认条件类似,这里的“很可能”指的是经济利益流出企业的概率大于50%小于95%。由于不确定性的存在,某项现实义务是否导致经济利益流出企业是不确定的,只有满足很可能流出企业这一条件的现实义务才能被确认为负债。因此,负债的确认应当与经济利益流出企业的不确定性程度的判断相结合。

(3)未来流出经济利益的金额能够可靠地计量。只有流出的经济利益能够可靠计量,负债才能够可靠地被记录,因此可靠计量也是确定负债的重要因素。

(三)所有者权益

1.所有者权益的定义

所有者权益是指在企业资产扣除负债后所有者享有的剩余权益。企业的所有者权益又称为股东权益,其金额为资产减去负债后的余额,是企业资金的主要来源。企业资产的资金来源主要包括债权人借入与所有者直接投入两个方面。向债权人借入的资金形成企业的负债,所有者投入的资金形成企业的所有者权益。所有者投入的资本包括企业注册资本或股本的金额以及投入的超过注册资本或股本的金额(即溢价部分)。

2.所有者权益的特征

(1)永久性。所有者权益不具有偿还性,除非发生减值、清算或者分派现金股利。所有者权益是企业对投资者所承担的经济责任,在一般情况下不需要偿还。

(2)滞后性。企业破产清算时,企业的负债具有优先清偿的权利。企业发生破产清算,企业的全部资产需要优先偿还负债,若有余额,才向企业所有者分配剩余资产。

(3)收益性。所有者可以分享企业的利润,可以凭借所有者权益参与企业利润分配和经营管理,而企业的债权人只享有到期收回本金和利息的权利,无权参与企业的利润分配和经营管理。

3.所有者权益的分类

所有者权益按其形成方式划分为实收资本(或者股本)、资本公积、盈余公积和未分配利润。其中,盈余公积和未分配利润可以统称为留存收益。

(1)实收资本是指企业按照企业章程、协议或合同的约定,实际投入企业的资本。

(2)资本公积是指企业收到投资者出资额超过其在注册资本中所占份额的部分。

(3)留存收益是指企业从历年实现的利润中提取或者留存于企业的内部积累,它来源于企业的生产经营活动所实现的利润。盈余公积是指按照国家有关规定从利润中提取的留存于企业的公共积累;未分配利润是指企业本期未分配完或留于以后年度分配的利润。

(四)收入

1.收入的定义

收入是指企业在日常活动中形成的,会导致所有者权益增加的,与所有者投入无关的经济利益的总流入,主要包括销售商品收入、提供劳务收入、利息收入、租金收入等,但不包括为第三方或客户代收的款项。

2.收入的特征

(1)收入是企业在日常活动中形成的经济利益的总流入。

日常活动是指企业为了完成其生产经营目标而从事的所有活动以及与之相关的活动,例如,工业企业生产销售产品、商业企业的商品购销活动、服务行业提供劳务活动等。收入是在企业日常活动中产生的,而不是从偶然发生的交易或事项中产生的。因此对于日常活动的界定,是为了将收入与利得加以区分。企业因非日常经营活动形成的经济利益的流入不能够确认为收入,而应确认为利得。如企业将本企业的房屋出租给其他单位而取得的租金,可以确认为企业的收入;如果企业将不再使用的房屋对外出售,由于该活动不属于企业的日常经营活动,因此将出售所得确认为企业的净收益。另外,收入确认的经济利益的总流入,不包括为第三方或客户代收的款项。

(2)收入最终会导致所有者权益的增加。

收入可能表现为企业资产的增加,或负债的减少,或两者兼而有之。如销售商品收取现金,则表现为资产的增加;用商品或劳务抵偿债务,则表现为负债的减少;以商品或劳务抵偿债务的同时收取部分现金,则两者兼而有之。无论是哪种表现形式,最终都会表现为所有者权益的增加。

(3)收入导致的经济利益的流入与所有者投入无关。

投资者投入资本带来的经济利益的流入虽然会导致所有者权益的增加,但它不是企业日常经营活动的成果,因而不可以作为收入要素。

3.收入的分类

按照性质不同,收入可以主要分为销售商品收入、提供劳务收入和让渡资产使用权收入。按照经营业务的主次,收入可以分为主营业务收入和其他业务收入。其中,主营业务收入是指企业从事主要经营活动取得的收入,一般占企业总收入的比重较大,对企业的经济效益贡献较大。

(五)费用

1.费用的定义

费用是指企业在日常活动中发生的,会导致所有者权益减少的,与向所有者分配利润无关的经济利益的总流出。

2.费用的特征

费用具有以下特征:

(1)费用是企业在日常活动中形成的经济利益的总流出。

费用是在企业日常活动中产生的,而不是从偶然发生的交易或事项中产生的。对于日常活动的界定,是为了将费用与损失加以区分。企业因非日常活动所形成的经济利益的流出不能作为费用确认,而应该将其计入当期损益。例如,工业企业采购原材料、商业企业从事商品采购业务等发生的经济利益的流出,可作为费用加以确认。工业企业处置固定资产发生的净损失,由于该损失与企业日常经营活动无关,故将其确认为损失,而不是费用。

(2)费用最终会导致所有者权益的减少。

费用可能表现为企业资产的减少或负债的增加,或两者兼而有之。例如:企业用银行存款支付当期办公费用,表现为资产的减少;企业应定期支付银行贷款的利息,表现为负债的增加;企业当期发生租赁费,部分采用银行存款支付,部分尚未支付,则表现为两者兼而有之。费用无论表现为哪种形式,最终都会导致所有者权益的减少。

(3)费用导致的经济利益流出企业与所有者分配利润无关。

企业分配利润带来的经济利益流出,虽然会导致所有者权益的减少,但它不是企业日常经营活动的成果,因而不可以作为费用要素。

3.费用的分类

费用按照其与收入的配比关系,可分为营业成本和期间费用。营业成本是指销售商品或提供劳务的成本,包括主营业务成本和其他业务成本。期间费用是指本期发生、不能直接或间接归入营业成本、直接计入当期损益的各项费用,包括管理费用、销售费用和财务费用。

(六)利润

1.利润的定义

利润是指企业在一定会计期间的经营成果。一般情况下,企业实现了利润,所有者权益将增加;如果企业发生了亏损,则企业的所有者权益将减少。利润是评价企业管理业绩的重要指标之一,也是财务报表使用者进行决策时的重要参考。

2.利润的来源

利润包括收入减去费用之后的净额、直接计入当期利润的利得和损失等。其中:收入减去费用之后的净额指的是日常活动中产生的利润;直接计入当期利润的利得和损失,是指应当计入当期损益、最终会导致所有者权益增减变动的、与所有者投入资本或分配利润无关的非日常活动的经济利益流入或流出。

3.利润的分类

利润按照其构成主要分为营业利润、利润总额和净利润。

(1)营业利润是指营业收入减去营业成本、税金及附加、管理费用、销售费用、财务费用、资产减值损失,加上公允价值变动损益(或减去损失)、投资收益(或减去损失)、资产处置收益(或减去损失)后的金额。

(2)利润总额是指营业利润加上营业外收入、减去营业外支出后的金额。

(3)净利润是指利润总额减去所得税费用后的金额。

二、会计要素计量属性

会计计量是为了将符合确认条件的会计要素登记入账,并列报于财务报表而确定其金额的过程,企业的会计核算应当按照法律、准则规定的会计计量属性进行计量、确定金额。会计要素计量属性包括历史成本、重置成本、可变现净值、现值和公允价值等五大计量方法。

(一)历史成本

历史成本又被称为实际成本,是为取得或制造某项财产物资时所实际支付的现金或其他等价物。历史成本计量主要用于企业的资产、负债和所有者权益等会计要素的计量中。在使用历史成本计量时,资产按照购置时支付的现金或者现金等价物的金额,或者按照购置时支付对价的公允价值来计量。例如,企业支付 3 万元购置 1 000 件原材料 A 用于生产,则原材料的入账价值是 3 万元。

(二)重置成本

重置成本也被称为现行成本,指的是在当前市场条件下,重新取得同样一项资产所需支付的现金或现金等价物的金额。在重置成本计量下,资产的价值按照现在购买相同或者相似资产所需支付的现金或者现金等价物的金额进行计量,多用于盘盈固定资产的计量等。

(三)可变现净值

可变现净值指的是在正常生产经营过程中,以预计售价为基础,减去销售时所必须支付的预计税金、销售费用以及进一步加工成本后的净值来计量。可变现净值的计量本质上是正常经营过程中能够带来的预期净现金流的金额,主要用于存货等资产的后续计量中。

(四)现值

现值是对未来现金流量以恰当的折现率进行折现后的价值,是考虑了货币时间价值的一种计量属性。在现值计量属性下,资产需按照预计从其持续使用和最终处置中所产生的未来净现金流入量的折现金额来计量;负债则是按照预计期限里未来需要偿还的净现金流出量的折现金额进行计量。这一计量属性通常适用于非流动资产(如固定资产、无形资产等)的可收回金额确定、以摊余成本进行计量的金融资产中。

(五)公允价值

公允价值是市场参与者在计量日发生的有序交易中,出售一项资产或转移一项负债所收支的价格,也就是脱手价格,主要用于金融资产、投资性房地产等项目的计量。企业在使用公允价值计量时,应当假定在当前市场条件下进行的有序交易,没有主要市场的应当假定该交易在最有利市场进行。公允价值应用的三个级次:第一,资产或负债等存在活跃市场的,活跃市场中的报价应当用于确定其公允价值;第二,不存在活跃市场的,参考熟悉情况并自愿交易的各方最近进行的市场交易中使用的价格或参照实质上相同或相似的其他资产或负债等的市场价格确定其公允价值;第三,不存在活跃市场,且不满足上述两个条件的,应当采用估值技术等确定公允价值。

任务四 会计等式

会计等式又称会计恒等式,是会计要素之间基本关系的表达式,能够反映会计要素之间的内在联系。

一、会计等式的表现形式

(一)资产、负债与所有者权益之间的数量关系

企业进行正常的生产经营活动,必须拥有或控制一定数量的经济资源。这些经济资源的货币表现就是企业资产。从来源来看,企业的资产一部分来源于企业投资者的投入,一部分来源于企业债权人的借入。企业的投资者就是所有者,它向企业投资资产,就会要求分享资产所带来的利润,它对投入的资产具有要求权,这种要求权在会计上称为所有者权益。企业的债权人

向企业投入资产，债权人则有权要求到期偿还，这种索偿权在会计上称为负债。所有者和债权人对企业资产的要求权在会计上统称为权益。

资产和权益是同一资源的两个不同侧面。资产表明企业拥有或控制多少经济资源，权益则表明这些经济资源的来源渠道。资产与权益两者之间相互依存、相互制约，没有无资产的权益，也没有无权益的资产。因此从数量上看，企业有一定数额的资产，就必定有相同数额的权益；相反，企业有一定数额的权益，就必定有相同数额的资产。这就使得两者之间存在着相辅相成的平衡关系，这种平衡关系可用公式表示如下：

资产＝权益

企业资产的来源既可以是投资者投入的，也可以是债权人提供的。虽然债权人权益和所有者权益同样是对投入的资产的要求权，但两者在本质上又存在差别。债权人权益是债权人要求到期偿还资产本息的权利，所有者权益是所有者要求分享企业利润的权利。企业对债权人与所有者分别承担着不同的经济责任，在会计上需要分别核算，因此资产与权益的平衡关系应进一步用下列公式表示：

资产＝负债＋所有者权益

这一等式是会计的基本等式，反映了企业在某一特定日期的财务状况，即在某一时点企业资产、负债和所有者权益三者的平衡关系。所以，一般将其称为静态会计等式。这一公式在会计学上具有重要的地位，它是设置会计账户、设置复式记账和编制财务报表等的理论基础。资产、负债与所有者权益三者之间的平衡关系，可以用下例说明。

【例 1-4-1】 甲、乙二人于 2018 年 1 月 1 日合伙经营一家公司——A 公司。其中：甲向 A 公司投资 200 000 元，投入款项已存入该公司银行账户；乙将一幢房屋投入公司，做公司的厂房使用，该房屋作价 500 000 元。该公司除了投资者投入的资产之外，还向其开户银行借入期限 6 个月的短期借款 100 000 元，该款项已存入 A 公司银行账户；发行普通股股票 10 000 股，每股面值 1 元，每股发行价格 10 元。如上经济业务可用表 1-4-1 来反映资产、负债与所有者权益三者之间的数量关系。

表 1-4-1　资产负债表(简表)

编制单位：A 公司　　　　2018 年 1 月 1 日　　　　单位：元

资　产	金　额	负债及所有者权益	金　额
银行存款	400 000	短期借款	100 000
固定资产	500 000	实收资本	700 000
		股本	10 000
		资本公积	90 000
资产总计	900 000	负债及所有者权益总计	900 000

从表 1-4-1 可以看出，该公司的资产、负债及所有者权益之间的数量关系：

资产总计(900 000 元)＝负债总计(100 000 元)＋所有者权益总计(800 000 元)

(二)收入、费用与利润之间的数量关系

企业的目标是从生产经营活动中获取收益，实现利润。企业将拥有或控制的资源投入生产经营中，预期会给企业带来经济利益的流入，形成企业的收入。与此同时，企业又必然会发生经

济利益的流出，形成企业的费用。在一定的会计期间内通过收入与费用的比较，便可确定该期间企业所实现的经营成果。因此，收入、费用与利润存在如下等量关系：

收入－费用＝利润

这一等式反映了企业某一时期收入、费用与利润三个要素之间的恒等关系，表明了企业在某一会计期间取得的经营成果。因此，一般称之为动态会计等式，它是编制企业利润表的理论基础。

企业在一定会计期间内形成的收入与费用的差额即为利润。如果收入大于费用，则企业盈利；如果收入小于费用，则企业亏损。由于企业获得的利润，最终是归属于所有者的，那么企业盈利最终会导致所有者权益增加（资产的增加或负债的减少），相反，企业亏损最终会导致所有者权益减少（资产的减少或负债的增加）。因此，企业在经营中所获得的收入与发生的费用，可以视为所有者权益的增加或减少，会计等式可以扩展为：

资产＝负债＋所有者权益＋（收入－费用）

或　　资产＋费用＝负债＋所有者权益＋收入

到会计期末时，企业将收入与费用进行对比，计算出利润（或亏损）后，可将等式转换为：

资产＝负债＋所有者权益＋利润（减亏损）

期末结账后，企业一部分利润分配给投资者，退出企业；一部分利润形成企业的留存收益，纳入所有者权益项目中。则会计等式又恢复为期初的形式，即

资产＝负债＋所有者权益

这个期末会计等式就是下期期初会计等式，将继续随着企业经营而变化。

二、经济业务对会计基本等式的影响

企业的生产经营活动种类繁多，但从会计的角度来看，只有企业的经济业务才是会计要确认、计量和报告的对象。经济业务是指企业在生产经营活动过程中发生的，能引起会计要素发生变化，并能够用货币计量的经济活动，也称会计事项或交易事项。经济业务有涉及主体内部经济业务，如生产车间领用原材料、发放职工的工资等；也有涉及主体外部经济业务，如销售完工产品、与其他单位进行往来结算等。任何一项经济业务的发生，无论引起会计要素的数额如何变化，无论从哪个时点上观察，都不会影响会计等式的数量平衡关系。

（一）资产、负债和所有者权益变动的经济业务对会计基本等式的影响

对于企业来讲，任何一项经济业务都只会影响“资产＝负债＋所有者权益”这一会计基本等式中三个要素本身数额的变动，不会影响这一会计基本等式的平衡关系。

现以 A 公司为例进行说明：

假设 A 公司 2018 年 12 月 31 日的资产负债表如表 1-4-2 所示。

表 1-4-2　资产负债表（简表）

编制单位：A 公司　　2018 年 12 月 31 日　　单位：元

资　产	金　额	负债及所有者权益	金　额
银行存款	400 000	短期借款	100 000
原材料	50 000	应付账款	50 000
库存商品	150 000	实收资本	850 000

续表

资产	金额	负债及所有者权益	金额
固定资产	500 000	股本	10 000
		资本公积	90 000
资产总计	1 100 000	负债及所有者权益总计	1 100 000

表 1-4-2 列示了 A 公司 2018 年 12 月 31 日的资产、负债及所有者权益的状况，即资产总计(1 100 000 元)＝负债总计(150 000 元)＋所有者权益总计(950 000 元)。假设 A 公司 2019 年1月份发生如下经济业务：

【例 1-4-2】 2019 年 1 月 2 日，A 公司从银行提取现金 5 000 元。

此项经济业务的发生，一方面增加企业的库存现金 5 000 元，另一方面减少企业的银行存款 5 000 元。库存现金与银行存款都是资产要素项目，两者此消彼长，增减金额相同，资产总额不变。它表明企业取得一项资产的同时，放弃了另一项资产，不涉及等式右边负债及所有者权益的变动，因此等式两边总额保持不变。资产负债表(简表)如表 1-4-3 所示。

表 1-4-3　资产负债表(简表)

编制单位：A 公司　　2019 年 1 月 2 日　　单位：元

资产	金额	负债及所有者权益	金额
库存现金	5 000	短期借款	100 000
银行存款	395 000	应付账款	50 000
原材料	50 000	实收资本	850 000
库存商品	150 000	股本	10 000
固定资产	500 000	资本公积	90 000
资产总计	1 100 000	负债及所有者权益总计	1 100 000

【例 1-4-3】 2019 年 1 月 6 日，A 公司从银行借入短期借款 50 000 元，用于偿还前欠供应商的货款。

此项经济业务的发生，一方面增加企业的短期借款 50 000 元，另一方面减少企业的应付账款 50 000 元。短期借款与应付账款都是负债要素项目，两者此消彼长，增减金额相同，负债总额不变。它表明企业取得一项负债的同时，放弃了另一项负债，不涉及等式左边资产的变动，因此等式两边总额保持不变。资产负债表(简表)如表 1-4-4 所示。

表 1-4-4　资产负债表(简表)

编制单位：A 公司　　2019 年 1 月 6 日　　单位：元

资产	金额	负债及所有者权益	金额
库存现金	5 000	短期借款	150 000
银行存款	395 000	应付账款	0
原材料	50 000	实收资本	850 000
库存商品	150 000	股本	10 000
固定资产	500 000	资本公积	90 000
资产总计	1 100 000	负债及所有者权益总计	1 100 000

【例 1-4-4】　2019 年 1 月 11 日，经批准，将 A 公司资本公积 40 000 元转增资本，有关手续已经办妥。

此项经济业务的发生，一方面增加企业的实收资本 40 000 元，另一方面减少企业的资本公积 40 000 元。实收资本与资本公积都是所有者权益要素项目，两者此消彼长，增减金额都为 40 000 元，所有者权益总额不变。它表明企业取得一项所有者权益的同时，也放弃了另一项所有者权益，不涉及等式左边资产的变动，因此等式两边总额保持不变。资产负债表(简表)如表 1-4-5 所示。

表 1-4-5　资产负债表(简表)

编制单位：A 公司　　2019 年 1 月 11 日　　单位：元

资　　产	金　　额	负债及所有者权益	金　　额
库存现金	5 000	短期借款	150 000
银行存款	395 000	应付账款	0
原材料	50 000	实收资本	890 000
库存商品	150 000	股本	10 000
固定资产	500 000	资本公积	50 000
资产总计	1 100 000	负债及所有者权益总计	1 100 000

【例 1-4-5】　2019 年 1 月 13 日，A 公司从 B 工厂购进一批原材料，价值 250 000 元，货款尚未支付。

此项经济业务的发生，一方面增加企业的原材料 250 000 元，另一方面增加企业的应付账款 250 000 元。原材料是资产要素项目，应付账款是负债要素项目，等式两边增加金额相同，会计等式仍然保持平衡。它表明企业取得一项资产的同时，也取得了一项负债。资产负债表(简表)如表 1-4-6 所示。

表 1-4-6　资产负债表(简表)

编制单位：A 公司　　2019 年 1 月 13 日　　单位：元

资　　产	金　　额	负债及所有者权益	金　　额
库存现金	5 000	短期借款	150 000
银行存款	395 000	应付账款	250 000
原材料	300 000	实收资本	890 000
库存商品	150 000	股本	10 000
固定资产	500 000	资本公积	50 000
资产总计	1 350 000	负债及所有者权益总计	1 350 000

【例 1-4-6】　2019 年 1 月 15 日，A 公司收到投资者追加投资 100 000 元，当即存入银行。

此项经济业务的发生，一方面增加企业的银行存款 100 000 元，另一方面增加企业的实收资本 100 000 元。银行存款是资产要素项目，实收资本是所有者权益要素项目，发生此项经济业务使得会计等式的两边同时增加了 100 000 元，会计等式仍然保持平衡。它表明企业取得一项资产的同时，也取得了一项所有者权益。资产负债表(简表)如表 1-4-7 所示。

表 1-4-7　资产负债表(简表)

编制单位:A 公司　　　　2019 年 1 月 15 日　　　　单位:元

资　产	金　额	负债及所有者权益	金　额
库存现金	5 000	短期借款	150 000
银行存款	495 000	应付账款	250 000
原材料	300 000	实收资本	990 000
库存商品	150 000	股本	10 000
固定资产	500 000	资本公积	50 000
资产总计	1 450 000	负债及所有者权益总计	1 450 000

【例 1-4-7】　2019 年 1 月 19 日,A 公司开出支票,用银行存款偿还所欠 B 工厂部分货款 150 000 元。

此项经济业务的发生,一方面减少企业的银行存款 150 000 元,另一方面减少企业的应付账款 150 000 元。银行存款是资产要素项目,应付账款是负债要素项目,发生此项经济业务使得会计等式的两边同时减少了 150 000 元,会计等式仍然保持平衡。它表明企业减少一项资产的同时,也减少了一项负债。资产负债表(简表)如表 1-4-8 所示。

表 1-4-8　资产负债表(简表)

编制单位:A 公司　　　　2019 年 1 月 19 日　　　　单位:元

资　产	金　额	负债及所有者权益	金　额
库存现金	5 000	短期借款	150 000
银行存款	345 000	应付账款	100 000
原材料	300 000	实收资本	990 000
库存商品	150 000	股本	10 000
固定资产	500 000	资本公积	50 000
资产总计	1 300 000	负债及所有者权益总计	1 300 000

【例 1-4-8】　2019 年 1 月 23 日,A 公司董事会决定缩减企业规模,依法以银行存款退回投资者原投资 190 000 元。

此项经济业务的发生,一方面减少企业的银行存款 190 000 元,另一方面减少企业的实收资本 190 000 元。银行存款是资产要素项目,实收资本是所有者权益要素项目,发生此项经济业务使得会计等式的两边同时减少了 190 000 元,会计等式仍然保持平衡。它表明企业减少一项资产的同时,也减少了一项所有者权益。资产负债表(简表)如表 1-4-9 所示。

表 1-4-9　资产负债表(简表)

编制单位:A 公司　　　　2019 年 1 月 23 日　　　　单位:元

资　产	金　额	负债及所有者权益	金　额
库存现金	5 000	短期借款	150 000
银行存款	155 000	应付账款	100 000
原材料	300 000	实收资本	800 000

续表

资　　产	金　　额	负债及所有者权益	金　　额
库存商品	150 000	股本	10 000
固定资产	500 000	资本公积	50 000
资产总计	1 110 000	负债及所有者权益总计	1 110 000

【例 1-4-9】 2019 年 1 月 25 日，A 公司再次决定缩减规模，向原投资者退回投资款 10 000 元，款项尚未支付。

此项经济业务的发生，一方面减少企业的实收资本 10 000 元，另一方面增加企业的应付账款 10 000 元。实收资本是所有者权益要素项目，应付账款是负债要素项目，发生此项经济业务使得会计等式的右边一增一减，增减金额都为 10 000 元，会计等式保持平衡。它表明企业减少一项所有者权益的同时，也增加了一项负债。资产负债表(简表)如表 1-4-10 所示。

表 1-4-10　资产负债表(简表)

编制单位:A 公司　　　　2019 年 1 月 25 日　　　　单位:元

资　　产	金　　额	负债及所有者权益	金　　额
库存现金	5 000	短期借款	150 000
银行存款	155 000	应付账款	110 000
原材料	300 000	实收资本	790 000
库存商品	150 000	股本	10 000
固定资产	500 000	资本公积	50 000
资产总计	1 110 000	负债及所有者权益总计	1 110 000

【例 1-4-10】 2019 年 1 月 29 日，前欠 B 工厂的剩余货款 100 000 元，经过双方协商同意转作 B 工厂对 A 公司的投资款。

此项经济业务的发生，一方面减少企业的应付账款 100 000 元，另一方面增加企业的实收资本 100 000 元。应付账款是负债要素项目，实收资本是所有者权益要素项目，发生此项经济业务使得会计等式的右边一增一减，增减的金额都为 100 000 元，会计等式保持平衡。它表明企业减少一项负债的同时，也增加了一项所有者权益。资产负债表(简表)如表 1-4-11 所示。

表 1-4-11　资产负债表(简表)

编制单位:A 公司　　　　2019 年 1 月 29 日　　　　单位:元

资　　产	金　　额	负债及所有者权益	金　　额
库存现金	5 000	短期借款	150 000
银行存款	155 000	应付账款	10 000
原材料	300 000	实收资本	890 000
库存商品	150 000	股本	10 000
固定资产	500 000	资本公积	50 000
资产总计	1 110 000	负债及所有者权益总计	1 110 000

以上经济业务,按照次序分别代表了会计要素变化的九种情况,如表 1-4-12 所示。

表 1-4-12 各项经济业务对会计等式的影响

单位:元

经济业务	资产=负债+所有者权益		
月初数额	1 100 000	150 000	950 000
(1)	+5 000 -5 000		
(2)		+50 000 -50 000	
(3)			+40 000 -40 000
(4)	+250 000	+250 000	
(5)	+100 000		+100 000
(6)	-150 000	-150 000	
(7)	-190 000		-190 000
(8)		+10 000	-10 000
(9)		-100 000	+100 000
月末数额	1 110 000	160 000	950 000

由此可见,每一项经济业务的发生将引起等式两边或等式某一边相关项目发生等量的变化。当变化发生在等式两边时,必然是等式两边同时增加或同时减少相等的金额,致使等式保持平衡;当变化发生在等式某一边时,必然是等式某一边发生了等额的增加和减少,同样使得等式保持平衡。具体的变化可以分为如下 9 种:

(1)资产项目等额一增一减,只引起等式左边要素各项目之间发生增减变化,会计基本等式保持平衡;

(2)负债项目等额一增一减,只引起等式右边要素各项目之间发生增减变化,会计基本等式保持平衡;

(3)所有者权益项目等额一增一减,只引起等式右边要素各项目之间发生增减变化,会计基本等式保持平衡;

(4)资产和负债等额增加,引起等式两方要素项目同时等额增加,会计基本等式保持平衡;

(5)资产和负债等额减少,引起等式两方要素项目同时等额减少,会计基本等式保持平衡;

(6)资产和所有者权益等额增加,引起等式两方要素项目同时等额增加,会计基本等式保持平衡;

(7)资产和所有者权益等额减少,引起等式两方要素项目同时等额减少,会计基本等式保持平衡;

(8)负债增加和所有者权益减少等额,只引起等式右边要素各项目之间发生增减变化,会计基本等式保持平衡;

(9)负债减少和所有者权益增加等额,只引起等式右边要素各项目之间发生增减变化,会计基本等式保持平衡。

(二)收入、费用、利润变动的经济业务对会计基本等式的影响

除了直接涉及资产、负债和所有者权益三项会计要素发生增减变动的经济事项不会影响会计基本等式的平衡之外,其他涉及收入、费用和利润会计要素发生增减变动的经济业务,也同样不会改变会计基本等式的平衡。

【例 1-4-11】 1 月 5 日,销售一批商品,取得销售收入 30 000 元,款项已存入银行(不考虑相关税费及利润分配问题)。

此项经济业务的发生,一方面增加了企业的销售收入 30 000 元,由于“利润=收入-费用”,收入的增加将增加利润,而利润最终将形成所有者权益,因此收入的增加导致所有者权益增加 30 000 元;另一方面企业的银行存款增加了 30 000 元,即资产增加 30 000 元。因此,发生此项经济业务使得会计等式的左右两边同时增加,增加金额都为 30 000 元,会计等式保持平衡。它表明企业完成销售业务增加了一项资产的同时也增加了企业的所有者权益。

【例 1-4-12】 1 月 9 日,A 公司销售商品 53 000 元给 C 公司用以抵偿前欠 C 公司的货款(不考虑相关税费及利润分配问题)。

此项经济业务是通过销售商品的方式来抵偿货款,获得销售收入的同时减少了企业的负债。一方面取得销售收入 53 000 元,同样由于“利润=收入-费用”,收入的增加将增加利润,而利润最终将形成所有者权益,因此收入的增加导致所有者权益增加 53 000 元;另一方面企业的应付账款减少了 53 000 元,即负债减少了 53 000 元。因此,发生此项经济业务使得会计等式的右边一项增加一项减少,增加与减少的金额都为 53 000 元,会计等式保持平衡。它表明企业完成销售业务减少了一项负债的同时也增加了企业的所有者权益。

【例 1-4-13】 1 月 18 日,A 公司管理部门产生水电费 2 000 元,款项暂未支付。

此项经济业务,一方面产生管理费用 2 000 元,由于“利润=收入-费用”,费用的增加将减少利润,而利润最终将形成所有者权益,因此费用的增加导致所有者权益减少 2 000 元;另一方面企业的应付账款增加了 2 000 元,即负债增加了 2 000 元。因此,发生此项经济业务使得会计等式的右边一项增加一项减少,增加与减少的金额都为 2 000 元,会计等式保持平衡。它表明企业因此项经济业务增加了一项负债的同时也减少了企业的所有者权益。

【例 1-4-14】 1 月 25 日,A 公司销售部门以银行存款支付本月发生的广告费用 6 000 元。

此项经济业务,一方面产生销售费用 6 000 元,由于“利润=收入-费用”,费用的增加将减少利润,而利润最终将形成所有者权益,因此费用的增加导致所有者权益减少 6 000 元;另一方面企业的银行存款减少了 6 000 元,即资产减少了 6 000 元。因此,发生此项经济业务使得会计等式的左右两边同时减少,减少的金额都为 6 000 元,会计等式保持平衡。它表明企业因此项经济业务减少了一项资产的同时也减少了企业的所有者权益。

通过上述例题可知,综合“资产=负债+所有者权益”以及“利润=收入-费用”这两等式可以得出“资产=负债+(所有者权益+收入-费用)”,收入增加可能会导致资产的增加或负债的减少(如例 1-4-11、例 1-4-12),费用增加可能会导致企业资产的减少或负债的增加(如例 1-4-13、例 1-4-14)。不论是哪一类经济业务,均不会影响会计等式的平衡,如图 1-4-1 所示。

企业不论发生哪一类经济业务,不论引起哪些会计要素的增减变动,“资产=负债+所有者权益”这一会计等式平衡关系均不会被打破。正确理解和运用好这一平衡原理,对于掌握会计核算的方法有着非常重要的意义。

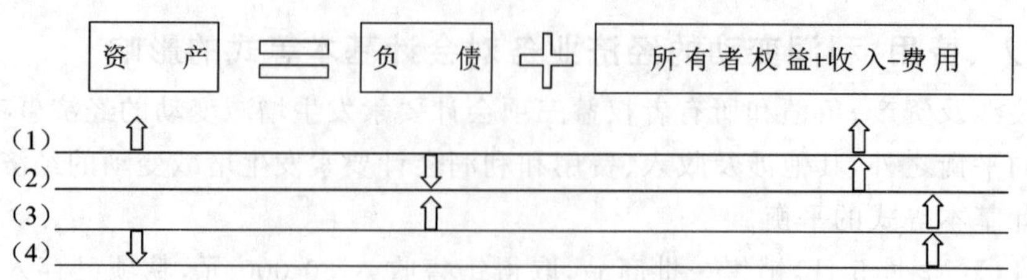

图 1-4-1　经济业务对会计等式的影响

复习思考题

1. 什么是会计的核算职能？会计核算职能有什么特点？
2. 什么是会计的监督职能？会计监督职能有什么特点？
3. 会计核算有哪些专门方法？各种方法之间有怎样的联系？
4. 什么是会计要素？是如何划分的？具体内容包括哪些？
5. 资产、负债、所有者权益各自是如何分类的？
6. 分别说明资产与负债的基本特征。
7. 如何理解资产和权益的平衡关系？
8. 什么是会计基本等式？
9. 经济业务的发生，会引起会计基本等式发生哪些类型的变化？

主要概念

会计　会计对象　会计职能　核算职能　监督职能　资金运动　会计要素　资产　负债　所有者权益　收入　费用　利润　会计等式

项目二

会计账户与借贷记账法

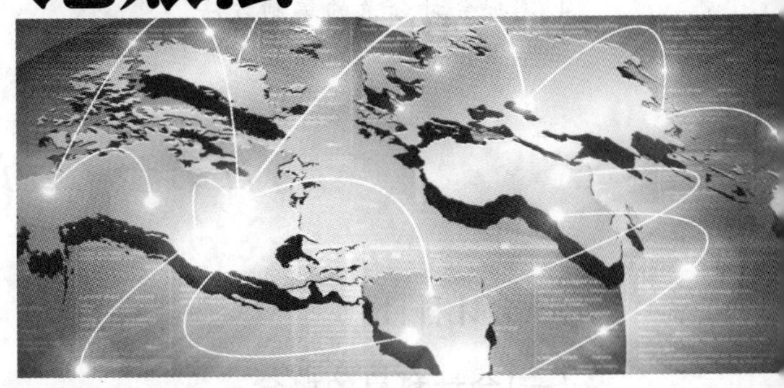

JICHU KUAIJI

知识目标

1. 理解会计账户与会计科目的概念。
2. 理解借贷记账法的基本原理。
3. 熟悉会计科目的分类。
4. 熟悉总分类科目与明细分类科目的设置。
5. 熟悉各类账户的结构与核算内容。
6. 熟悉会计分录的概念。

技能目标

1. 掌握会计账户的设置。
2. 掌握T型账户的运用。
3. 掌握借贷记账法的记账规则。
4. 掌握会计分录的编制方法。
5. 掌握借贷记账法的运用流程。

任务一　会计科目和账户

一、会计科目

(一)会计科目的概念

为了全面、完整地核算和监督经济单位的资金运动过程和结果，系统、连续地记录资产、负债、所有者权益、收入、费用的增减变动情况，必须对其分门别类地加以反映，这种反映是通过设置会计科目和账户来进行的。

会计科目，简称科目，是对会计要素具体内容进行分类核算的项目，是进行会计核算和提供会计信息的基础。

1. 会计科目的作用

会计科目在整个会计核算过程中具有举足轻重的地位，是会计核算的基本依据，离开了会计科目，会计核算将难以进行。会计科目在会计核算中的重要作用表现在以下几个方面：

(1)会计科目是设置账户的依据。

会计科目是对会计对象分类核算的依据。同时，为了分类、连续、系统地反映企业的经济业务，还必须根据会计科目设置相应的账户。

(2)会计科目是编制和整理会计凭证的依据。

一般，记账凭证的编制要先将原始凭证按会计科目归类后，再进行编制；记账凭证要按规定的会计科目编制会计分录；编制汇总记账凭证或科目汇总表的依据也是会计科目。

(3)会计科目是进行会计核算和会计控制的依据。

设置会计科目，可以全面、系统地反映和监督会计要素的增减变动情况，为经济管理提供会计资料，为企业的内部管理者和企业的外部利益相关者提供决策的依据；按照会计科目所特定的核算范围、核算内容、核算方法对日常经济活动进行控制，能促使企业的经济管理工作正规化，从而提供真实的会计资料。

(4)会计科目是编制会计报表的基础。

会计科目和会计报表项目所反映的会计对象具体内容是相同的，都是对资金运动的反映。会计科目是对会计对象的具体分类，账户是根据会计科目设立的，会计报表则是在账户的基础上，根据总分类账户和明细分类账户的本期发生额和期末余额编制而成的，所以说，会计科目是编制会计报表的基础。

会计科目的设置与整个会计工作和会计制度的质量有着紧密的关系，会计科目设置恰当，能提高工作效率，简明扼要地反映企业的经济业务，从而编制实用的会计报表。

2.会计科目的分类

1)按反映的经济内容分类

会计科目按其反映的经济内容不同，可分为资产类科目、负债类科目、共同类科目、所有者权益类科目、成本类科目和损益类科目。每一类会计科目可按一定标准再分为若干具体科目。

(1)资产类科目。

资产类科目是指对资产要素的具体内容进行分类核算的项目。它按资产的流动性分为反映流动资产的科目和反映非流动资产的科目。反映流动资产的科目主要有“库存现金”“银行存款”“应收账款”“原材料”“库存商品”等科目；反映非流动资产的科目主要有“长期股权投资”“长期应收款”“固定资产”“在建工程”“无形资产”等科目。

(2)负债类科目。

负债类科目是指对负债要素的具体内容进行分类核算的项目。它按负债的偿还期限长短分为反映流动负债的科目和反映非流动负债的科目。反映流动负债的科目主要有“短期借款”“应付账款”“应付职工薪酬”“应交税费”等科目；反映非流动负债的科目主要有“长期借款”“应付债券”“长期应付款”等科目。

(3)共同类科目。

共同类科目是指既有资产性质又有负债性质的科目，主要有“清算资金往来”“货币兑换”“套期工具”“被套期项目”等科目。

(4)所有者权益类科目。

所有者权益类科目是指对所有者权益要素的具体内容进行分类核算的项目，主要有“实收资本”(或“股本”)、“资本公积”“其他综合收益”“盈余公积”“本年利润”“利润分配”“库存股”等科目。

(5)成本类科目。

成本类科目是指对可归属于产品生产成本、劳务成本等的具体内容进行分类核算的项目，主要有“生产成本”“制造费用”“劳务成本”“研发支出”等科目。

(6)损益类科目。

损益类科目是指对收入、费用等要素的具体内容进行分类核算的项目。其中：反映收入的科目主要有“主营业务收入”“其他业务收入”等科目；反映费用的科目主要有“主营业务成本”“其他业务成本”“销售费用”“管理费用”“财务费用”等科目。

2)按提供信息的详细程度及其统驭关系分类

会计科目按其提供信息的详细程度及其统驭关系，可分为总分类科目和明细分类科目。

(1)总分类科目。

总分类科目，又称总账科目或者一级科目，是对会计要素的具体内容进行总括分类，提供总括信息的会计科目。

(2)明细分类科目。

明细分类科目,又称明细科目,是对总分类科目做进一步分类,提供更为详细和具体会计信息的科目。如果某一总分类科目所辖的明细分类科目较多,可在总分类科目下设置二级明细科目,在二级明细科目下设置三级明细科目,以此类推。二级明细科目是对总分类科目进一步分类的科目,三级明细科目是对二级明细科目进一步分类的科目,以此类推。

(二)会计科目的设置

1.设置会计科目的原则

(1)要结合会计对象的特点。

任何一个会计主体设置的会计科目,必须能够全面、系统地反映会计对象的具体内容,不得有任何遗漏。由于各行各业资金运动的具体环节和内容不完全相同,因此必须在统一会计制度的指导下,结合各行业的会计对象特点,设置会计科目。例如:制造业是以制造产品为主,为了核算和监督生产耗费,就应设置“生产成本”“制造费用”等科目;而商品流通企业主要从事商品的购销业务,则应设置“库存商品”“营业费用”等科目。

(2)必须满足会计信息使用者的客观需求。

会计核算的目标就是向有关方面提供会计信息,满足信息使用者的决策需求。这就要求企业提供的会计信息不仅要满足国家宏观管理的需要,还需满足投资者、债权人、企业的管理层和其他各有关方面的需要,以利于信息使用者进行经济决策。因此,会计科目的设置必须充分考虑到有关方面对会计信息的要求。例如:为了加强宏观调控,反映利税的取得、分配和上缴情况,需要设置“本年利润”“利润分配”“应交税金”“应付利润”等科目;为了反映投资者投入资本的情况,需要设置“实收资本”等科目;为了反映企业对银行债务的情况,需要设置“短期借款”“长期借款”科目。

(3)贯彻统一性和灵活性相结合的原则。

统一性就是保证会计核算结果在一定范围内的可比性,全国范围内同一会计科目反映的经济内容应该相同。灵活性,就是在国家统一会计制度规定的前提下,会计科目的设置应当结合本单位的具体情况和经济管理要求进行必要的补充和合并,满足本单位加强经营管理和提高经济效益的需要。例如,在国家统一规定的会计科目中,并没有设置“废品损失”和“停工损失”科目,企业如果需要单独核算废品损失和停工损失,可以增设“废品损失”和“停工损失”科目。

(4)要保持相对的稳定性。

为了保证会计信息的连贯性、可比性,提高会计信息的有用性,企业在会计科目设置后,应当保持相对稳定,不能随意变更会计科目的内容及核算口径,只有稳定的会计科目内容,才能提供相对一贯的会计信息,才能据此分析某项指标,从而了解整个企业的经营活动业绩及其发展变化趋势。但当会计环境发生变化时,企业会计科目也应随之做出相应的调整,以便及时反映新的经济业务。

(5)做到言简意赅、通俗易懂。

会计科目作为经济业务的名称和代码,应尽量做到名称与内容一致,含义明确,尽量避免晦涩难懂的文字,还要尽量采用经济活动中的习惯性名称。

2.总分类科目和明细分类科目的设置

1)总分类科目的设置

总分类科目又称一级科目,是指对会计要素的具体内容进行总括分类的会计科目,是进行总分类核算的依据。在我国,为了保证会计核算指标口径一致,并具有可比性,保证会计核算资料能在一个部门、一个行业、一个地区乃至全国范围内综合汇总、分析，便于企业编制会计凭证汇总资料和编制会计报表，总分类科目的名称、核算内容及使用方法通常是统一制定的。企业会计科目如表 2-1-1 所示。

表 2-1-1 企业会计科目表

序号	编号	会计科目名称	序号	编号	会计科目名称	序号	编号	会计科目名称
一、资产类			33	1602	累计折旧	三、共同类		
1	1001	库存现金	34	1603	固定资产减值准备	65	3101	衍生工具
2	1002	银行存款	35	1604	在建工程	66	3201	套期工具
3	1015	其他货币资金	36	1605	工程物资	67	3202	被套期项目
4	1101	交易性金融资产	37	1606	固定资产清理	四、所有者权益类		
5	1121	应收票据	38	1701	无形资产	68	4001	实收资本
6	1122	应收账款	39	1702	累计摊销	69	4002	资本公积
7	1123	预付账款	40	1703	无形资产减值准备	70	4101	盈余公积
8	1131	应收股利	41	1711	商誉	71	4103	本年利润
9	1132	应收利息	42	1801	长期待摊费用	72	4104	利润分配
10	1231	其他应收款	43	1811	递延所得税资产	73	4201	库存股
11	1241	坏账准备	44	1901	待处理财产损溢	五、成本类		
12	1321	代理业务资产	二、负债类			74	5001	生产成本
13	1401	材料采购	45	2001	短期借款	75	5101	制造费用
14	1402	在途物资	46	2101	交易性金融负债	76	5201	劳务成本
15	1403	原材料	47	2201	应付票据	77	5301	研发支出
16	1404	材料成本差异	48	2202	应付账款	六、损益类		
17	1406	库存商品	49	2205	预收账款	78	6001	主营业务收入
18	1407	发出商品	50	2211	应付职工薪酬	79	6051	其他业务收入
19	1410	商品进销差价	51	2221	应交税费	80	6101	公允价值变动损益
20	1411	委托加工物资	52	2231	应付股利	81	6111	投资收益
21	1412	包装物及低值易耗品	53	2232	应付利息	82	6301	营业外收入
22	1461	存货跌价准备	54	2241	其他应付款	83	6401	主营业务成本
23	1501	持有至到期投资	55	2314	代理业务负债	84	6402	其他业务成本
24	1521	待摊费用	56	2401	递延收益	85	6405	税金及附加
25	1522	持有至到期投资减值准备	57	2411	未到期责任准备金	86	6601	销售费用
26	1523	可供出售金融资产	58	2501	预计负债	87	6602	管理费用
27	1524	长期股权投资	59	2601	长期借款	88	6603	财务费用
28	1525	长期股权投资减值准备	60	2602	应付债券	89	6604	勘探费用
29	1526	投资性房地产	61	2801	长期应付款	90	6701	资产减值损失
30	1531	长期应收款	62	2802	未确认融资费用	91	6711	营业外支出
31	1541	未实现融资收益	63	2811	专项应付款	92	6801	所得税费用
32	1601	固定资产	64	2901	递延所得税负债	93	6901	以前年度损益调整

2)明细分类科目的设置

明细分类科目,是对总分类科目进一步划分,提供详细、具体核算指标的会计科目,它能够提供某一具体经济业务的明细核算指标。如在“应付账款”总分类科目下,再按具体单位分设明细分类科目,具体反映应付哪个单位的货款;在“原材料”总分类科目下,再按材料名称分设明细分类科目,具体反映库存的是哪种材料等。

明细分类科目是依据企业经济业务的具体内容设置的,它所提供的明细核算资料主要是满足企业内部经营管理的需要。各个企业、单位的经济业务具体内容不同,经营管理水平不一致,明细分类科目的名称、核算内容及使用方法也就不能统一规定,只能由各个企业根据经营管理的实际需要和经济业务的具体内容自行规定。如企业可以根据购买单位的具体名称设置“应收账款”总分类科目的明细分类科目。

在经济业务比较复杂的情况下,有的总分类科目所属的明细分类科目很多,为方便会计核算,适应加强内部经营管理工作的需要,可在总分类科目与所属的明细分类科目之间增设二级科目(也称子目),在二级科目下再设置三级科目(也称细目)。在设置了二级科目的情况下,总分类科目又称为一级科目,二级科目和三级科目统称为明细分类科目。一般情况下会计科目可设置为三个级次,如有需要也可设置四级、五级科目。下面以“库存商品”为例,说明会计科目各级次之间的关系(见表 2-1-2)。

表 2-1-2　会计科目按提供指标详细程度的分类

总分类科目（一级科目）	明细分类科目	
	二级科目(子目)	三级科目(细目)
库存商品	A 产品	直接材料
		直接人工
		制造费用
	B 产品	直接材料
		直接人工
		制造费用
	C 产品	直接材料
		直接人工
		制造费用

在我国,总分类科目原则上由财政部统一制定,并通过《企业会计制度》颁布和实施,明细分类科目除国家会计制度规定设置的以外,如“应交税金”总分类科目下设的明细分类科目“应交增值税”“应交消费税”“应交所得税”等,各企业可根据实际情况和需要自行设置明细分类科目。但必须指出的是,并非所有的总分类科目都需要设置明细分类科目,如“现金”“银行存款”“本年利润”“累计折旧”等就不需要设置明细分类科目。

二、会计账户

(一)账户的概念

账户是根据会计科目设置的,具有一定格式和结构,用于分类反映会计要素增减变动情况及其结果的载体。

设置会计科目只是规定了会计对象具体内容进行分类核算的项目，而企业发生的各种经济业务是十分频繁复杂的，虽然可以通过会计科目对其加以归类，但因会计科目仅有名称而无格式，很难据以分类、连续、系统地反映和记录，同时也不利于编制会计报表。为了分类、连续、系统地记录由于经济业务的发生而引起的会计要素的增减变动，提供各种会计信息，还必须根据规定的会计科目在账簿中开设具有一定格式的账户。根据总分类科目开设总分类账户，根据明细分类科目开设明细分类账户。总分类账户提供的是总括核算指标，明细分类账户提供的是详细、具体的核算指标。

在会计核算中，账户是分类核算和监督会计对象的重要手段。设置和运用账户是会计核算方法体系中的重要环节，也是应用复式记账法的前提基础。

(二)账户的基本结构

账户的结构就是指账页的格式。账户要记录由于经济业务发生而引起各会计要素增减变化，必须拥有一定格式的账页。

账户首先需要一个名称(会计科目)，账户的名称规定了账户所要核算的经济业务内容。经济业务的发生，引起资产、负债和所有者权益项目金额的变化错综复杂，但归纳起来不外乎增加和减少两种情况。因此，用来记录其变化的账户，其基本结构至少要有两个部分：一部分反映增加数；一部分反映减少数。同时为了反映增减变化的结果，账户还需要设置反映余额的部分。账户还应简要记录登记账户的时间、依据等。账户的基本结构应包括以下内容：

(1)账户名称——会计科目，表明账户应记录哪一类经济要素；

(2)日期——经济业务的具体发生时间；

(3)凭证号数——账户记录的来源和依据；

(4)摘要——经济业务的简要说明；

(5)金额——增加数、减少数和余额。

账户的一般格式如表 2-1-3 所示。

表 2-1-3 账户的一般格式

账户名称(会计科目)：

年		凭证号数	摘 要	借 方	贷 方	余 额
月	日					

账户左右两方记录的主要内容是：期初余额、本期增加额、本期减少额和期末余额。一定会计时期的增加额合计，称为本期增加发生额；一定会计时期的减少额合计，称为本期减少发生额；本期增加发生额与本期减少发生额相抵后的差额加上期初余额，称为期末余额；本期的期末余额转入下期，便是下期的期初余额。这四项金额的关系可以用下列等式表示：

期末余额＝期初余额＋本期增加发生额－本期减少发生额

为了教学方便，在教科书中经常采用简化的账户结构，来记录有关增加额、减少额及余额。由于该简化结构与英文字母“T”和汉字“丁”字非常相似，故又称为 T 型账户或“丁”字账户，如

图 2-1-1 所示。

左方(借方)	账户名称(会计科目)	右方(贷方)

图 2-1-1 T 型账户

账户左右两方是按相反方向记录增加额和减少额的,也就是说,如果在账户左方记录增加额,则应在账户右方记录减少额;反之,如果在账户右方记录增加额,则应在账户左方记录减少额。在具体账户中,究竟哪一方记录增加额,哪一方记录减少额,取决于各账户所记录的经济内容和所采用的记账方法。账户的余额一般与增加额记录在同一方向。

为了加强对账户结构的理解,现举例说明账户的使用方法。

【例 2-1-1】 北方贸易有限责任公司 2019 年 5 月期初银行存款为 30 000 元,当月共发生的五笔关于银行存款的经济业务,分别如下(暂不考虑相关税费):

(1)2 日,用银行存款支付手续费 5 000 元;

(2)8 日,收到销货款 30 000 元,存入银行;

(3)15 日,以银行存款购入原材料 20 000 元;

(4)22 日,以银行存款偿还原欠供货单位的材料款 15 000 元;

(5)26 日,取得短期借款 20 000 元,存入银行。

上述发生的经济业务在"银行存款"T 型账户中的记录如图 2-1-2 所示。

左方(借方)		银行存款	右方(贷方)
期初余额	30 000		
		(1)	5 000
(2)	30 000		
		(3)	20 000
		(4)	15 000
(5)	20 000		
本期增加发生额	50 000	本期减少发生额	40 000
期末余额	40 000		

图 2-1-2 "银行存款"T 型账户

(三)账户与会计科目的关系

账户是根据会计科目开设的,账户的名称就是会计科目。会计科目和账户在会计学中是两个不同的概念,它们之间既有联系又有区别。

1. 账户与会计科目的联系

账户与会计科目都是对会计对象具体内容的科学分类,两者口径一致,性质相同。账户是根据会计科目设置的,会计科目是账户的名称,所以会计科目的内容、分类的方法决定了账户的内容、分类的方法。没有会计科目,账户便失去了设置的依据;没有账户,就无法发挥会计科目的作用。在实际工作中,由于会计科目和账户反映的经济内容是相同的,所以常把会计科目和账户作为同义语使用。

2.账户与会计科目的区别

会计科目只是个名称,只能表明某项经济业务的内容,不存在结构与记账的方向等问题;而账户既有名称,又有结构(即一定格式),可以用以核算某项经济业务的增减变动及其结果。

三、会计科目和账户的编号

(一)会计科目和账户编号的意义

出于会计电算化的需要,同时也为了方便日常的查询和核对,可按照一定的科学方法,为每个会计科目编一个固定的号码,作为其代号,这些号码就称为会计科目编号或账户的编号(为了便于叙述,以下均称会计科目的编号)。对会计科目进行编号,具有以下意义:

(1)通过编号来代替其名称,可以使会计科目表更加严密、科学,有助于对企业的各种经济业务进行不同标准的分类和组织。

(2)便于设账、记账、查账和编制会计报表。有了完整的科目编号就可按照编号的顺序设置会计账簿,进而方便记账、查账和编制会计报表。

(3)便于使用,提高工作效率。会计工作人员通过编号来识别会计科目和账户,并编制会计分录,可以减少工作量,提高工作效率。

(4)便于会计电算化工作。在会计电算化工作中,采用编号代替科目名称,可简化程序设计和输入工作,便于查询和核对,提高工作效率。会计科目和账户的科学编号对会计电算化工作的开展具有重要的意义和作用。

(二)会计科目和账户编号的方法

会计科目和账户编号的方法主要有以下几种形式:

1.数字编号法

(1)顺序编号法。将所有的总分类科目从第一号顺序编起,一直到最后一个科目为止的编制方法称为顺序编号法。采用这种编号法时,往往在数字系列中留出若干号数暂不填列,以备科目增加时使用。留出备用编号的地方一般在各类科目的交接处。这种编号方法适用于经济业务不多、适用科目较少的情况。

(2)分组编号法。将数字分成若干组,每一类科目分别占用一组数字。比如:1001～1999代表资产类科目,2001～2999代表负债类科目,3001～3999代表共同类科目,4001～4999代表所有者权益类科目,5001～5999代表成本类科目,6001～6999代表损益类科目。在某些科目之间可留出空号,以备科目增加时使用。这种方法灵活性大,适应性强。

目前我国的企业会计制度中采用四位分组编号法。比如,一级科目用四位数字表示:第一位数字表示科目大类,如“1”表示资产类,“2”表示负债类,“3”表示共同类,“4”表示所有者权益类,“5”表示成本类,“6”表示损益类;前两位数字表示大类下的小类,如“10～14”代表资产类下的流动资产小类,“20～23”表示负债类下的流动负债小类;第三位和第四位数字表示小类下各科目的顺序号,四个数字连在一起则表示具体的会计科目。例如,“1001”代表“库存现金”科目,“2001”代表“短期借款”科目等。

(3)定位编号法。这种编号法是将代表特定含义的数字进行排列,如1403-01-06:1403代表一级科目“原材料”,01代表二级科目“钢材”,06代表三级科目“某种型号的钢材”。

2.字母编号法

由于用数字编号往往不便于记忆，所以有时按会计科目的汉语拼音或外语字母来对会计科目进行编号。例如，“G”代表固定资产，“GY”代表固定资产原值等等。

3.字母和数字混合编号法

这种方法兼具了数字编号法和字母编号法的优点，便于记忆并且条理清晰。这种方法常用于库存材料和商品的核算业务。如“YCL-250”中的“YCL”表示一级科目“原材料”，“250”表示明细科目，即材料的规格。

任务二　借贷记账法

一、复式记账原理

（一）记账方法的发展

记账方法是指对客观发生的会计事项在有关账户（或账簿）中进行记录时所采用的方法。记账方法随着会计的产生和发展，经历了一个逐渐完善的过程。从历史上看，记账方法有单式记账法和复式记账法之分，并且复式记账法是从单式记账法发展起来的。

单式记账法是最早出现的一种记账方法，它是指对发生的会计事项只在单一（或个别）账户中做出单方面记录的一种记账方法。单式记账法的基本特征是：

(1)对会计对象反映不完整，大都是以钱财、欠人、人欠为记账对象；

(2)采用单方面的记录方式，对发生的收入项目，只进行钱财、人欠等内容的单方面记录，对发生的支出项目，也只进行钱财、欠人等内容的单方面记录，不能全面反映经济业务的变化情况；

(3)缺少损益计算的专门账户，因而没有完整科学的账户和账户体系；

(4)仅有个别账户的平衡公式，而无全部账户体系的平衡公式，发生记账错误难以辨认和查找。

单式记账法的优点是记账过程和方式相对简单，但由于其自身的特征导致其存在严重的缺陷，因此单式记账法仅适于在简单的经济条件下应用。在现代会计中，备查账簿的登记仍采用单式记账法。

（二）复式记账法及原理

1.复式记账法的概念

复式记账法是指对每一项经济业务，都以相等的金额，同时在相互联系的两个或两个以上的账户中进行登记的一种记账方法。

复式记账法是与发达的商品经济相联系的，是在单式记账法的基础上产生的。记账方法由单式记账法演进到复式记账法，经历了一个漫长的时期。复式记账法的产生，标志着会计取得了重大的进步。复式记账法的基本特征是：

(1)采用复式记录方式（双重记录方式），对每一项经济业务都必须在两个或两个以上的相互联系的账户中进行记录，并形成科学的记账规则。

(2)运用统一的货币单位记账,并使用简明的记账符号表明记账的方向和数量的增减。

(3)有完整科学的账户体系,既有人名账户,也有非人名账户;既有实账户,也有虚账户,并通过实账户和虚账户的配合来反映利润和权益余额。

(4)有全部账户体系的平衡公式,并能根据会计平衡公式检验全部会计记录的正确性。

2. 复式记账法的理论基础

复式记账法以资金运动和会计恒等式为理论基础。

会计核算和监督的内容是能够用货币表现的经济活动,即资金运动。而任何一项经济活动的发生都会有其来源和去向,涉及相互联系的各个方面。例如,有一定的资产必然有资产提供者对资产的要求权,资产和权益形成了相对的双方,或者因果关系的双方。例如,用现金购买材料,现金减少的原因是购入了材料,反映事务的来龙和去脉,这是形成会计等式的理论基础。按照会计等式,一项经济业务的数量关系可以从两个方面去反映,会引起会计等式两边同时增加或同时减少,或者引起等式一边一个项目增加,另一个项目减少,为此,必须以相等的金额在两个或两个以上相关账户中做等额的双重记录,以便全面反映资金运动客观存在的这种相互依存的内在联系。

3. 复式记账法的基本内容

复式记账法按采用的记账符号和记账规则的不同,可分为借贷记账法、收付记账法和增减记账法,如图 2-2-1 所示。

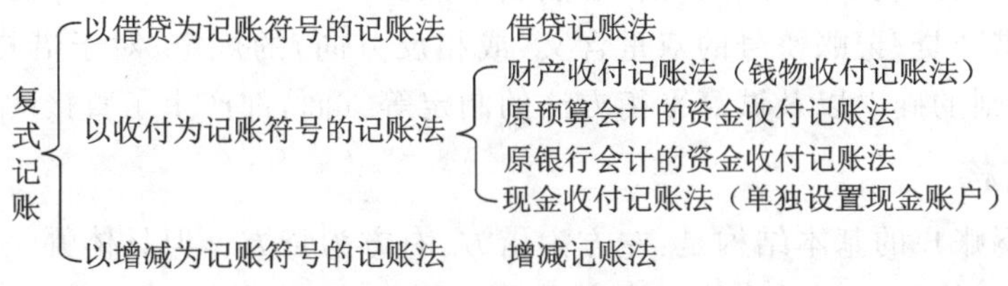

图 2-2-1 复式记账法的基本分类

在上述复式记账法中,借贷记账法是最科学、最完善的复式记账法,是经过长期反复实践和研究得出的结论。我国会计准则规定"会计记账采用借贷记账法"。

尽管存在不同的复式记账法,但它们都有共同或一致的基本内容:记账符号、设置账户、记账规则和试算平衡。

记账符号是指明会计事项应记入某一账户的某一部位(方向),并表明数量增减变化的符号。例如:在借贷记账法下,以"借"和"贷"作为记账符号;在增减记账法下,以"增"和"减"作为记账符号;在资金收付记账法下,以"收"和"付"作为记账符号。

设置账户是对会计对象具体内容进行分类、记录和监督的一种方法。例如:在借贷记账法下,账户按经济内容设置,划分为资产类账户、负债类账户、所有者权益类账户、成本类账户和损益类账户;在增减记账法下,账户按经济内容设置,划分为资金占用类账户和资金来源类账户。

记账规则又称记账法则或记账规律,是会计运用记账方法记录经济业务时应当遵守的规律,是记账方法本质特征的具体表现。例如,在借贷记账法下,记账规则是:有借必有贷,借贷必相等。在增减记账法下,记账规则是:异类(两类)账户,同增同减;同类账户,有增有减。

试算平衡是指为保证会计账务处理的正确性,依据会计等式或复式记账原理,对本期各账户的全部记录进行汇总和测算,以检验账户记录正确性和完整性的一种专门方法。

例如,在增减记账法下,试算平衡公式为:

$$\text{资金占用类账户增方发生额} - \text{资金占用类账户减方发生额} = \text{资金来源类账户增方发生额} - \text{资金来源类账户减方发生额}$$

资金占用类账户期末余额合计＝资金来源类账户期末余额合计

二、借贷记账法

借贷记账法是以“借”和“贷”为记账符号，全面、清晰地记录会计对象增减变动及其结果的一种复式记账法。与其他复式记账法相比，借贷记账法的特点主要表现在记账符号、账户结构、记账规则和试算平衡等方面。

（一）记账符号

借贷记账法以“借”和“贷”作为记账符号，用以表示账户的方向。“借”代表借方，即账户的左方；“贷”代表贷方，即账户的右方。学习理解借贷记账法的记账符号，应特别注意以下问题：

第一，“借”和“贷”只表示记入账户的方向，即记入左方为借方，记入右方为贷方。“借”“贷”作为纯粹的记账符号使用，不再具有汉语中的“借款”“贷款”及其他另外的含义。

第二，“借”“贷”两个记账符号在表示不同性质的账户发生增减变化时具有双重含义：相对不同内容的账户，“借”有时表示增加，有时也表示减少；同样，“贷”有时表示减少，有时也表示增加。但对于某一具体的账户而言，“借”和“贷”则表示相反的方向，若“借”表示增加，则“贷”必然表示减少；反之，若“贷”表示增加，则“借”必然表示减少。

第三，这种“借”“贷”记账符号的双重含义（或相反方向）的规定，对于借贷记账法下账户结构的设计、记账规则的确立以及试算平衡方法的制定等方面，都产生了直接的影响和制约作用。

（二）账户结构

借贷记账法下账户的基本结构是：左方为借方，右方为贷方。但具体哪一方记录增加，哪一方记录减少，则要根据账户所反映的经济内容决定。

1. 资产类和成本类账户的结构

反映各项资产的账户称为资产类账户，反映各项成本的账户称为成本类账户。资产类（或成本类）账户的结构是：借方登记资产（或成本）的增加额，贷方登记资产（或成本）的减少额。在一定会计期间（月、季、年）内，借方登记的增加数额的合计数称为借方发生额合计，贷方登记的减少数额的合计数称为贷方发生额合计，在每一会计期末，将借、贷双方发生额相比较，其差额称作期末余额，本期的期末余额结转下期，即为下期的期初余额。

资产类和成本类账户结构用 T 型账户表示，如图 2-2-2 所示。

借方	资产类和成本类账户		贷方
期初余额	×××		
本期增加额	×××	本期减少额	×××
	×××		×××
	…		…
本期借方发生额合计	×××	本期贷方发生额合计	×××
期末余额	×××		

图 2-2-2　资产类和成本类账户结构

资产类和成本类账户的期末余额一般在借方,其计算公式如下:

账户期末借方余额=期初借方余额+本期借方发生额-本期贷方发生额

2.负债类和所有者权益类账户的结构

反映各项负债的账户称为负债类账户,反映各项所有者权益的账户称为所有者权益类账户。由会计平衡公式"资产=负债+所有者权益"所决定,负债类及所有者权益类账户的结构与资产类账户的正好相反,即其贷方登记负债及所有者权益的增加额,借方登记负债及所有者权益的减少额。在一定会计期间(月、季、年)内,贷方登记的增加数额的合计数称为贷方发生额合计,借方登记的减少数额的合计数称为借方发生额合计,在每一会计期末,将贷、借双方发生额相比,其差额称作期末余额,本期的期末余额结转到下期,即为下期的期初余额。

负债类和所有者权益类账户结构用T型账户表示,如图2-2-3所示。

借方	负债类和所有者权益类账户		贷方
		期初余额	×××
本期减少额	×××	本期增加额	×××
	×××		×××
	…		…
本期借方发生额合计	×××	本期贷方发生额合计	×××
		期末余额	×××

图2-2-3 负债类和所有者权益类账户结构

负债类及所有者权益类账户的期末余额一般在贷方,其计算公式如下:

账户期末贷方余额=期初贷方余额+本期贷方发生额-本期借方发生额

3.损益类账户的结构

反映各项损益的账户称为损益类账户。损益类账户按反映的具体内容不同,又可分为反映各项收入的账户和反映各项费用支出的账户。企业在生产经营过程中要不断地取得各种收入,为了取得收入,必然要发生各种费用支出。将一定期间的收入与费用支出配比,就可以计算实现的利润。利润是企业资产的一个来源,在未分配前,可以将其看作所有者权益的增加。

收入类账户的结构与所有者权益类账户的结构基本相同,贷方登记收入的增加额,借方登记收入的转出额(减少额)。本期收入净额在期末转入"本年利润"账户,用以计算当期损益,结转后无余额。

收入类账户结构用T型账户表示,如图2-2-4所示。

借方	收入类账户		贷方
本期减少额	×××	本期增加额	×××
	×××		×××
	…		…
本期借方发生额合计	×××	本期贷方发生额合计	×××

图2-2-4 收入类账户结构

费用类账户的结构与资产类账户的结构基本相同,借方登记费用支出的增加额,贷方登记费用支出的转出额(减少额)。本期费用净额在期末转入"本年利润"账户,用以计算当期损益,结转后无余额。

费用类账户结构用 T 型账户表示,如图 2-2-5 所示。

借方	费用类账户		贷方
本期减少额	×××	本期增加额	×××
	×××		×××
	…		…
本期借方发生额合计	×××	本期贷方发生额合计	×××

图 2-2-5　费用类账户结构

(三)记账规则

记账规则是指运用记账方法记录经济业务时应当遵守的规律,是记账方法本质特征的具体表现。记账规则因记账方法不同而不同。根据各项经济业务对会计要素增减变动影响的一般规律,结合借贷记账法记账符号的规定和账户结构的设计,借贷记账法的记账规则可以概括为:"有借必有贷,借贷必相等"。

"有借必有贷"是指对于每一项经济业务在记入两个或两个以上有关账户时,必须保持记入一个(或几个)账户的借方,同时记入另一个(或几个)账户的贷方;"借贷必相等"是指记入借方账户的金额与记入贷方账户的金额必须相等。这个记账规则也可以用图 2-2-6 表示。

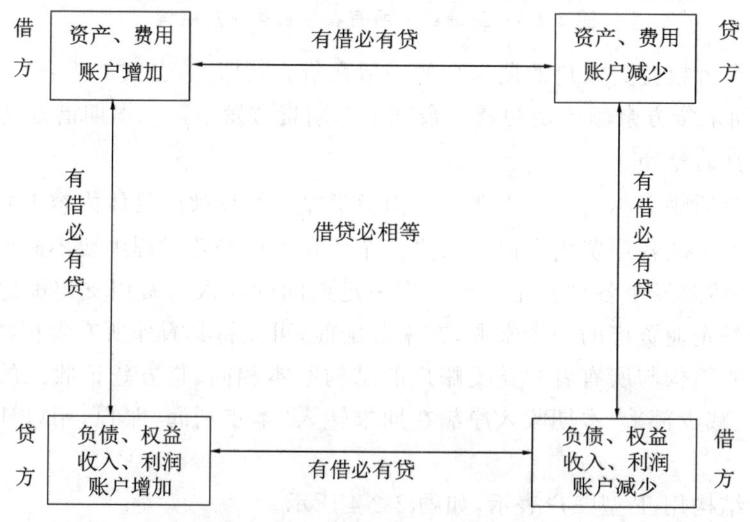

图 2-2-6　借贷记账法的记账规则

在企业的生产经营过程中,每天发生着大量的经济业务,这些经济业务虽然千差万别、错综复杂,但归纳起来不外乎四种类型。现以四种类型的经济业务为例,说明借贷记账法的记账规则。

第一种类型:资产(包括成本、费用支出)与负债及所有者权益(包括收入、收益)会计要素中有关项目同时增加。此种类型的经济业务一般是由资金进入企业所引起的。如收到投资者投入的资本、向银行取得借款以及购买材料尚未支付货款等,均属于此种类型。

【例 2-2-1】 企业收到投资者投入资本 1 000 000 元,并存入银行。

这笔经济业务发生，涉及资产和所有者权益两个会计要素中的有关项目同时发生变化：一方面使所有者权益要素的实收资本增加了 1 000 000 元，应记入“实收资本”账户的贷方；另一方面使资产要素的银行存款也增加了 1 000 000 元，应记入“银行存款”账户的借方。这笔经济业务的记录如下：

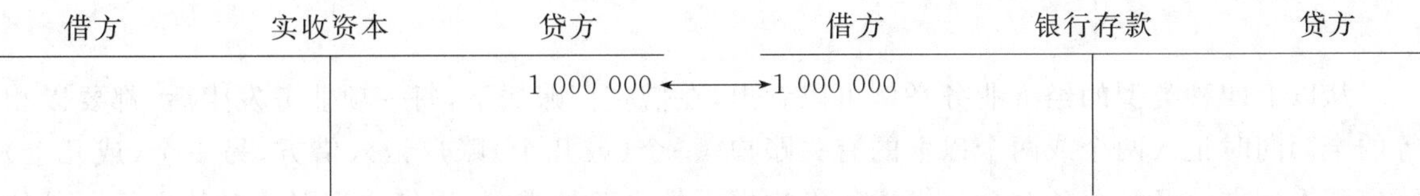

第二种类型：资产（包括成本、费用支出）与负债及所有者权益类（包括收入、收益）会计要素中有关项目同时减少。此种类型的经济业务一般是由资金退出企业所引起的。如企业按照规定减资，以银行存款偿还银行借款和应付账款等，均属于此种类型。

【例 2-2-2】 企业以银行存款 200 000 元偿还前欠银行借款。

这笔经济业务发生，涉及资产和负债两个会计要素中的有关项目同时发生变化：一方面使资产要素的银行存款减少了 200 000 元，应记入“银行存款”账户的贷方；另一方面使负债要素的应付账款减少了 200 000 元，应记入“短期借款”账户的借方。这笔经济业务的记录如下：

借方 银行存款 贷方
200 000 ←→ 200 000
借方 短期借款 贷方

第三种类型：资产（包括成本、费用支出）会计要素中有关项目有增有减。此种类型的经济业务一般是由资金在企业内部循环周转所引起的。如企业从银行提取现金、用银行存款购买原材料、生产过程中领用原材料、产成品完工入库等，均属于此种类型。

【例 2-2-3】 企业购入新机器一台，价值 3 000 000 元，价款已通过银行支付（暂不考虑相关税费）。

这笔经济业务的发生，涉及资产要素中的两个项目同时发生变化：一方面使资产要素的银行存款减少 3 000 000 元，应记入“银行存款”账户的贷方；另一方面使资产要素的固定资产增加了 3 000 000 元，应记入“固定资产”账户的借方。这笔经济业务的记录如下：

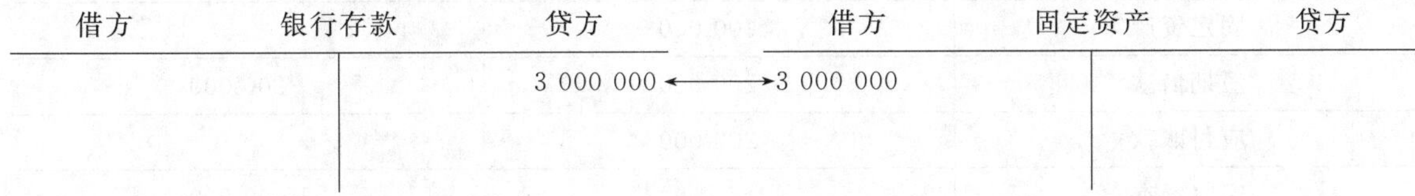

第四种类型：负债或所有者权益（包括收入、收益）会计要素中有关项目有增有减。此种类型的经济业务一般是由资金来源的渠道相互转化所引起的。如以银行借款直接偿还前欠货款、将资本公积或盈余公积转增资本金等，均属于此种类型。

【例 2-2-4】 企业向银行借款 200 000 元，直接偿还前欠货款。

这笔经济业务发生，涉及负债要素中两个项目同时发生变化：一方面使负债要素的银行借款增加了 200 000 元，应记入“短期借款”账户的贷方；另一方面使负债要素的应付账款减少了

200 000 元,应记入"应付账款"的借方。这笔经济业务的记录如下:

借方	短期借款	贷方	借方	应付账款	贷方
		200 000 ←→	200 000		

从以上四种类型的经济业务举例可以看出,在借贷记账法下,每一项业务发生后,都要以相等的金额同时记入两个或两个以上的有关账户,一个(或几个)账户记入借方,另一个(或几个)账户记入贷方。经济业务对会计等式的影响也不外乎四种类型,用借贷记账法对其进行记录的规则也是相同的。这样,我们可以从中归纳概括出借贷记账法的记账规则:有借必有贷,借贷必相等。

(四)试算平衡

所谓试算平衡就是根据会计恒等式和记账规则来检查日常账户记录是否正确、完整的一种验证方法。为了检验一定时期内所发生的经济业务在账户中的记录是否正确,各会计期末应对账户记录结果进行试算平衡,包括发生额试算平衡和期末余额试算平衡。

1. 发生额试算平衡

借贷记账法对每一笔经济业务都按照"有借必有贷,借贷必相等"的记账规则进行记账,即按照相等的金额同时记入一个(或几个)账户的借方和另一个(或几个)账户的贷方,这样,一定时期内发生的全部经济业务登记入账后,必然形成全部账户的借方发生额合计等于全部账户的贷方发生额合计的结果。发生额试算平衡就是根据全部账户借贷两方发生额合计之间的等量关系,来检验各账户的发生额记录是否正确。发生额试算平衡公式如下:

全部账户本期借方发生额合计=全部账户本期贷方发生额合计

发生额试算平衡是通过"本期发生额试算平衡表"进行的。现根据上述例 2-2-1 至例 2-2-4 各项经济业务记账的结果,编制本期发生额试算平衡表,如表 2-2-1 所示。

表 2-2-1 本期发生额试算平衡表

年 月 单位:元

会计科目(账户名称)	借方发生额	贷方发生额
银行存款	1 000 000	3 200 000
固定资产	3 000 000	
短期借款	200 000	200 000
应付账款	200 000	
实收资本		1 000 000
合计	4 400 000	4 400 000

2. 期末余额试算平衡

期末余额试算平衡,就是在当期发生的经济业务全部登记入账后,对各账户的期末余额是否正确进行检验。

期末余额试算平衡公式如下:

全部账户期末借方余额合计＝全部账户期末贷方余额合计

期末余额试算平衡工作，可以单独编制“期末余额试算平衡表”，也可以与本期发生额同时进行试算平衡，编制“本期发生额及期末余额试算平衡表”。

通过上述两方面的试算平衡，如果本期发生额及期末余额不符合平衡公式，即借贷不平衡，则可以肯定账户的记录或计算有错误。但是，若借贷平衡，却不能绝对肯定账户记录结果没有错误。因为有些记账错误并不影响借贷双方的平衡，如在有关账户中重记或漏记某项经济业务，或者将借贷记账方向记反等错误就无法通过试算平衡来检查。因此还应注意通过其他方法发现记账错误。

三、账户对应关系和会计分录

（一）账户的对应关系

根据复式记账法记账，对于任何一项经济业务，都必须按照相等的金额在两个或两个以上的相互关联的账户中进行登记。这样，在所涉及的两个或两个以上账户之间就必然存在着相互依存的内在联系。我们将账户之间的这种内在联系，称为账户的对应关系。发生对应关系的账户，称为对应账户。

账户的对应关系，反映了每项经济业务的内容，以及由此而引起的资金运动的来龙去脉。例如，以银行存款 5 000 元购买原材料，对这项经济业务，应以相等的金额 5 000 分别记入“原材料”账户的借方和“银行存款”账户的贷方，这两个账户之间就发生了应借、应贷的对应关系。通过这种对应关系可以知道，银行存款减少是因为支付购货款引起原材料增加的结果；原材料增加是因为用银行存款支付货款引起银行存款减少的结果。正确分析和确定账户的对应关系，有助于如实反映经济业务的内容，检查经济业务是否合理合法，也可以检查对经济业务的处理是否正确。

（二）会计分录

为了确保账户对应关系的正确性，在将经济业务记入账户之前，应先根据经济业务所涉及的账户及借贷方向和金额，编制会计分录。所谓会计分录（简称分录），就是在记账凭证中指明某项经济业务应登记的账户名称、记账的借贷方向和金额的一种记录。应登记的账户名称、记账方向和登记金额，构成了会计分录必不可少的三要素。

会计分录按其涉及账户的多少分为简单会计分录和复合会计分录。

简单会计分录，是指只有两个账户发生对应关系，即一个借方账户只同另一个贷方账户发生对应关系的会计分录，即一借一贷的会计分录。

复合会计分录，也称复杂会计分录，是指在多个账户之间发生对应关系的会计分录，即存在一个（或几个）借方账户同另外几个贷方账户发生对应关系，或者一个（或几个）贷方账户同另外几个借方账户发生对应关系的会计分录。具体表现为“一借多贷”或“一贷多借”等形式，特殊情况下也可能表现为“多借多贷”的形式。但为了保持账户对应关系清晰和核算的正确性，不允许把不同类型（或不同内容）的经济业务合并在一起编制多借多贷的会计分录。

现以 A 公司某月份发生的下列各项经济业务为例，说明会计分录的编制方法（暂不考虑相关税费）。

【例 2-2-5】 购进原材料一批，以银行存款支付货款 5 000 元。

借:原材料　　5 000

　贷:银行存款　　5 000

【例 2-2-6】 以短期借款直接偿还前欠购货款 20 000 元。

借:应付账款　　20 000

　贷:短期借款　　20 000

【例 2-2-7】 接受某投资单位投入新设备一套,价值 180 000 元。

借:固定资产　　180 000

　贷:实收资本　　180 000

【例 2-2-8】 以银行存款 10 000 元偿还银行短期借款。

借:短期借款　　10 000

　贷:银行存款　　10 000

【例 2-2-9】 购入不需安装的设备一台,价款 100 000 元,其中 60 000 元以银行存款支付,余下的 40 000 元暂欠供货单位。

编制会计分录如下:

借:固定资产　　100 000

　贷:银行存款　　60 000

　　应付账款　　40 000

例 2-2-9 就是一个复合会计分录,它是由一个借方账户与两个贷方账户相对应组成的。复合会计分录实际上是由若干个简单会计分录合并组成的,如例 2-2-9 所示复合会计分录是由以下两个简单会计分录合并组成的。

借:固定资产　　60 000

　贷:银行存款　　60 000

借:固定资产　　40 000

　贷:应付账款　　40 000

四、借贷记账法的运用流程

前面内容讲述了借贷记账法的基本原理和操作要领。为了更好地理解和掌握借贷记账法,现以白云公司的实际资料作为案例,进一步说明借贷记账法的运用流程。

资料一 白云公司 2018 年 12 月 31 日结账后,各账户年末余额如表 2-2-2 所示。

表 2-2-2 总分类账户年末余额表

单位:元

资　产	金　额	负债及所有者权益	金　额
银行存款	100 000	短期借款	100 000
库存商品	100 000	应付账款	80 000
固定资产	480 000	实收资本	500 000
合计	680 000	合计	680 000

资料二 白云公司 2019 年 1 月份发生下列各项经济业务(暂不考虑相关税费)。

(1)1 月 1 日,收到投资者王某投入货币资金 46 000 元,已存入银行。

(2)1 月 4 日,向银行取得期限为 6 个月的借款 54 000 元。

(3)1 月 5 日,公司购进 A 商品一批,价值 8 000 元,开出转账支票付款。

(4)1 月 10 日,将 5 日购进的 A 商品全部售出,取得货款 12 000 元存入银行。同时结转该批商品的销售成本。

(5)1 月 15 日,公司购进 B 商品一批,价值 12 000 元,开出转账支票付款。

(6)1 月 20 日,将 15 日购进的 B 商品全部售出,取得货款 16 000 元存入银行。同时结转该批商品的销售成本。

(7)1 月 23 日,用银行存款支付房租 1 000 元。

(8)1 月 25 日,赊购 C 商品一批,价值 10 000 元。

(9)1 月 28 日,收到投资者张某投入货币资金 10 000 元。

(10)1 月 31 日,为了计算利润,将本期实现的销售收入和发生的成本费用,结转记入"本年利润"账户。

根据上述资料,白云公司运用借贷记账法进行会计核算,其基本处理程序和步骤如下:

步骤一 开设新账,根据前期有关账户的期末余额资料,登记各账户的期初余额(开设新账工作通常只在年初进行,其他月份可在上月资料基础上连续登记)。

根据上述资料一,白云公司 2019 年 1 月 1 日开设的有关账户和各账户登记的期初余额,见表 2-2-3 至表 2-2-12。

步骤二 分析本期发生的各项经济业务,编制会计分录(此项工作在实际操作中是通过填制记账凭证进行的)。

根据上述资料二,白云公司 1 月份各项经济业务应编制的会计分录如下:

(1)借:银行存款 46 000

  贷:实收资本 46 000

(收到投资者王某投入货币资金 46 000 元,已存入银行)

(2)借:银行存款 54 000

  贷:短期借款 54 000

(向银行取得期限为 6 个月的借款 54 000 元)

(3)借:库存商品——A 商品 8 000

  贷:银行存款 8 000

(购进 A 商品一批,价值 8 000 元,开出转账支票付款)

(4)①借:银行存款 12 000

  贷:主营业务收入 12 000

(将 5 日购进的 A 商品全部售出,取得货款 12 000 元存入银行)

②借:主营业务成本 8 000

  贷:库存商品——A 商品 8 000

(结转该批商品的销售成本 8 000 元)

(5)借:库存商品——B 商品 12 000

  贷:银行存款 12 000

(购进 B 商品一批,价值 12 000 元,开出转账支票付款)

(6)①借:银行存款　　16 000

　　贷:主营业务收入　　16 000

(将 15 日购进的 B 商品全部售出,取得货款 16 000 元存入银行)

②借:主营业务成本　　12 000

　　贷:库存商品——B 商品　　12 000

(结转该批商品的销售成本 12 000 元)

(7)借:管理费用　　1 000

　　贷:银行存款　　1 000

(用银行存款支付房租 1 000 元)

(8)借:库存商品——C 商品　　10 000

　　贷:应付账款　　10 000

(赊购 C 商品一批,价值 10 000 元)

(9)借:银行存款　　10 000

　　贷:实收资本　　10 000

(收到投资者张某投入货币资金 10 000 元)

(10)①借:主营业务收入　　28 000

　　贷:本年利润　　28 000

(将本期实现的销售收入 28 000 元转入本年利润)

②借:本年利润　　21 000

　　贷:主营业务成本　　20 000

　　　　管理费用　　1 000

(将主营业务成本 20 000 元和管理费用 1 000 元转入本年利润)

步骤三　根据会计分录,登记各有关账户。此项工作也称为"过账",即将在记账凭证中确定的会计分录,按一定顺序一一记入相关账户。具体操作步骤是:

①找出会计分录中所涉及的相应账户。

②将会计分录的有关内容记入相应的账户,包括记录经济业务的日期、业务编号、经济业务的简要说明、借方或贷方发生额等。

③每登记完一笔经济业务,便在相应的会计分录后(记账凭证的相应栏目)做出已记账的标记"√",以避免重复记账或漏记账。

根据上述会计分录,白云公司 1 月份各有关账户登记的结果,如表 2-2-3 至表 2-2-12 所示。

表 2-2-3　"银行存款"账户

单位:元

2019 年		凭证号数	摘要	借方	贷方	借/贷	余额
月	日						
1	1		期初余额			借	100 000
	1	(1)	投入资本	46 000		借	146 000
	4	(2)	向银行借入短期借款	54 000		借	200 000

续表

2019年		凭证号数	摘要	借方	贷方	借/贷	余额
月	日						
	5	(3)	购入A商品		8 000	借	192 000
	10	(4)①	销售A商品	12 000		借	204 000
	15	(5)	购入B商品		12 000	借	192 000
	20	(6)①	销售B商品	16 000		借	208 000
	23	(7)	支付房租		1 000	借	207 000
	28	(9)	投资者追加投资	10 000		借	217 000
1	31		本期发生额及余额	138 000	21 000	借	217 000

表2-2-4　“库存商品”账户　　单位:元

2019年		凭证号数	摘要	借方	贷方	借/贷	余额
月	日						
1	1		期初余额			借	100 000
	5	(3)	购入A商品	8 000		借	108 000
	10	(4)②	结转已销A商品成本		8 000	借	100 000
	15	(5)	购入B商品	12 000		借	112 000
	20	(6)②	结转已销B商品成本		12 000	借	100 000
	25	(8)	赊购C商品	10 000		借	110 000
1	31		本期发生额及余额	30 000	20 000	借	110 000

表2-2-5　“固定资产”账户　　单位:元

2019年		凭证号数	摘要	借方	贷方	借/贷	余额
月	日						
1	1		期初余额			借	480 000

表2-2-6　“应付账款”账户　　单位:元

2019年		凭证号数	摘要	借方	贷方	借/贷	余额
月	日						
1	1		期初余额			贷	80 000
	25	(8)	赊购C商品		10 000	贷	90 000
1	31		本期发生额及余额	0	10 000	贷	90 000

表 2-2-7 “短期借款”账户

单位:元

2019 年		凭证号数	摘要	借方	贷方	借/贷	余额
月	日						
1	1		期初余额			贷	100 000
	4	(2)	向银行借入短期借款		54 000	贷	154 000
1	31		本期发生额及余额	0	54 000	贷	154 000

表 2-2-8 “实收资本”账户

单位:元

2019 年		凭证号数	摘要	借方	贷方	借/贷	余额
月	日						
1	1		期初余额			贷	500 000
	1	(1)	投入资本		46 000	贷	546 000
	28	(9)	投入资本		10 000	贷	556 000
1	31		本期发生额及余额	0	56 000	贷	556 000

表 2-2-9 “主营业务收入”账户

单位:元

2019 年		凭证号数	摘要	借方	贷方	借/贷	余额
月	日						
1	1		期初余额			平	0
	10	(4)①	销售 A 商品		12 000	贷	12 000
	20	(6)①	销售 B 商品		16 000	贷	28 000
	31	(10)①	期末结转本年利润	28 000		平	0
1	31		本期发生额及余额	28 000	28 000	平	0

表 2-2-10 “主营业务成本”账户

单位:元

2019 年		凭证号数	摘要	借方	贷方	借/贷	余额
月	日						
1	1		期初余额			平	0
	10	(4)②	结转已销 A 商品成本	8 000		借	8 000
	20	(6)②	结转已销 B 商品成本	12 000		借	20 000
	31	(10)②	期末结转本年利润		20 000	平	0
1	31		本期发生额及余额	20 000	20 000	平	0

表 2-2-11　"管理费用"账户　　单位:元

2019 年		凭证号数	摘要	借方	贷方	借/贷	余额
月	日						
1	1		期初余额			平	0
	23	(7)	支付房租	1 000		借	1 000
	31	(10)②	期末结转本年利润		1 000	平	0
1	31		本期发生额及余额	1 000	1 000	平	0

表 2-2-12　"本年利润"账户　　单位:元

2019 年		凭证号数	摘要	借方	贷方	借/贷	余额
月	日						
1	1		期初余额			平	0
	31	(10)①	期末结转本年利润		28 000	贷	28 000
		(10)②	期末结转本年利润	21 000		贷	7 000
1	31		本期发生额及余额	21 000	28 000	贷	7 000

步骤四　结算本期发生额和期末余额。在将本期发生的经济业务全部登记入账的基础上,计算每一账户的本期发生额和期末余额。

根据上述资料,1 月 31 日,白云公司各有关账户计算结出的本期发生额和期末余额,见表 2-2-3 至表 2-2-12。

步骤五　编制试算平衡表。为了检查账户记录是否正确,在结计出本期发生额及期末余额后还须进行试算平衡,编制本期发生额及期末余额试算平衡表。

根据上述资料,白云公司 2019 年 1 月 31 日编制的本期发生额及期末余额试算平衡表,如表 2-2-13 所示。

表 2-2-13　本期发生额及期末余额试算平衡表　　单位:元

会计科目	期初余额		本期发生额		期末余额	
	借方	贷方	借方	贷方	借方	贷方
银行存款	100 000		138 000	21 000	217 000	
库存商品	100 000		30 000	20 000	110 000	
固定资产	480 000		0	0	480 000	
短期借款		100 000	0	54 000		154 000
应付账款		80 000	0	10 000		90 000
实收资本		500 000	0	56 000		556 000
本年利润			21 000	28 000		7 000
主营业务收入			28 000	28 000		
主营业务成本			20 000	20 000		
管理费用			1 000	1 000		
合计	680 000	680 000	238 000	238 000	807 000	807 000

步骤六　编制会计报表。在各账户试算平衡、检验正确的基础上,根据账户记录资料编制

会计报表，是整个会计核算程序的最后一项工作。会计报表可以集中反映企业的经营活动全貌，为企业管理者、企业的投资者、债权人、政府监管部门及其他有关方面提供各种有用的信息。

复习思考题

1.什么是会计科目？设置会计科目有什么作用？

2.什么是账户？为什么要设置账户？

3.账户与会计科目之间有什么关系？

4.试述账户的基本结构。

5.说明复式记账法的基本原理和内容。

6.说明借贷记账法的基本内容。

7.什么是账户的对应关系？有什么意义？

8.什么是会计分录？有哪些种类？

9.结合案例资料，总结借贷记账法的运用流程。

主要概念

会计科目　账户　总分类科目　明细分类科目　记账方法　复式记账法　借贷记账法　试算平衡　账户的对应关系　会计分录

项目三

企业基本业务核算

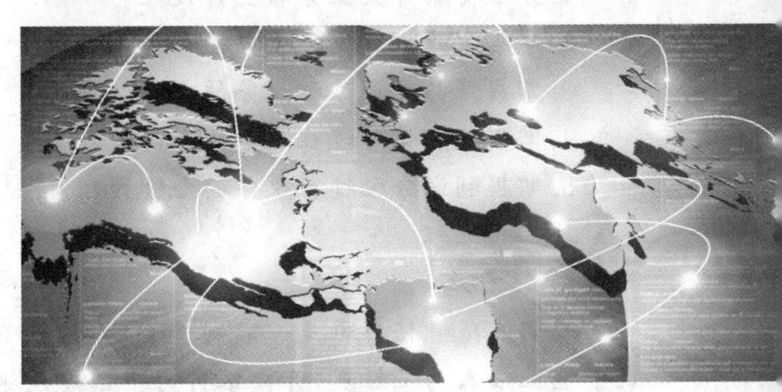

JICHU KUAIJI

知识目标

1. 了解企业主要经济业务。
2. 熟悉资金筹集业务的核算内容。
3. 熟悉生产供应过程业务的核算内容。
4. 熟悉产品生产过程业务的核算内容。
5. 熟悉产品销售过程业务的核算内容。
6. 熟悉利润分配过程业务的核算内容。

技能目标

1. 掌握资金筹集业务的会计处理。
2. 掌握生产供应过程业务的会计处理。
3. 掌握产品生产过程业务的会计处理。
4. 掌握产品销售过程业务的会计处理。
5. 掌握利润分配过程业务的会计处理。

案例导入

白云有限责任公司是一家制造企业，经营范围是工业产品制造，生产和销售A、B两种产品。企业法人为王红英，开户银行为中国建设银行广州五四支行，银行账号为126 758 241 860 066，银行预留印鉴为：

企业的日常业务主要有：采购部门采购甲、乙、丙三种材料，生产车间领用材料用于生产A、B产品，销售部门销售A、B产品取得营业收入，人事部门核算并委托财务部门支付员工工资，管理部门发生招待费用、办公费用等。不常发生的业务主要有：采购大型生产设备，处置生产设备，因资金短缺向银行借款，引入新的投资者，进行利润的核算以及定期纳税。

案例思考：

(1)工业企业的主要经济业务有哪些？可以分为几类？

(2)工业企业的资金流程如何随着业务运转？

工业企业也即产品制造企业，是支持国民经济的重要实体。它的主要经济活动是筹资、采购、生产和销售工业产品或提供劳务、利润分配，其中最主要的是采购、生产和销售工业产品或提供劳务。一方面为社会提供产品或劳务，一方面为投资者和企业自身创造利润。

筹资和采购过程　工业企业进行正常的生产经营活动，必须具备劳动资料、劳动对象和劳动者。劳动资料主要依靠所有者的投资和企业举债筹集款项来购买，如企业创立初期建造厂房、购买机器设备等，日常的经营中需要采购各种材料物资。企业筹措的资金一开始表现为企业银行存款等的增加，然后为了建造厂房、购买设备、采购材料物资等，发生资金的流出。

生产过程 首先需要供给材料，将原材料从仓库领入车间投入生产，工人借助于机器设备和其他工具对原材料进行加工，使其改变原有的实物形态，变为半成品，最后形成产成品。此时会消耗各种材料物资，机器设备要发生磨损(固定资产折旧)。这些业务并不直接涉及资金的流出，其他一些业务如支付工人工资及其他费用会导致资金的流出。

销售过程 产品生产完工验收入库等待销售。销售过程中，会发生包装、运输、广告宣传等销售费用，发生资金的流出。产品销售出去后会收回销货款，发生资金的流入，同时要缴纳与商品流转有关的税费。

利润分配过程 财务部门核算一定时期企业的利润，进行分配以及缴纳与利润相关的税费，发生资金的流出。剩余的利润留存于企业，用于企业进一步发展。

任务一 筹资业务的核算

企业的资金来源渠道主要有两个方面：权益资金投资和负债筹资。

第一，权益资金投资。权益资金投资包括所有者对企业进行的投资和以后生产经营过程中企业的留存收益。本节主要介绍所有者对企业进行投资的核算。

第二，负债筹资。企业向金融机构或其他单位借入的一部分资金。

投资主体可以是国家、法人、个人或外商。

一、所有者投资的核算

所有者投资的形式有货币、实物资产、无形资产等。所有者一旦对企业投资，就对企业的资产、资产经营的结果、资产经营的权利等享有权益。

企业实际收到的投资者投入企业的注册资本称为实收资本(股本)，在后续的经营过程中，实际收到的超过投资者所占注册资本份额的部分资金称为资本公积。

(一)账户设置

(1)设置“实收资本”账户，反映企业实收资本的增减变动及所有者享有的权益。其贷方登记企业所有者投入资本的增加额，借方登记所有者投入资本的减少额，期末余额一般在贷方。本账户应按照投资者名称进行明细分类核算。

(2)设置“资本公积”账户，反映企业资本公积的增减变动及所有者享有的权益。其贷方登记企业资本公积的增加额，借方登记资本公积的减少额，期末余额一般在贷方。本账户应按照资本公积的来源渠道设置“资本溢价”“股本溢价”等明细账户。

(3)设置“现金”“银行存款”“原材料”“库存商品”“固定资产”“无形资产”等账户，揭示投入资本的物质形态。其借方登记各类资产的增加额，贷方登记各类资产的减少额，期末余额一般在借方。

(二)核算举例

【例 3-1-1】 2018 年 6 月 1 日，白云有限责任公司收到李立辉银行存款投资 21 万元，协议注明投资者李立辉享有公司资本的份额为 20 万元。图 3-1-1 所示为银行进账单。

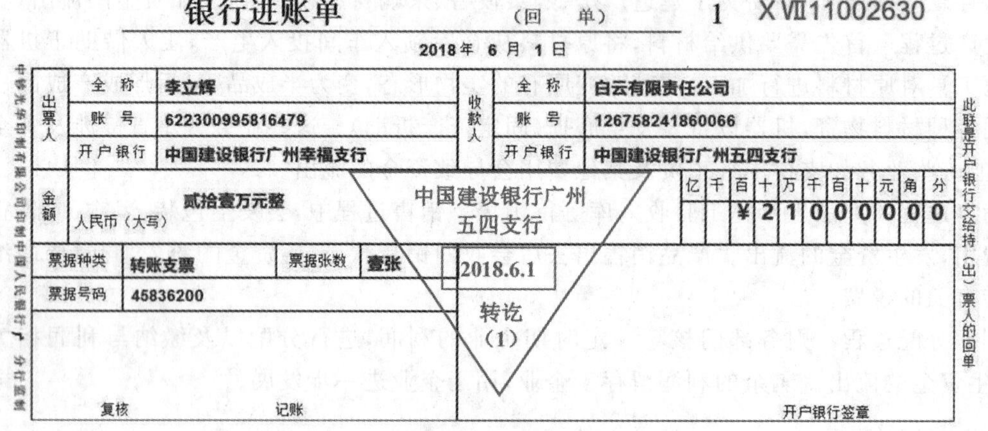

银行进账单　（回　单）　1　XⅧ11002630

2018 年 6 月 1 日

出票人	全称	李立辉	收款人	全称	白云有限责任公司
	账号	622300995816479		账号	126758241860066
	开户银行	中国建设银行广州幸福支行		开户银行	中国建设银行广州五四支行
金额	人民币（大写）	贰拾壹万元整		亿千百十万千百十元角分	¥21000000
票据种类	转账支票	票据张数	壹张		
票据号码	45836200				
复核	记账			开户银行签章	

中国建设银行广州五四支行
2018.6.1
转讫
（1）

此联是开户银行交给持（出）票人的回单

图 3-1-1　银行进账单

这项经济业务发生，一方面，企业接受了李立辉的投资，企业的银行存款增加了 21 万元，记入“银行存款”账户的借方。另一方面，李立辉享有了公司资本份额 20 万元，使得企业的实收资本增加，记入“实收资本”账户的贷方；李立辉出资额超出其按协议享有的部分 1 万元，使得企业的资本公积增加，记入“资本公积”账户的贷方。

这项经济业务编制的会计分录为：

借：银行存款　　210 000

　贷：实收资本——李立辉　　200 000

　　　资本公积——资本溢价　　10 000

【链接】“实收资本”账户：

(1)“实收资本”账户属于所有者权益性质。“实收资本”账户的贷方登记公司实收的资本数额；借方登记减少的实收资本数额。

(2)“实收资本”账户按合同或协议取得的金额登记，以反映所有者应享有的份额和应承担的风险。

【例 3-1-2】　2019 年 7 月 10 日，收到光明公司（全称为深圳市光明机械有限公司）投入的一批乙材料，材料价值为 200 万元，同时收到增值税专用发票注明增值税款 26 万元。协议约定光明公司享有白云有限责任公司资本的份额为 226 万元。图 3-1-2 所示为增值税专用发票。

这项经济业务发生，一方面，企业接受了光明公司的投资，企业的原材料增加了 200 万元，记入“原材料”账户的借方；同时，税法规定：在购买、接受投资转入、接受捐赠转入、接受抵债转入、非货币性资产换入等途径获取的原材料、库存商品、固定资产等物料用品、生产设备时，依据收到的增值税专用发票上的增值税额，记入“应交税费——应交增值税（进项税额）”账户的借方。另一方面，光明公司享有了公司资本份额 226 万元，使得企业的实收资本增加，记入“实收资本”账户的贷方。

借：原材料——乙材料　　2 000 000

　　应交税费——应交增值税（进项税额）　　260 000

　贷：实收资本——光明公司　　2 260 000

4400164130　　广东增值税专用发票　　№ 02463501

此联不作报销、扣税凭证使用

校验码 23056 66812 25626 78535　　开票日期：2019年7月10日

购买方	名　　称：白云有限责任公司 纳税人识别号：156600004888098 地址、电话：广州市白云区白云路1号　02037435666 开户行及账号：中国建设银行广州五四支行 126758241860066	密码区	64504*4884689-456/9846+62350 15358-94985*5486+69529/83375 25564/4894*7848-48685>854412 1345965>4656/1464*89-4515058

货物或应税劳务、服务名称	规格型号	单位	数量	单价	金额	税率	税额
乙材料		千克	1000	2000	2000000.00	13%	260000.00
合　　计							
价税合计（大写）	⊗贰佰贰拾陆万元整				（小写）¥2260000.00		

销售方	名　　称：深圳市光明机械有限公司 纳税人识别号：XXX 地址、电话：XXX 开户行及账号：XXX	备注	

收款人：XX　　复核：XX　　开票人：20086　　销售方：（章）

第一联：记账联　销售方记账凭证

图 3-1-2　增值税专用发票

【链接】"原材料"账户：

(1)核算企业原材料的收入、发出和结存情况。

(2)一般按实际成本计价法计量。其借方登记企业收入原材料的增加额，贷方登记企业发出材料的减少额。

(3)按税法要求，原材料的实物流转符合条件的需要缴纳增值税，其中：购买、接受投资转入、接受捐赠转入、接受抵债转入、非货币性资产换入等途径获取的原材料，需要将税款记入"应交税费——应交增值税(进项税额)"账户的借方；销售、投资转出、捐赠转出、抵债转出、非货币性资产换出等途径减少的原材料，需要将税款记入"应交税费——应交增值税(销项税额)"账户的贷方。

【例 3-1-3】 收到海南公司如下投资：银行存款 10 万元，原材料 100 万元，固定资产的原始价值 40 万元。收到的增值税专用发票注明原材料增值税款 13 万元，固定资产增值税款 5.2 万元。约定投资价值为 168.2 万元。

这项经济业务发生，一方面企业的资产得以增加，涉及"银行存款""原材料""固定资产"等账户，记入各账户的借方；同时按照税法规定，将收到的增值税专用发票上的增值税额，记入"应交税费——应交增值税(进项税额)"账户的借方。另一方面企业"实收资本——海南公司"账户增加，增加时应记入贷方。这项经济业务编制的会计分录为：

借：银行存款　　100 000

　原材料　　1 000 000

　固定资产　　400 000

　应交税金——应交增值税(进项税额)　　182 000

　贷：实收资本——海南公司　　1 682 000

【例 3-1-4】 按照公司章程经投资者决议，白云有限责任公司将资本公积 30 万元转增资本。

这项经济业务发生，一方面企业的资本得以增加，记入“实收资本”账户的贷方；另一方面资本公积减少，应记入“资本公积”账户的借方。

借：资本公积　　　　　　　　　　　　　　300 000

　　贷：实收资本　　　　　　　　　　　　　　300 000

【链接】“资本公积”账户：资本公积从本质上讲属于投入资本的范畴，是企业的储备资本。我国采用注册资本制度等原因导致了资本公积的产生，《公司法》等法律规定，资本公积的用途主要是转增资本。

二、负债筹资的核算

企业在生产经营的过程中，为了维系企业的正常运营、扩大经营规模等，会出现现金流量不足的情况，可通过银行借款、商业信用和发行债券等形式吸收资金。本节主要介绍银行借款。

对银行借款的核算包括取得借款、计提利息、偿还利息和本金等环节的内容。

（一）账户设置

（1）设置“短期借款”账户，用来核算企业向银行及其他金融机构借入的期限在一年以内（含一年）的各种借款。

（2）设置“长期借款”账户，用来核算企业向银行及其他金融机构借入的期限在一年以上（不含一年）的各种借款（含本金及计提的利息）。需要设置二级明细科目：“长期借款——本金”“长期借款——利息”。

（3）设置“财务费用”账户，用来核算企业为筹集生产经营所需资金等而发生的费用。

（4）设置“应付利息”账户，用来核算企业按照合同约定应预先提取但未实际支付的利息费用。

（二）核算举例

白云有限责任公司发生下列业务：

【例 3-1-5】 公司于 2018 年 10 月 1 日从中国建设银行借入期限为 9 个月的临时周转借款 400 000 元，存入银行，借款年利率为 9%。利息按月计提，下月初 5 个工作日内支付。图 3-1-3 所示为银行借款凭证，图 3-1-4 所示为银行借款合同。

中国建设银行（短期贷款）借款凭证（入账通知）

单位编号：3467　　　　日期：2018年10月1日　　　　银行编号：1268

收款单位	名称	白云有限责任公司	付款单位	名称	中国建设银行广州五四支行
	开户账号	126758241860066		开户账号	6857799003
	开户银行	中国建设银行广州五四支行		开户银行	中国建设银行广州五四支行
借款金额	人民币（大写）	肆拾万元整		千 百 十 万 千 百 十 元 角 分	¥ 4 0 0 0 0 0 0 0
借款用途		流动资金	利率		9%
期限	计划还款日期	计划还款金额	你单位上列借款，已转入你单位结算户内。借款到期时由我行按期自你单位结算账户转还。此致		
9个月	2019年7月1日	400 000	（银行盖章）2018年10月1日		

中国建设银行广州五四支行 2018.10.1 转讫（1）

此联是银行给借款单位的入账通知

图 3-1-3　银行借款凭证

借款合同

借款单位：(以下简称借款方)白云有限责任公司

贷款单位：(以下简称贷款方)中国建设银行广州五四支行

借款方为流动资金需要，特向贷款方申请借款，经贷款方审核同意发放。为明确双方责任，恪守信用，特签订本合同，共同遵守。

第一，由贷款方提供借款方贷款人民币肆拾万元整(￥400 000.00 元)。借款期限：从 2018 年 10 月 01 日起至 2019 年 07 月 01 日止。

第二，贷款方应如期向借款方发放贷款，否则，按违约数额和延期天数，付给借款方违约金。违约金数额的计算，与逾期贷款罚息相同，即为 1%。

第三，贷款利率，按年利率 9%。自支用贷款之日起，按月计算利息，按月结息，到期归还本金。

第四，借款方应按协议用款，不得转移用途，否则贷款方有权提前终止协议。

第五，借款方如不按规定时间、额度用款，要付给贷款方违约金。违约金按借款额度、天数及借款利率的 5%计算。

第六，借款方保证按借款合同所订期限归还贷款本息。如需延期，借款方应在贷款到期前 3 天，提出延期申请，经贷款方同意，办理延期手续。但延期最长不得超过原定期限的一半。贷款方未同意延期或未办理延期手续的逾期贷款，加收罚息。

第七，借款方以房产作为借款抵押，价值人民币壹佰万元整(￥1 000 000.00 元)，产权证件由贷款方保管(或公证机关保管)。公证费由借款方负担。

第八，贷款到期，借款方未归还贷款，又未办理延期手续，贷款方有权依照法律程序处理借款方作为贷款抵押的物资和财产，抵还借款本息。

第九，本合同一式 3 份，借贷款双方各执正本 1 份，公证机关 1 份。

第十，本合同自签订之日起生效，贷款本息全部偿清后失效。

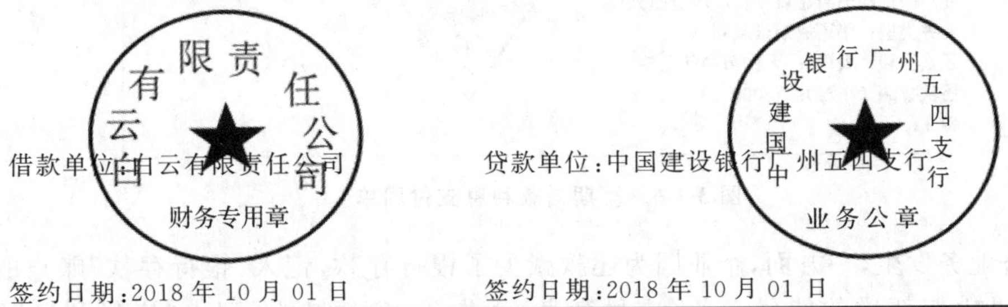

借款单位：白云有限责任公司　　　　贷款单位：中国建设银行广州五四支行

签约日期：2018 年 10 月 01 日　　　　签约日期：2018 年 10 月 01 日

图 3-1-4　银行借款合同

这项经济业务发生，一方面，企业的银行存款增加了 400 000 元，记入“银行存款”账户的借方；另一方面，借款到期后需要偿还，借款行为导致偿还义务产生，负债增加，记入“短期借款”账户的贷方。

借：银行存款　　　　　　　　　　　　400 000

　贷：短期借款——建设银行　　　　　　　400 000

【例 3-1-6】 10 月 31 日，计提本月应负担的借款利息 3 000 元。图 3-1-5 所示为短期借款利息说明。

这项经济业务发生，一方面，企业因为借款产生的利息费用增加了 3 000(400 000×9%÷12)元，记入“财务费用”账户的借方；另一方面，企业新增了一笔需要偿付的利息，负债增加，记入“应付利息”账户的贷方。

短期借款利息说明

2018年10月31日，计提从中国建设银行广州五四支行借入的一笔400000元短期借款利息，该借款年利率为9%，用于临时周转。利息按月计提，计算本月计提的短期借款利息。

白云有限责任公司 财务专用章

图 3-1-5　短期借款利息说明

借：财务费用——利息费用　　　　3 000

　贷：应付利息　　　　　　　　　3 000

【链接】“财务费用”账户：财务费用核算企业用于生产经营借款产生的利息、汇兑损益、金融机构手续费等业务。企业用于在建工程的借款利息（借款合同中明确该借款的用途是工程项目），满足条件的应记入“在建工程”账户的借方。

2018 年借款期间，每个月底均进行上述业务处理。

【例 3-1-7】　11 月 2 日，以银行存款偿付上月应负担的借款利息 3 000 元。图 3-1-6 所示为短期借款利息支付回单。

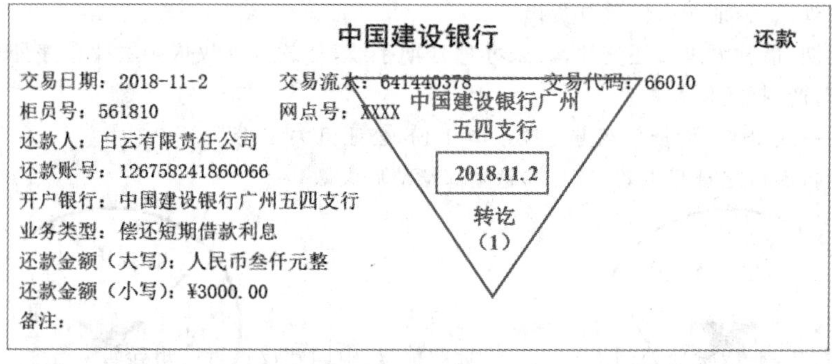

中国建设银行　　还款

交易日期：2018-11-2　交易流水：641440378　交易代码：66010

柜员号：561810　网点号：XXXX

还款人：白云有限责任公司

还款账号：126758241860066

开户银行：中国建设银行广州五四支行

业务类型：偿还短期借款利息

还款金额（大写）：人民币叁仟元整

还款金额（小写）：¥3000.00

备注：

中国建设银行广州五四支行 2018.11.2 转讫 (1)

图 3-1-6　短期借款利息支付回单

这项经济业务发生，一方面，企业因为还款减少了银行存款，记入“银行存款”账户的贷方；另一方面，企业上期新增的偿付义务（应付利息）消失了，负债减少，记入“应付利息”账户的借方。

借：应付利息　　　　3 000

　贷：银行存款　　　　3 000

【链接】“应付利息”账户：核算按照借款合同企业本期应该支付但未支付的生产经营产生的利息费用。如果当期的利息企业当期直接进行了支付，则无须通过本科目核算，可直接借记“财务费用”账户的借方，同时贷记“银行存款”账户。

2018 年借款期间，每个月初均进行上述分录。

【例 3-1-8】　2019 年 7 月 1 日，白云公司以银行存款偿还 2018 年 10 月 1 日借入的短期借款本金 400 000 元，以及 6 月份当月的借款利息。

这项经济业务发生，一方面，企业因为还款减少了银行存款，记入“银行存款”账户的贷方；另一方面，企业 2018 年 10 月 1 日新增的偿还义务（短期借款）消失了，负债减少，记入“短期借款”账户的借方。同时直接归还当月借款利息。

借：短期借款　　400 000
　　财务费用——利息费用　　3 000
　　贷：银行存款　　403 000

【例 3-1-9】 2018 年 1 月 1 日，公司借款 900 000 元，年利率 8%，期限 3 个月，利息不计提，每月月底直接进行支付，到期还本。

则 1 月 1 日借款时：

借：银行存款　　900 000
　　贷：短期借款　　900 000

1 月 31 日、2 月 28 日：

借：财务费用——利息费用　　6 000
　　贷：银行存款　　6 000

3 月 31 日还本，并付 3 月份利息：

借：短期借款　　900 000
　　财务费用——利息费用　　6 000
　　贷：银行存款　　906 000

【例 3-1-10】 2018 年 1 月 1 日，公司借款 900 000 元，年利率 8%，期限 3 个月，利息按月计提，按季支付，到期还本。

则 1 月 1 日借款时分录同例 3-1-9。

1 月 31 日、2 月 28 日：

借：财务费用——利息费用　　6 000
　　贷：应付利息　　6 000

3 月 31 日还本，并付 1—3 月份利息：

借：短期借款　　900 000
　　应付利息　　12 000
　　财务费用——利息费用　　6 000
　　贷：银行存款　　918 000

【例 3-1-11】 2015 年 1 月 1 日，公司借款 500 000 元，年利率 6%，期限 3 年，利息按年计提，到期一次还本付息。

则 1 月 1 日借款时：

借：银行存款　　500 000
　　贷：长期借款——本金　　500 000

2015 年 12 月 31 日、2016 年 12 月 31 日：

借：财务费用　　30 000
　　贷：长期借款——利息　　30 000

2017 年 12 月 31 日还本，并付 2015—2017 年利息：

借：长期借款——本金　　500 000

——利息 60 000

财务费用 30 000

贷:银行存款 590 000

【例 3-1-12】 2015 年 1 月 1 日,企业借款 500 000 元,年利率 6%,期限 3 年,利息按年计提,下年初支付,到期还本。

则 1 月 1 日借款时分录同例 3-1-11。

2015 年 12 月 31 日、2016 年 12 月 31 日、2017 年 12 月 31 日:

借:财务费用 30 000

贷:应付利息 30 000

2016 年年初、2017 年年初:

借:应付利息 30 000

贷:银行存款 30 000

2017 年 12 月 31 日还本,并付 2017 年利息:

借:长期借款——本金 500 000

——利息 60 000

财务费用 30 000

贷:银行存款 590 000

【链接】"长期借款"账户:如果长期借款利息分期付息,计提时仍记入"应付利息"账户,无须计提的可直接支付。如果长期借款利息到期一次还本付息,需通过"长期借款——利息"科目核算。

任务二 生产供应过程业务的核算

企业为满足生产经营和销售的需要,必须购进材料、设备等物资,购进材料物资会形成与供应商之间的债务关系,会涉及购进物资的增值税相关处理。

一、购进原材料的核算

材料采购成本包括从支付货款开始,到材料验收入库为止的合理支出,由材料买价和采购费用两部分组成。买价指购销双方协商好的价款,一般可以直接区分归属的物资种类,可直接计入材料采购成本。采购费用一般包括:①运杂费,如运输途中的运输费、装卸费、保险费、包装费等;②运输途中的合理损耗;③入库前的加工整理挑选费用;④按规定应计入采购成本的税金,如关税等。

(一)账户设置

(1)设置"在途物资"账户。购入的物资,在支付价款和采购费用时,通过"在途物资"账户核算,反映材料的采购成本。期末余额在借方,表示尚在运输途中的在途材料,或者已经运达企业但尚未验收入库的在途材料。

(2)设置"原材料"账户。材料验收入库后,应将"在途物资"转入"原材料"账户,其借方登记企业收入原材料的增加额，贷方登记企业发出材料的减少额。

(3)设置“应交税费——应交增值税(进项税额)”账户。按税法要求，原材料的实物流转符合条件的需要缴纳增值税，其中：购买原材料，符合抵扣条件的，需要将支付的税款记入“应交税费——应交增值税(进项税额)”账户的借方。

(4)设置“应付账款”账户。“应付账款”账户是核算企业因采购材料而与供应单位发生的结算债务的增减变动及其余额的情况的账户。购买材料后，未及时付款而形成的债务，发生时，贷记“应付账款”，表示新增暂欠的一笔货款；未来偿还时，借记“应付账款”，表示前欠货款已清偿。

(5)设置“应付票据”账户。“应付票据”账户是核算企业因采购材料而开出的商业票据的增减变动及其余额的情况的账户。购买材料后，企业开出商业汇票以支付货款，但因票据未到付款日而形成的债务，发生时，贷记“应付票据”，表示新增暂欠的一笔货款；未来偿还时，借记“应付票据”，表示前欠货款已清偿。

(6)设置“预付账款”账户。“预付账款”账户是核算企业按采购合同而与供应单位发生的结算债权的增减变动及其余额的情况的账户。购买材料前，提前付款而形成的债权，发生时，借记“预付账款”，表示已经预付的一笔货款；未来采购时，贷记“预付账款”，表示货款由前期预付货款清偿，采购时不需再行支付。

(二)核算举例

白云有限责任公司发生下列业务：

【例 3-2-1】 2019 年 7 月 10 日公司购进甲材料，价款 20 000 元，收到增值税专用发票注明税款 2 600 元，款项已通过银行存款支付。材料尚未运达企业。7 月 25 日，材料运达并验收入库。支票存根如图 3-2-1 所示。

中国建设银行
支票存根
10200030
37080906
附加信息
出票日期 2019 年 7 月 10 日
收款人：深圳市光明机械有限公司
金　额：¥22600.00
用　途：货款
单位主管　XX　会计　XX

图 3-2-1　支票存根

这项经济业务发生，一方面，通过购买行为企业的在途原材料增加了 20 000 元，记入“在途物资”账户的借方；同时，税法规定：在购买、接受投资转入、接受捐赠转入、接受抵债转入、非货币性资产换入等途径获取的原材料、库存商品、固定资产等物料用品、生产设备时，依据收到的增值税专用发票上的增值税额，记入“应交税费——应交增值税(进项税额)”账户的借方。另一方面，企业支付了价款和税款，银行存款共减少了 22 600 元，记入“银行存款”账户的贷方。

借：在途物资——甲材料　　20 000
　　应交税费——应交增值税(进项税额)　　2 600
　　贷：银行存款　　22 600

7 月 25 日，材料运达并验收入库，材料验收通知单如图 3-2-2 所示。

这项经济业务发生，一方面，企业的库存材料增加，记入“原材料”账户的借方；另一方面，在途的材料减少，记入“在途物资”账户的贷方。该项材料已验收入库，归集的材料采购成本也应随着材料的入库一起转为库存材料的成本。

借：原材料——甲材料　　20 000
　　贷：在途物资——甲材料　　20 000

白云有限责任公司 材料验收通知单										
供应商名称：深圳市光明机械有限公司			验收日期：2019 年 7 月 25 日				入库单号：007			
增值税率	13%		增值税额	2600.00		应付款总额	22600.00			第二联：交财务部
订货单编号	材料名称	规格	型号	单位	供应商交货数	实收数量	单价	合计金额	备注	
2019705	甲材料			千克	100	100	200.00	20 000.00		
合计	甲材料			千克	100	100	200.00	20 000.00		
财务部：		品保部：			验收人：XX		制单人：20086			

图 3-2-2 材料验收通知单

说明：采购材料时，应区分购进和入库并分开处理。

【例 3-2-2】 从外地购进乙材料，不含税价款 30 000 元，税率 13%，收到增值税专用发票注明税款为 3 900 元；同时发生运费，运费发票注明运费 2 400 元、增值税 216 元。价款、运费、税款均以银行存款支付，材料尚未到达。

借：在途物资——乙材料　　32 400
　应交税费——应交增值税（进项税额）　　4 116
　贷：银行存款　　36 516

【链接】"在途物资"账户：核算材料的采购成本，采购成本是买价和采购费用的合计。其中采购费用为"运费"且收到增值税专用发票的，可按照运费的 9% 比例记入"应交税费——应交增值税（进项税额）"账户的借方。若运费没有单列，如运费和装卸费等构成"运杂费"的，支付的款项不得记入"应交税费——应交增值税（进项税额）"账户。

【例 3-2-3】 从外地购进丙材料，不含税价款 15 000 元，税率 13%，收到增值税专用发票注明税款为 1 950 元；同时发生运杂费 5 000 元。价款、税款、运杂费均以银行存款支付，材料尚未到达。

借：在途物资——乙材料　　20 000
　应交税费——应交增值税（进项税额）　　1 950
　贷：银行存款　　21 950

【例 3-2-4】 1 月 1 日，公司从南海公司购入甲、乙两种材料，并收到增值税专用发票。发票上列明：甲材料价款 200 000 元，增值税 26 000 元；乙材料价款 120 000 元，增值税 15 600 元。价税总计 361 600 元，货款尚未支付。3 月 7 日，支付前欠货款。

采购业务的发生，一方面，对于"在途物资"账户、"应交税费——应交增值税（进项税额）"账户的处理解释见例 3-2-1；另一方面，企业新增了一笔需要未来偿付的货款，负债增加，计入"应付账款"账户的贷方。

1 月 1 日：

借：在途物资——甲材料　　200 000
　　　　　——乙材料　　120 000
　应交税费——应交增值税（进项税额）　　41 600
　贷：应付账款——南海公司　　361 600

支付（偿还）前欠货款，导致上述采购业务新增的偿付义务（应付账款）消失了，负债减少，记入“应付账款”账户的借方，同时企业由于支付行为，银行存款减少了，计入“银行存款”账户的贷方。

3 月 7 日：

借：应付账款——南海公司 361 600

贷：银行存款 361 600

【例 3-2-5】 8 月 2 日，签订采购合同预付康华公司材料款 80 万元采购丙材料；8 月 30 日，康华公司发出丙材料，价款 90 万元，企业收到增值税专用发票，注明税额 11.7 万元，余款以银行存款支付。

预付康华公司货款，是一个提前的支付行为，一方面出现了一笔预付给康华公司的货款，因此预付账款增加了，计入“预付账款”账户的借方；另一方面，企业银行存款减少了，计入“银行存款”账户的贷方。

8 月 2 日预先支付时：

借：预付账款——康华公司 800 000

贷：银行存款 800 000

8 月 30 日实际采购行为发生时：

借：在途物资——丙材料 900 000

应交税费——应交增值税(进项税额) 117 000

贷：预付账款——康华公司 800 000

银行存款 217 000

【链接】“预付账款”账户是资产类账户，借方表示增加，贷方表示减少。

对比：“应付账款”和“预付账款”的性质不同，“应付账款”账户属于负债性质，“预付账款”账户属于资产性质。

【例 3-2-6】 企业购入甲、乙、丙三种原材料，重量分别为 30 吨、20 吨、50 吨。共发生装卸费 3 000 元，以库存现金支付，请分配装卸费，并做业务处理。

采购费用的分配：若采购多项材料，共同发生的采购费用无法区分的，可按照一定的标准进行分配。一般根据购入材料的特点以重量、体积、买价等作为分配标准。

分析：甲应负担：3 000×(30/100)元＝900 元

乙应负担：3 000×(20/100)元＝600 元

丙应负担：3 000×(50/100)元＝1 500 元

借：在途物资——甲 900

——乙 600

——丙 1 500

贷：库存现金 3 000

二、购进固定资产的核算

固定资产是指企业在经营过程中使用期限超过 1 年的房屋、建筑物、机器、机械和运输工具等。

(一)账户设置

为了核算企业购买和自行建造完成的固定资产价值的变动过程及其结果，需要设置以下账户：

(1)设置“固定资产”账户，核算固定资产原值的增减变动情况和结存情况。

(2)设置 “在建工程”账户，核算企业基建、安装、更新改造固定资产而发生的支出。在固定资产安装完工之前，发生的支出记入“在建工程”账户的借方；完工交付使用后，由“在建工程”账户转入“固定资产”账户。

其余账户用途见原材料的核算。

(二)核算举例

【例 3-2-7】 白云有限责任公司购入不需要安装设备一台，金额 50 000 元，收到购货发票注明增值税额 6 500 元，发生装卸费 2 000 元。

借：固定资产　　52 000
　应交税费——应交增值税(进项税额)　　6 500
　贷：银行存款　　58 500

【例 3-2-8】 白云有限责任公司购入需要安装机器设备一台，金额 100 万元，收到发票注明增值税额 13 万元；发生安装费 4 万元，款项已支付。

借：在建工程——机器设备　　1 000 000
　应交税费——应交增值税(进项税额)　　130 000
　贷：银行存款　　1 130 000

发生安装费用 4 万元，款项已付：

借：在建工程——机器设备　　40 000
　贷：银行存款　　40 000

安装完成，固定资产达到可使用状态时：

借：固定资产——机器设备　　1 040 000
　贷：在建工程——机器设备　　1 040 000

任务三　产品生产过程业务的核算

白云有限责任公司是一家制造企业，经营范围是工业产品制造，生产和销售 A、B 两种产品。企业的日常业务主要有：采购部门采购甲、乙、丙三种材料，生产车间领用材料用于生产 A、B 产品，销售部门销售 A、B 产品取得营业收入等。从财务核算的角度看生产车间如何生产 A、B 产品呢？为每种产品付出的资金(成本)如何核算？

企业需要投入物资生产产品，再销售产品获利。企业的生产过程是指从材料投入生产开始，到商品完工入库为止的全部过程。这一过程中会发生各种耗费，如投入的原材料耗费、生产设备的损耗、生产工人的人工费用、生产车间的水电费用等，这些费用都是为了生产产品而发生的，需要归集到某产品的“生产成本”账户进行核算和汇总，待产品完工后，这些汇总的费用就形成了“库存商品”的价值。

概括来说，生产产品需要三个要素：材料、工人、设备。其中材料是生产产品的物质基础，材料从仓库进入车间投入生产，在生产过程中，工人借助于机器设备、其他劳动工具对材料进行加工，使其改变原有的实物形态，变为半成品，最后形成产成品。为生产产品付出的代价除了消耗各种材料物资，还要支付工人工资及其他费用，机器设备也会发生磨损。因此生产过程，一方面是生产资料的耗费过程，同时又是产品价值的形成过程，所有的耗费汇总就是为该产品付出的总成本。

生产业务的核算主要包括材料费用的核算、人工费用的核算和制造费用的核算。

（一）账户设置

（1）设置“生产成本”账户。该账户需要按照产品名称设置二级明细，如“生产成本——A产品、生产成本——B产品”。“生产成本”账户用于核算某产品的生产成本，该账户的借方归集生产费用，将应计入产品制造成本的各种耗费均记入“生产成本”账户的借方，定期将借方归集的全部生产费用在完工产品和在产品之间进行分配，完工产品从贷方转出，期末借方余额为在产品成本。应计入产品制造成本的各种耗费主要指直接材料耗费、直接人工耗费、间接费用。

（2）设置“应付职工薪酬”账户。该账户需要按照薪酬种类设置二级明细，如“应付职工薪酬——工资、应付职工薪酬——职工福利”等，是核算企业应付给职工的各种薪酬及企业与职工之间结算情况的账户。职工薪酬包括职工工资、奖金、职工福利费、五险一金、工会经费等。该账户的贷方登记本月应该支付给职工的各种薪酬，表示当月已经核算出来，但尚未支付给职工的薪酬；借方登记实际支付给职工的薪酬，是上月应支付职工薪酬的实际支付。

（3）设置“制造费用”账户。该账户是用来归集和分配在车间范围内发生的不便于直接记入“生产成本”账户的各项费用，如车间管理人员的工资和福利费、车间的办公费、保险费、水电费、车间用固定资产的折旧费等。

（4）设置“累计折旧”账户。该账户是用来核算企业在生产经营过程中所使用的所有固定资产的折旧额的提取和注销情况的账户。贷方登记本月或定期提取的折旧额，借方登记固定资产因出售、毁损、报废等原因减少时应同时注销的折旧额。期末余额一般在贷方。

（5）设置“库存商品”账户。该账户核算企业生产完工入库的商品数量和金额，借方登记完工入库的产成品，贷方登记因销售或其他原因减少的库存商品数量和金额。

（6）其他相关账户。设置“管理费用”账户，该账户是用来核算企业行政管理部门为组织和管理生产经营活动所发生的各项费用的账户，包括行政管理部门人员的工资和福利费、物料消耗、办公费、差旅费、折旧费、工会经费、劳动保险费、业务招待费、诉讼费、印花税、土地使用税等。

（二）核算举例

白云有限责任公司发生下列业务：

【例3-3-1】 企业生产A产品，当月领用甲材料100千克，合计7万元，领料单如表3-3-1所示；为生产A产品当月应支付工人工资2万元，下月再行支付，工资费用汇总表（简表）如表

3-3-2 所示。

表 3-3-1　领料单

材料类别：

领用部门：　　　　　　　　年　　月　　日　　　　　　领用单号：

<table>
<tr><td colspan="2">产品名称及用途</td><td colspan="3">生产 A 产品</td><td colspan="3">工程编号</td></tr>
<tr><td colspan="2" rowspan="2">材料名称</td><td rowspan="2">规格</td><td rowspan="2">单位</td><td colspan="2">数量</td><td rowspan="2">单价　实际☑　计划☐</td><td rowspan="2">总价</td></tr>
<tr><td>请领</td><td>实发</td></tr>
<tr><td colspan="2">甲材料</td><td></td><td>千克</td><td>100</td><td>100</td><td>700</td><td>70 000</td></tr>
<tr><td colspan="2"></td><td></td><td></td><td></td><td></td><td></td><td></td></tr>
<tr><td colspan="2"></td><td></td><td></td><td></td><td></td><td></td><td></td></tr>
<tr><td colspan="2"></td><td></td><td></td><td></td><td></td><td></td><td></td></tr>
<tr><td colspan="2"></td><td></td><td></td><td></td><td></td><td></td><td></td></tr>
<tr><td colspan="2"></td><td></td><td></td><td></td><td></td><td></td><td></td></tr>
<tr><td rowspan="2">发料部门</td><td>审核员</td><td>发料员</td><td rowspan="2">领用部门</td><td>主管</td><td>领料</td><td rowspan="2">备注</td><td rowspan="2"></td></tr>
<tr><td></td><td></td><td></td><td></td></tr>
</table>

第二联：交财务部

表 3-3-2　工资费用汇总表(简表)

部门		金 额
一车间	(A 产品)生产工人	20 000

会计主管：　　　　　　　　复核：　　　　　　　　制表：

这项经济业务发生，一方面，企业库存的材料减少，记入“原材料”账户的贷方，企业应支付的工资增加，记入“应付职工薪酬——工资”账户的贷方；另一方面，这两项耗费都是为了生产 A 产品而发生，两项耗费转化为了 A 产品的在产品形态，记入“生产成本——A 产品”账户的借方。

借：生产成本——A 产品　　　　　　　　90 000

　贷：原材料——甲材料　　　　　　　　70 000

　　　应付职工薪酬——工资　　　　　　20 000

拓展：工资费用，也称人工费用、人工耗费等。商品生产的一个重要因素就是活劳动，通过活劳动的耗费使劳动对象(原材料)得以改变其使用价值，并创造出新价值(库存商品)。其中劳动者为自己创造的那部分价值以工资形式支付给劳动者，用于个人消费。支付给劳动者的工资作为一种费用应构成商品成本的重要组成部分，包含在库存商品的新价值里。

【例 3-3-2】 车间生产 A、B 两种产品，当月 A 产品领用材料处理见例 3-3-1，B 产品领用乙材料 9 万元，生产工人工资为 3 万元。当月车间发生照明费 1 000 元，未付款，发生车间管理人员工资 8 000 元，下月初支付；发生车间办公费用 2 000 元，已付现金。

分析：

直接耗费：耗费甲材料 7 万元、人工费 2 万元可直接计入 A 产品成本；耗费乙材料 9 万元、人工费3万元可直接计入B产品成本。

间接耗费:1 000元、8 000元、2 000元是车间为生产两种产品共同发生的,不知道直接应计入哪个产品,需要通过一定的方法进行分配。在此,照明费、车间管理人员工资、车间办公费用等车间为了生产多种产品共同发生的费用即为间接费用,发生时通过“制造费用”核算。

借:生产成本——B产品 120 000

　贷:原材料——乙材料 90 000

　　应付职工薪酬——工资 30 000

借:制造费用 11 000

　贷:应付账款——供电局 1 000

　　应付职工薪酬——工资 8 000

　　库存现金 2 000

【例3-3-3】 公司2018年年初购入1台设备用于生产,价值60万元,使用年限5年;为管理部门购入办公电脑价值24万元,为销售部门购买电脑价值6万元,均按照年限平均计提折旧。则当月应计提多少折旧?

折旧费用计提表(部分)如表3-3-3所示。

表3-3-3 折旧费用计提表(部分)

单位:元

部门名称	固定资产类别	折旧计提基数	月折旧率	月折旧额
一车间	设备	600 000	1.666 67%	10 000
管理部门	电脑	240 000	1.666 67%	4 000
销售部门	电脑	60 000	1.666 67%	1 000
合　计				15 000

$$月折旧率=1\div5\div12\times100\%\approx1.666\,67\%$$

分析:固定资产购入后,入账价值(原值)不变,新设“累计折旧”账户,将月折旧额(磨损价值)记入贷方。本例中生产用固定资产磨损:年折旧=60万元÷5=12万元,每月折旧=12万元÷12=1万元。管理用固定资产磨损(每月)=24万元÷5÷12=0.4万元。销售部门用固定资产磨损(每月)6万元÷5÷12=0.1万元。

借:制造费用 10 000

　管理费用 4 000

　销售费用 1 000

　贷:累计折旧 15 000

*拓展:累计折旧用来核算固定资产减少的价值。固定资产可以长期使用,并保持其原有的实物形态,但其价值随着固定资产的损耗,逐渐地、部分地转移,其中为制造商品而减少的固定资产价值应构成商品成本的一部分。

一般企业每月核算一次累计折旧。除了专门生产某产品的专用设备外,大部分机器设备可以生产不同规格的多种产品,设备的耗损并不清楚专为哪个产品而发生。因此累计折旧一般首先记入“制造费用”账户,再通过一定的方法分配到产品成本中。管理部门和销售部门耗用的固定资产磨损应分别记入“管理费用”“销售费用”账户。

【例3-3-4】 车间本月共发生制造费用21 000元,本月生产了A产品30件、B产品20件。

规定按照产量分配制造费用：

A产品：21 000元×(30/50)＝12 600元

B产品：21 000元×(20/50)＝8 400元

借：生产成本——A产品　　12 600

　　　　　　——B产品　　8 400

　贷：制造费用　　21 000

【例3-3-5】 结转完工产品成本。

分析：当月月底，需要核算当月已经完工的产品的总成本。将生产过程中的总耗费进行汇总，得出"生产成本——某产品"的完工成本，并结转进入"库存商品"账户。一般情况下，当月总生产费用需要在完工产品和未完工产品间进行分配。

(1)本月生产了A产品30件、B产品20件，假定到月底全部完工，没有在产品。则：

汇总生产成本数据为：

生产成本——A产品借方总额为102 600元，全部为完工成品成本；

生产成本——B产品借方总额为128 400元，全部为完工成品成本。

A、B产品成本计算表(简表)如表3-3-4和表3-3-5所示。

表3-3-4　A产品成本计算单(简表)　　单位：元

项　目	成本项目			合计
	直接材料	直接人工	制造费用	
本月生产费用合计	70 000	20 000	12 600	102 600
本期完工产品数量				30
完工产品总成本	70 000	20 000	12 600	102 600
单位产品成本				3 420

表3-3-5　B产品成本计算单(简表)　　单位：元

项　目	成本项目			合计
	直接材料	直接人工	制造费用	
本月生产费用合计	90 000	30 000	8 400	128 400
本期完工产品数量				20
完工产品总成本	90 000	30 000	8 400	128 400
单位产品成本				6 420

借：库存商品——A产品　　102 600

　　　　　　——B产品　　128 400

　贷：生产成本——A产品　　102 600

　　　　　　　——B产品　　128 400

(2)本月投产了A产品30件、B产品20件，假定到月底完工了A产品20件、B产品15件，剩下的产品仍在生产加工中，A 在产品完工程度为 50%，B 在产品完工程度为 60%。则：

核算总约当产量为：A 产品产量＝20 件＋10×50%件＝25 件，B 产品产量＝15 件＋5×60%件＝18 件

已完工的 A 产品成本为　102 600 元×20÷25＝82 080 元

已完工的 B 产品成本为　128 400 元×15÷18＝107 000 元

A、B 产品成本计算表(简表)分别如表 3-3-6 和表 3-3-7 所示。

表 3-3-6　A 产品成本计算单(简表)　　单位：元

项　目	成本项目			合计
	直接材料	直接人工	制造费用	
本月生产费用合计	70 000	20 000	12 600	102 600
本期完工产品数量				20
月末在产品约当产量	—	—	—	5
约当总产量				25
完工产品费用分配率				80.00%
完工产品总成本				82 080
单位产品成本				4 104
月末在产品成本	—	—	—	20 520

表 3-3-7　B 产品成本计算单(简表)　　单位：元

项　目	成本项目			合计
	直接材料	直接人工	制造费用	
本月生产费用合计	90 000	30 000	8 400	128 400
本期完工产品数量				15
月末在产品约当产量	—	—	—	3
约当总产量				18
完工产品费用分配率				83.333 3%
完工产品总成本				107 000
单位产品成本				7 133.333 3
月末在产品成本	—	—	—	21 400

借：库存商品——A 产品　　82 080

　　　　　　——B 产品　　107 000

　贷：生产成本——A 产品　　82 080

　　　　　　　——B 产品　　107 000

＊拓展："生产成本"账户核算所有投入的耗费，"库存商品"账户核算完工产品的耗费。月末"生产成本"账户剩下的金额为"未完工"的在产品成本。

任务四　产品销售过程业务的核算

光明机械有限公司是一家制造企业，经营范围是工业产品制造，生产和销售A、B两种产品。企业的日常业务主要有：采购部门采购甲、乙、丙三种材料，生产车间领用材料用于生产A、B产品，销售部门销售A、B产品取得营业收入等。从财务核算的角度如何看待销售过程发生的业务？销售货款收回与否是否影响当期销售额？

从库存商品完工入库开始，到商品销售给购买方为止的过程称为销售过程。销售过程通过商品交换，将制造的商品及时地销售出去，按商品的销售价格向购买方结算收回销售款，称为销售收入。这一过程中进行的经营活动即为销售业务。

销售商品、结算货款是销售过程的主要业务。销售商品会导致企业完工入库的库存商品减少，应按照发出库存商品的成本确认销售成本；签订销售合同按商品的销售价格向购买方结算货款，从而带来经济利益的流入，应确认为销售收入。

销售商品的收入，应当在下列条件均能满足时予以确认：①企业已将商品所有权上的主要风险和报酬转移给购货方；②企业既没有保留通常与所有权相联系的继续管理权，也没有对已售出的商品实施有效控制；③收入的金额能够可靠地计量；④相关的经济利益很可能流入企业；⑤相关的已发生或将发生的成本能够可靠地计量。

企业销售商品时，只要满足上述条件，就应确认为销售收入的实现。收入实现的同时必然会带来资产的增加或负债的减少。因此进行会计核算时，收入账户的对应账户一般只会涉及资产或者负债账户。在权责发生制下，收入的实现并不意味着一定马上收回货款。货款的结算可能会出现三种情况：销售时直接收取货款；销售时未收到货款；先收取货款，后提供商品。

在销售过程中，企业为取得一定的销售收入，还会发生一定的销售费用和销售税金。

商品销售费用，即为销售商品而发生的费用，如广告费、推销费、包装费等。发生的销售费用与实现的销售收入之间没有直接配比关系，但销售费用一般与期间有关，因此销售费用通常采用期间配比的方式，即将本期发生的销售费用全部由当期实现的收入弥补。

商品销售税金，按照税法的规定，企业只要实现了销售，就必须依据税法的规定向购货方收取增值税的销项税额，将销项税额抵扣进项税额后的余额作为应缴纳的增值税交给税务部门。增值税作为价外税，通过“应交税金——应交增值税”科目核算。此外，制造企业还应根据所缴纳的流转税计算缴纳城市维护建设税和教育费附加，构成企业的销售税金及附加。

（一）账户设置

（1）设置“主营业务收入”账户。该账户是核算企业因销售商品、提供劳务等日常主要经营活动所实现的收入及结转情况的账户。取得收入的同时往往伴随着资产的增加或负债的减少，因此设置收入账户的同时，还应设置货款结算的账户，如“银行存款”“应收账款”“预收账款”等。

该账户的贷方登记当期取得的收入，借方登记销货退回金额和期末结转金额。

（2）设置“主营业务成本”账户。该账户是用来核算企业与主营业务收入配比的主营业务实际成本(即库存商品成本,也是被销售产品的生产成本)的发生及结转情况的账户。

(3)设置"应收账款"账户和"应收票据"账户。"应收账款"账户是用来核算企业因销售业务应向购买单位收取的货款及其结算情况的账户。"应收票据"账户用来核算企业因销售业务而收到的商业汇票。

(4)设置"其他业务收入"账户和"其他业务成本"账户。"其他业务收入"账户是用来核算企业其他销售(出售剩余或不需用原材料)或其他业务(如让渡资产使用权)所实现的收入及结转情况的账户。"其他业务成本"账户是用来核算企业与其他业务收入配比的其他销售或其他业务实际成本(销售不需用的材料的成本、出租资产的成本等)的发生及结转情况的账户。

(5)设置"销售费用"账户,核算:①企业在销售产品、提供劳务等过程中发生的各项费用,包括由企业负担的包装费、运输费、广告费、装卸费、保险费、委托代销手续费、销售服务费等;②销售部门的人员工资、职工福利费、差旅费、折旧费、业务招待费、修理费、物料消耗等。

(6)设置"预收账款"账户,用来核算企业按照规定向购买单位预收的货款及其清偿的账户,属于负债类账户,增加在贷方。

(7)设置"应交税费——应交增值税(进项税额)"账户。按税法要求,库存商品的实物流转符合条件的需要缴纳增值税,其中销售商品、提供劳务而取得收入的,需要将相应的增值税款记入"应交税费——应交增值税(销项税额)"账户的贷方,由一般纳税人企业因销售业务的发生向购货方收取,日后再上交国家税务机关。

(8)其他相关科目。设置"税金及附加"账户,该账户是用来核算企业与一定会计期间收入进行配比的各种营业税金和附加的账户,包括城市维护建设税、教育费附加,资源税、车船税和房产税等。

(二)核算举例

2019 年光明机械有限公司发生下列业务:

【例 3-4-1】 6 月,企业销售 A 产品,价款 90 万元,增值税 11.7 万元,款项已收,存入银行。商品成本为 60 万元,月底统一结转。

企业销售商品,收到货款后,满足收入实现的确认条件,应作为一项销售收入加以确认。这项经济业务的发生,一方面使企业的资产,即银行存款增加;另一方面使收入,即主营业务收入增加。此项经济业务的核算涉及"银行存款""主营业务收入"等账户。

借:银行存款　　　　1 017 000

　贷:主营业务收入——A 产品　　　　900 000

　　应交税费——应交增值税(销项税额)　　　　117 000

【例 3-4-2】 6 月 8 日,销售 B 产品,数量 200 件,单价 1 万元,售价合计 200 万元,增值税额 26 万元,款项未收。商品成本为 140 万元,月底统一结转。

企业销售商品,虽然没有收到货款,但此项销售行为满足收入实现的确认条件,应作为一项销售收入加以确认。这项经济业务的发生,一方面使企业的资产,即应收账款增加,企业不仅应向买方收取货款,还应收取代垫的运费;另一方面使收入,即主营业务收入增加。此项经济业务的核算涉及"应收账款""主营业务收入"等账户。

借:应收账款　　　　2 260 000

　贷:主营业务收入——B 产品　　　　2 000 000

应交税费——应交增值税(销项税额)　　260 000

【例 3-4-3】 6月,深圳市光明机械有限公司与百世公司签订销售合同,合同为光明机械有限公司向百世公司销售 A、B 产品,产品于7月发货,当月百世公司支付合同预付款100万元。

预收的商品款虽然存入银行,但企业并未提供商品,不能满足收入实现的条件,不能作为收入实现处理,应作为一项负债,将来以商品偿还。这项经济业务的发生,一方面使企业的资产,即银行存款增加;另一方面使负债,即预收账款增加。此项经济业务的核算涉及"银行存款""预收账款"等账户。

光明机械有限公司收到预收款时:

借:银行存款　　1 000 000

　贷:预收账款——百世公司　　1 000 000

【例 3-4-4】 10月,深圳市光明机械有限公司按照合同向百世公司发出产品并开具增值税专用发票,发票列明:A 产品 80 件,单价 6 500 元,增值税 67 600 元;B 产品 50 件,单价 10 000 元,增值税 65 000 元。百世公司以7月预付的货款100万元抵扣货款,不足部分以银行存款补齐,深圳市光明机械有限公司已收讫。商品成本为发出 A 产品 35 万元,B 产品 52 万元,月底统一结转。

预收货款时,不满足销售收入实现的条件,不能确认为收入。但当为客户提供了商品,销售收入实现,原预收的货款应转化为实现的收入。这项经济业务的发生,一方面使企业的资产,即银行存款增加,负债即预收账款减少;另一方面使收入,即主营业务收入增加。此项经济业务的核算涉及"预收账款""银行存款""主营业务收入"等账户。

借:预收账款——百世公司　　1 000 000

　银行存款　　152 600

　贷:主营业务收入——A 产品　　520 000

　　　　　　　　——B 产品　　500 000

　　应交税费——应交增值税(销项税额)　　132 600

【例 3-4-5】 销售给康华企业 B 产品一批,价款120万元,增值税销项税额15.6万元,收到一张康华企业开出的商业承兑汇票一张。因路途较远,雇用 Y 运输公司进行运输,经协商运费由本企业负担,以银行存款支付给 Y 运输公司运费,Y 运输公司开出发票列明运输费2万元,增值税进项税额0.18万元。商品成本为78万元,月底统一结转。

销售业务处理:

借:应收票据——康华公司　　1 356 000

　贷:主营业务收入——B 产品　　1 200 000

　　应交税费——应交增值税(销项税额)　　156 000

运费业务处理:

借:销售费用——运输费　　20 000

　应交税费——应交增值税(进项税额)　　1 800

　贷:银行存款　　21 800

【链接】按税法要求,购买服务符合条件的需要缴纳增值税,其中:购买运输服务,符合抵扣条件的,需要将支付的税款记入"应交税费——应交增值税(进项税额)"账户的借方。

理解:运输费用由己方(销售方)承担,属于销售方的销售费用。

【例 3-4-6】 企业销售给天天公司 A 产品一批,价款 60 万元,增值税 7.8 万元,款项未收;因路途较远,雇用了 Y 运输公司进行运输,经协商运费由天天公司负担,由本企业发货时以库存现金先行代垫运费,运输发票注明运费为 1 万元,增值税额 0.09 万元,后续与货款一起收回。商品成本为 36 万元,月底统一结转。

销售业务处理:

借:应收账款——天天公司　　688 900

　贷:主营业务收入——A 产品　　600 000

　　应交税费——应交增值税(销项税额)　　78 900

　　银行存款　　10 000

运费业务处理:

借:其他应收款——天天公司(代垫运费)　　10 900

　贷:库存现金　　10 900

理解:运输费用由对方(购买方)承担,属于购买方的采购费用,计入购买方的材料采购成本,相应的增值税进项税额由购买方进行入账处理。某些企业简化处理不另外记入"其他应收款"账户,而是并入"应收账款"账户处理,这样也可以。

【例 3-4-7】 企业销售甲材料一批,价款 20 万元,税款 2.6 万元。款项已收。材料成本为 14 万元,月底统一结转。则:

借:银行存款　　226 000

　贷:其他业务收入——出售甲材料　　200 000

　　应交税费——应交增值税(销项税额)　　26 000

【例 3-4-8】 本月车间发生办公费用、报刊费用等共 0.8 万元,厂部发生办公费用、报刊费用等共 2.8 万元,销售部门发生办公费用、报刊费用等共 2 万元。均以银行存款支付。

借:制造费用　　8 000

　管理费用　　28 000

　销售费用　　20 000

　贷:银行存款　　56 000

【例 3-4-9】 月末结转产品销售成本。

企业为取得一定的销售收入,发出了商品,因此商品的销售成本应与销售收入配比结转,以便正确地确定各期的损益。这项经济业务涉及"库存商品""主营业务成本"等账户。

汇总销售的库存商品成本金额为:销售了库存商品成本 131 万元的 A 产品,库存商品成本 270 万元的 B 产品。则:

借:主营业务成本——A 产品　　1 310 000

　　　　　　——B 产品　　2 700 000

　贷:库存商品——A 产品　　1 310 000

　　　　　——B 产品　　2 700 000

借:其他业务成本——出售甲材料　　140 000

　贷:原材料——甲材料　　140 000

【例 3-4-10】 月末根据应缴纳的增值税计算附加税,其中城建税税率 7%,教育费附加 3%。计算出应缴纳城建税 3 500 元,教育费附加 1 500 元。

企业为取得一定的销售收入，还应按照税法的要求缴纳税金及有关的附加，因此商品的销售税金应与销售收入配比结转，以便正确地确定各期的损益。期末为正确地核算各期损益而结转本期应负担的税金，但一般情况下，税金在下期缴纳。缴纳税金前构成企业的负债。这项经济业务发生，一方面使负债，即应交税金增加；另一方面使费用，即主营业务税金及附加增加。这项经济业务涉及“应交税费”“税金及附加”等账户。编制的会计分录为：

借：税金及附加　　5 000

　贷：应交税费——应交城建税　　3 500

　　　　　　——应交教育费附加　　1 500

任务五　利润分配过程业务的核算

白云有限责任公司是一家制造企业，经营范围是工业产品制造，生产和销售A、B两种产品。企业的日常业务主要有：采购部门采购甲、乙、丙三种材料，生产车间领用材料用于生产A、B产品，销售部门销售A、B产品取得营业收入等。随着经营过程的结束，从财务核算的角度思考如何核算企业当期赚了多少钱？A、B产品哪个赚的钱多，是否还要继续生产？

企业从原材料采购承担付款义务起，到商品销售给购买方而产生的应收账款为止，属于一个经营周期，企业的经营周期在时间上并不能划分得很清楚，同一时间既有采购、生产，也伴随着销售，因此企业一般会人为划分一定的时期，定期将这段时期的收入与费用进行比较，以确定财务成果。如果收入大于费用，超过部分被称为“利润”，如果收入小于费用，小于部分被称为“亏损”。不论是利润，还是亏损，都是企业的财务成果。

核算出利润后，应核算应交的企业所得税，并按期上交给国家；剩下的税后利润需要按照事先规定的流程进行处理：首先按照财务会计制度的规定提取盈余公积，盈余公积是指实现的税后利润中规定留存企业部分，具有特定的用途，包括法定和任意盈余公积、公益金；提取盈余公积后，按公司股东大会决议，分配一定的股利（或不分配）给股东，分配最后剩下的这部分利润称为“未分配利润”。未分配利润指本年度所实现的税后利润经过利润分配后所剩余的利润，并且未指定用途。其中，盈余公积和未分配利润又统称“留存收益”，属于企业资金中由自身经营而得来税后利润的留存部分。

一定期间的各项收入与各项费用相抵后形成本期的最终财务成果。财务成果的表现形式有利润和亏损两种。财务成果是企业经营活动效率与效益的综合表现，是衡量企业经营成果和经济效益的综合尺度，因而，财务成果指标是一个非常重要的指标。财务成果不是一个独立的要素，其确认和计量直接取决于收入和费用的计量结果。利润是企业进行经营活动的最终成果，因此研究利润与经营活动的关系对于评价经营业绩是非常重要的。一般来说，如果营业活动产生的利润在全部利润中占绝对的比重，则企业的经营活动属于正常；如果营业利润不能在全部利润中占绝对比重，则企业的经营活动可能存在问题。按照利润与经营活动的关系分析，会计利润由四部分组成：

（1）营业利润。营业利润是企业进行生产经营活动产生的利润。企业进行生产经营活动，必然会取得营业收入，为取得营业收入又会发生各项耗费，如营业成本、营业费用、营业税金等。当营业收入大于各项营业费用时，形成营业利润；反之为营业亏损。企业的营业活动分为主营业务活动和其他业务活动，与此相适应，营业利润分为主营业务利润和其他业务利润。

(2)投资损益，即企业对外投资取得的收益或损失。在市场经济条件下，企业对外投资是本企业经营活动的必要补充。

(3)营业外收支净额，即那些与企业正常生产经营活动没有直接关系的营业外收入与营业外支出相抵后的总金额。营业外收入是与企业正常生产经营活动无关的收入，如财产物资的盘盈、资产处置收益等。营业外支出是与企业正常生产经营活动无关的支出，如财产物资的盘亏、毁损、违约罚款等。虽然营业外收入与营业外支出相抵后形成营业外收支净额，但营业外收入与营业外支出之间没有配比关系，不必要也不可能通过配比原则来确认。

(4)所得税，即企业按照所得税税法的规定必须缴纳的部分。对于企业来说，只要实现了利润，就应当按照税法的规定缴纳所得税。从这点来看，所得税是企业获得净利润的一种必然支出，具有费用的性质，应将所得税作为费用核算，并成为抵减利润的一个组成部分。

实现的净利润应按规定进行分配。净利润首先按照规定比例提取盈余公积。提取的盈余公积既可用于转增资本，扩大经营规模，也可用于弥补亏损。盈余公积的计量依赖于利润净额和规定的提取比例。此外，还应按照规定比例提取公益金。之后，应按照合同或协议的规定，向所有者分配利润。其计量依赖于利润净额和规定的分配比例。

利润的计算以及利润分配过程业务核算的账户设置：

会计利润的计算：

①营业利润＝营业收入－营业成本－税金及附加－财务费用－管理费用－销售费用
－资产减值损失＋公允价值变动收益(－损失)＋投资收益(－损失)

②利润总额＝①营业利润＋营业外收入－营业外支出

③净利润＝ ②利润总额－所得税费用

其中：营业收入＝主营业务收入＋其他业务收入

营业成本＝主营业务成本＋其他业务成本

一、反映利润形成的账户

(一)账户设置

(1)设置“营业外收入”账户。该账户是用来核算与企业日常生产经营活动无关并直接计入当期利润的利得的发生及结转情况的账户，如固定资产盘盈、政府补助、捐赠利得、罚款收入、处置固定资产/无形资产利得等。其贷方登记企业取得的各项业务外收入数额，借方登记期末应转入“本年利润”账户的结转额。

(2)设置“营业外支出”账户。该账户是用来核算与企业日常生产经营活动无关并直接计入当期利润的损失的发生及结转情况的账户，如盘亏损失、罚款损失、捐赠支出、处置固定/无形资产的损失、非常损失(灾害)等。其借方登记企业取得的各项业务外支出数额，贷方登记期末应转入“本年利润”账户的结转额。

(3)设置“投资收益”账户。该账户是用来核算企业对外投资，如投资于金融资产、长期股权投资等而取得的收益或发生的损失。其中贷方登记企业取得的各项投资收益数额，借方登记企业取得的各项投资损失数额。

(4)设置"所得税费用"账户。该账户是用来核算企业按规定从本年度利润总额中扣除的所得税费用。其借方登记企业当期发生的所得税数额,贷方登记期末应转入"本年利润"账户的结转额。

(5)设置"本年利润"账户。该账户是用来汇总企业各期实现的收入和发生的费用,分段计算并确定企业本年度累计实现的利润总额(或亏损)、净利润/净亏损结转情况的账户。其贷方登记其他账户转入的各项收入、收益的结转额,借方登记其他账户转入的各项支出、损失、费用的结转额。

(6)其他相关账户。设置"税金及附加"账户,该账户是用来核算企业与一定会计期间收入进行配比的各种营业税金和附加的账户,包括城市维护建设税、教育费附加、资源税、车船税和房产税等。

(二)核算举例

2018年白云有限责任公司发生下列业务:

【例3-5-1】 12月,开出金额为5 200元的转账支票,向本市环保局缴纳排污超标罚款。

借:营业外支出——罚没支出　　5 200

　贷:银行存款　　5 200

【例3-5-2】 以银行存款2 000元支付合同赔款。

企业支付合同赔款不属于正常的经营业务,不能作为经营性支出处理,应通过"营业外支出"账户核算。此项经济业务涉及"营业外支出""银行存款"账户,编制的会计分录为:

借:营业外支出——合同赔款　　2 000

　贷:银行存款　　2 000

【例3-5-3】 收到客户违约赔款5 000元,转为营业外收入。

客户违约赔款与企业的生产经营活动没有直接的关系,应作为企业的营业外收入处理。此项经济业务涉及"营业外收入""银行存款"等账户,应编制的会计分录为:

借:银行存款　　5 000

　贷:营业外收入——赔款收入　　5 000

"营业外收入"账户的结构与"营业收入"账户的结构基本相同,只是核算的范围不同,一个核算经营活动产生的收入,一个核算与经营活动无关的收入。"营业外支出"账户的结构与"营业费用"等账户的结构基本相同,只是核算范围不同,一个核算经营活动产生的耗费,一个核算与经营活动无关的耗费。

【例3-5-4】 接到银行通知,被投资单位分来利润80 000元。已收妥入账。

被投资单位分来利润属于企业对外投资所取得的收益,应通过"投资收益"账户核算。此项经济业务涉及"投资收益""银行存款"等账户。编制的会计分录为:

借:银行存款　　80 000

　贷:投资收益　　80 000

【例3-5-5】 12月31日,公司结转各损益类账户(除"所得税费用")余额至"本年利润"账户。月末结转损益前各损益账户余额如表3-5-1所示。

表 3-5-1 月末结转损益前各损益账户余额

损益类账户	借方余额	贷方余额
主营业务收入		900 000
其他业务收入		20 000
投资收益		50 000
营业外收入		50 000
主营业务成本	358 500	
其他业务成本	13 000	
税金及附加	2 260	
销售费用	60 000	
管理费用	100 000	
财务费用	4 000	
营业外支出	20 000	
合计	557 760	1 020 000

结转本期损益是将有关收入类账户、费用类账户的余额全部转入"本年利润"账户,通过"本年利润"账户借方、贷方发生的抵减结算本期实现的利润,或出现的亏损金额。此项经济业务编制的会计分录为:

借:主营业务收入　　900 000
　其他业务收入　　20 000
　投资收益　　50 000
　营业外收入　　50 000
　贷:本年利润　　1 020 000

借:本年利润　　557 760
　贷:主营业务成本　　358 500
　　其他业务成本　　13 000
　　税金及附加　　2 260
　　销售费用　　60 000
　　管理费用　　100 000
　　财务费用　　4 000
　　营业外支出　　20 000

每月月末将各项收入转入"本年利润"账户的贷方,将各项费用转入"本年利润"账户的借方。在"本年利润"账户中将借方金额与贷方金额相比,确定本期的利润或亏损。每月均同样结转,因此,"本年利润"账户如果平时表现为贷方余额,为本年累计实现的利润;如果平时表现为借方余额,为本年累计出现的亏损。为了保证账户之间有明确的对应关系,应将收入、费用分开结转入"本年利润"账户。

【例 3-5-6】 12 月 31 日,按照 25%的所得税税率计算并结转应纳所得税。企业所得税计算表如表 3-5-2 所示。

表 3-5-2 企业所得税计算表 单位:元

应纳税所得额	企业所得税税率	应交企业所得税
462 240	25%	115 560

借:所得税费用 115 560
　　贷:应交税费——应交企业所得税 115 560
借:本年利润 115 560
　　贷:所得税费用 115 560

二、反映利润分配的账户

(一)账户设置

(1)设置"利润分配"账户。该账户是用来核算企业按照规定的分配项目进行的利润分配及未分配的账户。年末应将"本年利润"结清,以便该账户核算下一年的利润。如果是累计利润应从借方转出;如果是累计亏损应从贷方转出,即向相反方向结转,这样结转后才没有余额。结转至"利润分配——未分配利润"账户。

(2)设置"盈余公积"账户。从利润中提取的公积金为企业所有者权益中的重要项目,应设置"盈余公积"账户专门核算有关盈余公积的提取、使用情况,以维护所有者的权益。

(3)设置"应付利润/应付股利"账户。从决定向所有者分配利润到实际付出利润之间可能有一段时间,在此期间,构成企业与所有者的负债,应设置"应付利润"账户专门核算与所有者债务的形成与清偿。

(二)核算举例

【例 3-5-7】 12 月 31 日,将全年实现的净利润从"本年利润"账户结转至"利润分配——未分配利润"账户。

"本年利润"账户的期末余额应在年末结转至"利润分配——未分配利润"账户,年度中间不需结转。按例 3-5-5 和例 3-5-6 计算出 12 月当月净利润为 346 680 元,假定每月净利润相同,则全年净利润为 4 160 160 元。编制会计分录如下:

借:本年利润 4 160 160
　　贷:利润分配——未分配利润 4 160 160

"利润分配"账户属于所有者权益性质。

年度末,企业应将实现的净利润自"本年利润"账户转入"利润分配——未分配利润"账户的贷方,如果企业出现净亏损,应做相反方向的会计分录。"本年利润"账户反映当年实现的净利润,而对利润的分配是通过"利润分配"账户进行核算的。按照管理的要求,年末时应将"本年利润"账户结清,以便其核算新年度的利润。

【例 3-5-8】 按照全年净利润的 10%提取法定盈余公积。

按照有关的规定,企业实现的净利润首先应按照规定的比例提取公积金。提取的公积金属于利润分配的内容,同时提取的公积金应单独反映,记入"利润分配——提取法定盈余公积"账户的借方,提取的盈余公积记入"盈余公积"账户的贷方。此项经济业务编制的会计分录为:

借:利润分配——提取法定盈余公积 416 016

贷:盈余公积 416 016

"盈余公积"账户属于所有者权益性质。提取公积金时,在该账户的贷方记录;使用公积金时,在借方记录。

【例 3-5-9】 根据股东大会协议,决定向投资者分配现金股利 2 000 000 元。

按照有关协议或合同的规定,企业实现利润后应按照一定比例向投资者分配利润。向投资者分配利润属于利润分配的内容;在实际支付前,构成与投资者的债务。编制的会计分录为:

借:利润分配——应付现金股利 2 000 000

贷:应付股利 2 000 000

"应付股利"属于负债性质。计算出应付给投资者利润时,在该账户的贷方记录;实际支付给投资者利润时,在借方记录。

【例 3-5-10】 结转利润分配各明细账户。

企业分配利润后,应将实现利润与利润分配相比较,确定当年未分配利润或未弥补亏损。因此年末应结转利润分配各明细账户,它们均属于所有者权益性质,分别从余额的反对方转出。此项经济业务编制的会计分录为:

借:利润分配——未分配利润 2 416 016

贷:利润分配——提取盈余公积 416 016

利润分配——应付利润 2 000 000

经过利润分配,当年"利润分配——未分配利润"贷方最终余额为 1 744 144 元,代表当年年度终了未分配的利润。

复习思考题

1. 核算银行借款业务需要设置哪些账户?
2. 核算材料购进业务需要设置哪些账户?
3. 说明利润的组成内容。
4. 短期借款和长期借款的利息支出有何异同?
5. 说明"固定资产"和"累计折旧"账户用途和结构的关系。
6. 说明"本年利润"和"利润分配"账户用途和结构的关系。

主要概念

成本计算 产品制造成本 预付费用 营业利润 利润总额

项目四

会计凭证

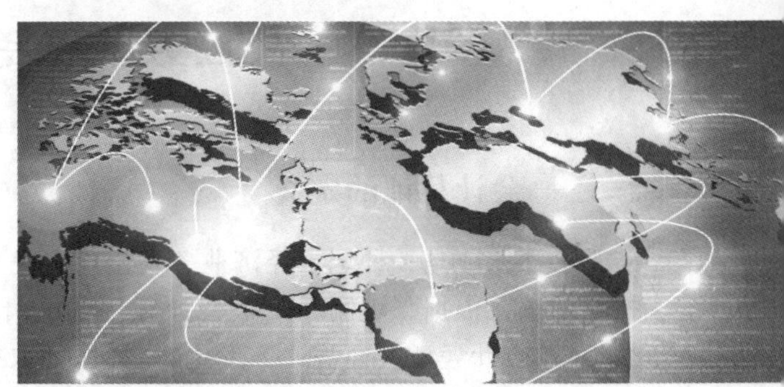

JICHU KUAIJI

知识目标

1. 了解会计凭证的定义、分类。
2. 掌握原始凭证的基本内容、填制要求以及审核原始凭证的基本要点。
3. 掌握记账凭证的基本内容及填制要求。
4. 了解会计的传递要求及保管规定。

技能目标

1. 掌握原始凭证的填制。
2. 掌握记账凭证的填制。

任务一　会计凭证概述

一、会计凭证的定义

会计凭证是一种记录经济业务发生或者完成的书面凭证，是企业登记账簿的依据，是会计核算的重要依据。填制和审核会计凭证是会计核算工作的起点和基础，每一个企业都需要审核、填制会计凭证。经济业务发生时，都需要取得或填制原始凭证作为经济业务发生的书面证据，企业再根据审核无误的原始凭证填制记账凭证如实反映经济业务。

准确填制和严格审核会计凭证对完成会计工作、发挥会计职能、实现会计目标有重要意义。

第一，填制和审核会计凭证是真实性原则的保证。填制和审核无误的会计凭证能够为会计核算提供真实可靠的数据资料，从而保证会计核算的准确性。会计凭证里，记载了经济业务发生的时间、数量、金额及完成情况，能够全面、真实地反映经济业务，只有保证会计凭证记载的事项是准确无误的，才能为企业核算提供有效数据，为账簿记录提供真实可靠的依据，使账簿记录与实际情况相符。这样才能保证会计资料的真实性与准确性，为财务报告使用者提供真实信息。

第二，填制和审核会计凭证是监督经济业务的过程。监督是会计的一项基本职能，通过填制和审核会计凭证能够达成监督企业经济业务的目的。根据法律、准则的规定，企业的经济业务需要合理、合法，由于会计凭证能够记录和反映经济业务的发生、进程和完成情况等详细内容，通过对会计凭证的严格审核，可以检查每笔经济业务是否合理、合规和合法，充分发挥会计的监督作用。

第三，填制和审核会计凭证是明确经济责任的凭证。认真填制和严格审核会计凭证，可以明确有关部门、人员在办理经济业务过程中的责任，从而可以加强经济责任制。会计凭证反映了经济业务的内容、单位名称、发生时间及有关人员的签名或盖章等重要信息，因此能够清楚地确定各经办人员及相关人员所负的责任，促使有关人员在自己的职责范围内严格按照规章办事，提高责任感。如果某项经济业务涉及了违反法律等问题或经济纠纷，企业也可以根据会计凭证追根溯源，进行正确的裁决。同时，企业的业务通过会计凭证进行反映也能检查经管人员受托责任完成的好坏程度，并作为考核经管人员责任、实行奖罚的依据。

二、会计凭证的分类

会计凭证按其填制程序和用途可分为原始凭证和记账凭证两大类。

(一)原始凭证

原始凭证是在经济业务发生或完成时取得或填制的,用以证明经济业务的发生、明确经济责任的单据,是记账的原始依据。如销售发票、收料单、领料单、借款单、收据、差旅费报销单等。原始凭证是具有法律效力的书面证明,反映经济业务的具体情况,是企业的重要会计资料。原始凭证的种类多种多样,按不同的标准可以进行不同的分类,常见的有按照来源、格式、填制手续和内容进行的分类。

1.按来源的不同分类

按来源的不同,原始凭证分为外来原始凭证和自制原始凭证。

(1)外来原始凭证。外来原始凭证是在经济业务发生或完成时,从单位外部取得的原始凭证,如采购原材料、库存商品、固定资产等资产时取得的增值税专用发票(或增值税普通发票),员工出差时取得的用于报销的飞机票、火车票、汽车票、餐饮费发票、住宿费发票等,办理结算业务时从银行取得的进账单等均属于外来原始凭证。几种主要的外来原始凭证如图 4-1-1、图 4-1-2 和图 4-1-3 所示。

××省增值税专用发票　　NO 006 038

发票联　　开票日期:2019 年 1 月 23 日

<table>
<tr><td>购买方</td><td colspan="5">名　　称:
纳税人识别号:
地 址 、电 话 :
开户行及账号:</td><td>密码区</td><td></td></tr>
<tr><td colspan="2">货物或应税劳务、服务名称

合　计</td><td>规格型号</td><td>单位</td><td>数量</td><td>金额</td><td>税率(%)</td><td>税额</td></tr>
<tr><td colspan="2">价税合计(大写)</td><td colspan="6">⊗万　仟　佰　拾　元　角　分　　(小写)¥</td></tr>
<tr><td>销售方</td><td colspan="5">名　　称:
纳税人识别号:
地 址 、电 话 :
开户行及账号:</td><td>备注</td><td></td></tr>
</table>

收款人:　　复核:　　开票人:　　销售方:(章)

图 4-1-1　增值税专用发票样表

(2)自制原始凭证。自制原始凭证是由本单位内部经办业务部门或个人,在执行或者完成某项经济业务时自行填制的原始凭证,如购入原材料入库时填制的原材料入库单、企业生产产品领用材料时填写的领料单、生产车间完工产成品入库时填写的入库单、发放工资时核算工资

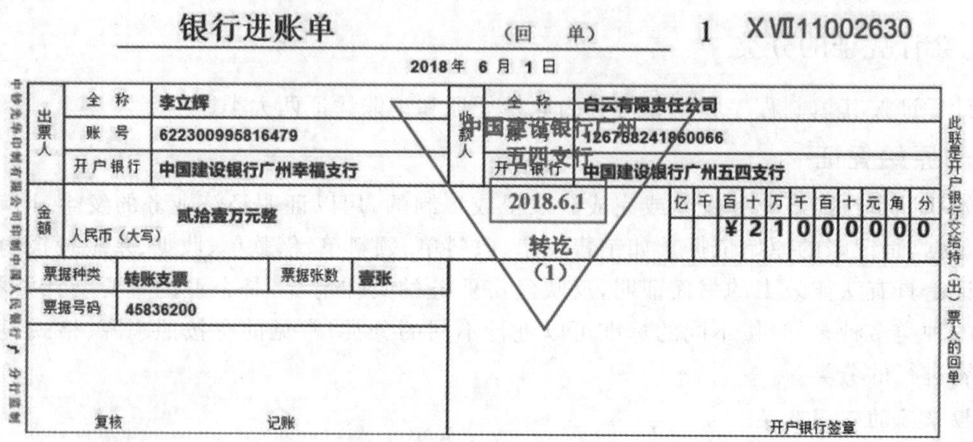

银行进账单　（回　单）　1　XⅦ11002630

2018年 6月 1日

出票人	全称	李立辉	收款人	全称	白云有限责任公司
	账号	622300995816479		账号	126788241860066
	开户银行	中国建设银行广州幸福支行		开户银行	中国建设银行广州五四支行
金额	人民币（大写）	贰拾壹万元整			¥21000000
票据种类	转账支票	票据张数	壹张		
票据号码	45836200				
复核	记账			开户银行签章	

中国建设银行广州五四支行　2018.6.1　转讫　(1)

此联是开户银行交给持（出）票人的回单

图 4-1-2　银行进账单样表

ICBC 中国工商银行

缴税日期：2018年11月12日　　凭证字号：201811120111882 1453

主机流水号：66582389

纳税人全称：北京万福科技有限公司

纳税人识别号：10110908045715070X

付款人全称：北京万福科技有限公司

付款人账号：110007609048700891105

付款人开户行：中国工商银行北京分行

小写（合计）金额：¥138050.70

大写（合计）金额：壹拾叁万捌仟零伍拾元柒角整

征收机关名称：北京市海淀区国家税务局

收款国库（银行）名称：国家金库北京市海淀区支库（代理）

缴款书交易流水号：10118023

税票号码：10118023

税（费）种名称　企业所得税　　所属日期 20181001-20181031　　实缴金额（单位：元）¥138050.70

中国工商银行北京分行 自助回单机专用章 (003)

第1次打印　　打印时间：2018年11月12日

客户回单联　　复核：　　记账：

图 4-1-3　银行交税样表

的工资单等凭证均是企业自制的原始凭证。几种常用的自制原始凭证的样式如表 4-1-1 和表 4-1-2 所示。

表 4-1-1　收料单

供应单位：　　　　　　　　　　　　　　凭证编号：

发票编号：　　　　年　　月　　日　　　收料仓库：

材料编号	材料类别	材料名称及规格	计量单位	数量		金额(元)				
				应收	实收	单价	买价	运杂费	其他	合计

记账：　　　　　　收料人：　　　　　　交料人：

表 4-1-2　产成品入库单

交货单位：　　　　　　　　　　　　　　　　　　　　　　编　　号：

<table>
<tr><td rowspan="2">产品编号</td><td rowspan="2">产品名称</td><td rowspan="2">规格</td><td rowspan="2">单位</td><td rowspan="2">送验数量</td><td colspan="2">检验结果</td><td rowspan="2">实收数量</td></tr>
<tr><td>合格</td><td>不合格</td></tr>
<tr><td></td><td></td><td></td><td></td><td></td><td></td><td></td><td></td></tr>
<tr><td></td><td></td><td></td><td></td><td></td><td></td><td></td><td></td></tr>
</table>

车间负责人：　　　　　　　　检验人：　　　　　　　　保管员：

2. 按填制的手续不同分类

按填制的手续不同，原始凭证分为一次凭证、累计凭证和汇总凭证。

(1)一次凭证指的是自制原始凭证中只记录一笔经济业务、在经济业务完成时一次性填制完成的原始凭证，此类原始凭证仅一次填写有效，如收料单、领料单(见表 4-1-3)等。

表 4-1-3　领料单

领料部门：　　　　　　　　　　　　　　　　　　　　　　发料仓库：

用　　途：　　　　　　　　　　　年　　月　　日　　　　　编　　号：

<table>
<tr><td rowspan="2">材料编号</td><td rowspan="2">材料名称</td><td rowspan="2">规格</td><td rowspan="2">单位</td><td colspan="2">数量</td><td rowspan="2">单价</td><td rowspan="2">金额(元)</td></tr>
<tr><td>请领</td><td>实发</td></tr>
<tr><td></td><td></td><td></td><td></td><td></td><td></td><td></td><td></td></tr>
<tr><td></td><td></td><td></td><td></td><td></td><td></td><td></td><td></td></tr>
</table>

制单：　　　　　　审核：　　　　　　领料人：　　　　　　发料人：

(2)累计凭证是指在一定时期内，连续记载若干项重复发生的同类经济业务，且多次有效的原始凭证。常见的累计凭证如限额领料单(见表 4-1-4)。累计凭证可以在一张原始凭证中多次记载同类经济业务，能够简化核算手续，减少原始凭证的数量，同时在累计凭证中可能随时结出累计数、结余数，有利于企业加强成本控制与管理，是企业进行计划管理的方法之一。

表 4-1-4　限额领料单

领料部门：　　　　　　　　　　　　　　　　　　　　　　编　　号：

用　　途：　　　　　　　　　　　年　　月　　日　　　　　发料仓库：

<table>
<tr><td rowspan="2">材料类别</td><td rowspan="2">材料编号</td><td rowspan="2">材料名称</td><td rowspan="2">材料规格</td><td rowspan="2">计量单位</td><td rowspan="2">单价</td><td rowspan="2">领用限额</td><td colspan="2">实际领用</td></tr>
<tr><td>数量</td><td>金额</td></tr>
<tr><td></td><td></td><td></td><td></td><td></td><td></td><td></td><td></td><td></td></tr>
<tr><td rowspan="2">日期</td><td colspan="2">请领</td><td colspan="3">实发</td><td rowspan="2">限额结余</td><td colspan="2">退库</td></tr>
<tr><td>数量</td><td>负责人签章</td><td>数量</td><td>发料人</td><td>领料人</td><td>数量</td><td>退料单编号</td></tr>
<tr><td></td><td></td><td></td><td></td><td></td><td></td><td></td><td></td><td></td></tr>
<tr><td></td><td></td><td></td><td></td><td></td><td></td><td></td><td></td><td></td></tr>
<tr><td></td><td></td><td></td><td></td><td></td><td></td><td></td><td></td><td></td></tr>
<tr><td></td><td colspan="2">累计发生额</td><td></td><td></td><td></td><td></td><td></td><td></td></tr>
</table>

供应部门负责人：　　　　　　生产计划部门负责人：　　　　　　仓库负责人：

(3)汇总凭证是指将一定时期内若干项记载同类经济业务的原始凭证加以汇总编制的凭证。汇总凭证合并了同类型的经济业务,能够简化记账工作,常见的有发料凭证汇总表。

3.按格式不同分类

按格式不同,原始凭证分为通用凭证和专用凭证。

(1)通用凭证是由有关部门统一印制,具有统一格式、特定使用范围和使用方法的一类原始凭证,如由国家税务总局印制的在全国范围内通用的增值税专用发票、由中国人民银行制作的在全国范围内使用的银行转账结算凭证等都是全国通用的原始凭证。通用凭证也可以是分地区和分行业而制定的,如某省印制的在该省范围内适用的通用发票、收据等也是通用凭证。

(2)专用凭证指的是由企业自行印制,仅在本单位内部使用的原始凭证,如领料单、差旅费报销单(见表 4-1-5)、工资单等。

表 4-1-5 差旅费报销单

部门:销售科　　　　2015 年 5 月 12 日

<table>
<tr><td colspan="3" rowspan="2">姓名</td><td colspan="3" rowspan="2">许林</td><td colspan="2" rowspan="2">出差事由</td><td colspan="3" rowspan="2">部门开会</td><td colspan="4">出差 2015 年 5 月 1 日</td><td colspan="2" rowspan="2">共 11 天</td></tr>
<tr><td colspan="4">至 2015 年 5 月 12 日</td></tr>
<tr><td colspan="6">起讫时间及地点</td><td colspan="2">车船票</td><td colspan="3">夜间乘车补助费</td><td colspan="3">出差乘车补助费</td><td>住宿费</td><td colspan="2">其他</td></tr>
<tr><td>月</td><td>日</td><td>起</td><td>月</td><td>日</td><td>讫</td><td>类别</td><td>金额</td><td>时间</td><td>标准</td><td>金额</td><td>日数</td><td>标准</td><td>金额</td><td>金额</td><td>摘要</td><td>金额</td></tr>
<tr><td>5</td><td>1</td><td></td><td>5</td><td>12</td><td></td><td>机票</td><td>1 160</td><td></td><td></td><td></td><td>11</td><td>50</td><td>550</td><td>3 850</td><td></td><td></td></tr>
<tr><td></td><td></td><td></td><td></td><td></td><td></td><td></td><td></td><td></td><td></td><td></td><td></td><td></td><td></td><td></td><td></td><td></td></tr>
<tr><td></td><td></td><td></td><td></td><td></td><td></td><td></td><td></td><td></td><td></td><td></td><td></td><td></td><td></td><td></td><td></td><td></td></tr>
<tr><td colspan="6">小计￥5 560.00</td><td></td><td>1 160</td><td></td><td></td><td></td><td></td><td></td><td>550</td><td>3 850</td><td></td><td></td></tr>
<tr><td colspan="17">合计金额(大写):伍仟伍佰陆拾元整</td></tr>
<tr><td colspan="17">备注:预借 6 000.00　核销 5 560.00　退 440.00</td></tr>
</table>

附单据　共　张

单位领导:胡明　　财务主管:陈建　　审核:杨婷　　填报人:许林

(二)记账凭证

记账凭证是会计人员根据审核无误的原始凭证或原始凭证汇总表,按照经济业务的内容进行归类,使用相应会计科目和复式记账的方法确定会计分录后填制的一种会计凭证,是登记账簿的依据。

原始凭证的种类繁多又可能来源于不同的单位,导致格式难以统一,若直接使用原始凭证作为登记账簿的依据,则不能清晰表明应记入的会计科目的名称和方向,也容易在记账时发生差错。为了方便企业记账,会计人员需要对经济业务中取得的原始凭证进行归纳整理,并通过具有统一格式的记账凭证,将原始凭证中的内容用会计语言反映在记账凭证中,最后将原始凭证作为记账凭证的附件和原始依据粘贴在记账凭证的后面。这样通过记账凭证既便于记账,防止差错,又有利于原始凭证的保管,能够提高会计工作的质量。当然,并不是所有的记账凭证都有原始凭证作为依据,有些会计事项,如更正错账、期末结账等,因无法取得原始凭证,也可以由会计人员根据账簿资料编制记账凭证。

记账凭证通常可以分为专用记账凭证、通用记账凭证这两类，专用记账凭证根据反映经济业务内容的不同又可以分为收款凭证、付款凭证和转账凭证三种。

1. 专用记账凭证

专用记账凭证是用来专门记录某一类经济业务的记账凭证。

1）收款凭证

收款凭证是用来记录库存现金和银行存款等货币资金收款业务的记账凭证。收款凭证是根据现金和银行存款收款业务的相关原始凭证填制的，是登记现金日记账、银行存款日记账及有关总分类账和明细分类账等账簿的依据。收款凭证的格式如表 4-1-6 所示。

表 4-1-6 收款凭证

借方科目： 年 月 日 收字第 号

摘要	贷方科目		金额										√
	总账科目	明细科目	千	百	十	万	千	百	十	元	角	分	
合 计													

附件 张

会计主管： 记账： 出纳： 审核： 制证：

2）付款凭证

付款凭证是用来记录库存现金和银行存款等货币资金付款业务的凭证。付款凭证是根据库存现金和银行存款付款业务的相关原始凭证填制的，与收款凭证一样，付款凭证也是登记现金日记账、银行存款日记账及有关总分类账等账簿的依据。付款凭证的格式如表 4-1-7 所示。

表 4-1-7 付款凭证

贷方科目： 年 月 日 付字第 号

摘要	借方科目		金额										√
	总账科目	明细科目	千	百	十	万	千	百	十	元	角	分	
合 计													

附件 张

会计主管： 记账： 出纳： 审核： 制证：

3）转账凭证

转账凭证是用来记录与现金、银行存款等货币资金收付款业务无关业务的凭证。与货币资金收付款业务无关的业务指的是经济业务发生时不需要收付现金、银行存款等货币资金的各项业务，它是根据有关转账业务的原始凭证填制的，是登记相关总分类账以及有关明细分类账的依据。转账凭证的格式如表 4-1-8 所示。

表 4-1-8 转账凭证

年 月 日 转字第 号

摘要	借方科目		借方金额							贷方金额							√
	总账科目	明细科目	万	千	百	十	元	角	分	万	千	百	十	元	角	分	
合 计																	

附件 张

会计主管： 记账： 出纳： 审核： 制证：

2. 通用记账凭证

通用记账凭证是用于记录各种经济业务的凭证，格式不再分为收款凭证、付款凭证和转账凭证，而是统一使用一种格式记录全部的经济业务。通用记账凭证的格式和填制方法与转账凭证的格式和填制方法大致相同，如表 4-1-9 所示。

表 4-1-9 记账凭证

年 月 日 字第 号

摘要	会计科目		借方金额								贷方金额								记账
	总账科目	明细科目	十	万	千	百	十	元	角	分	十	万	千	百	十	元	角	分	
附件 张	合计																		

会计主管： 记账： 出纳： 审核： 制证：

原始凭证与记账凭证之间存在着密切的联系。原始凭证是记账凭证的基础，记账凭证是根据原始凭证编制的。在实际工作中，原始凭证附在记账凭证的后面，作为记账凭证的附件；记账凭证是对原始凭证内容的概括和说明；原始凭证有时是登记明细分类账户的依据。

任务二　原始凭证的填制与审核

一、原始凭证的基本内容

原始凭证的格式和内容会根据经济业务和经营管理需要的不同而有所差异，但无论是自制原始凭证还是外来原始凭证，都应具备以下基本内容：

(1)原始凭证的名称；

(2)填制凭证的日期和编号；

(3)填制凭证的单位名称或者填制人姓名；

(4)接受凭证的单位名称；

(5)经济业务的内容摘要；

(6)经济业务涉及的数量、单价和金额；

(7)经办人员的签名或盖章。

原始凭证除必须具备上述基本的要素之外，如果该原始凭证是从外单位取得的还必须盖有填制单位公章，从个人处取得的必须有填制人的签名或盖章；如果是企业对外单位开出的原始凭证，则必须加盖本单位公章。

二、原始凭证的填制要求

填制原始凭证是需要根据经济业务的实际情况，依据原始凭证的填制要求，在规定的凭证格式中，逐项填写各项内容。正确填制原始凭证是如实反映经济业务的关键，填制原始凭证应遵循以下基本要求：

(1)记录真实、及时。真实性、及时性是会计信息质量要求中很重要的一项，因此经办人员必须及时填制原始凭证，其中填写的内容、数字必须真实可靠，符合实际情况。在填写完成后需按照规定程序及时送交给会计机构进行审核。

(2)填写内容完整。原始凭证的基本内容需要填写完整，如凭证的名称、填制凭证的日期、填制凭证单位名称或者填制人的姓名、经办人员的签名或盖章、接受凭证单位名称、经济业务内容、数量、单价、金额等。对于单位自制对内使用的原始凭证，必须有经办人员、经办部门负责人或其他指定的人员的签名或盖章；对于单位填制对外开出的原始凭证，必须加盖本单位公章或财务专用章；对于从企业外部单位取得的原始凭证，需盖有填制凭证单位的公章或财务专用章；对于从个人处取得的原始凭证必须有填制人员的签名或盖章。

(3)书写清楚、规范。原始凭证中的文字、数字均要书写清楚、规范。原始凭证中的文字要简洁明了，能够体现经济业务的内容，字迹清楚，易于辨认。不得使用未经国务院公布的简化汉字；填制时，除需要复写外，必须用钢笔或碳素笔书写。

原始凭证中数字的填写也有一定的规范要求。凡填有大写和小写金额的原始凭证，大小写金额必须相符且填写规范。小写金额使用阿拉伯数字逐个书写，不得连笔。在小写金额前需要填写人民币符号“￥”，人民币符号“￥”与阿拉伯数字之间不得留有空白。同时，对于金额数字一律填写到角、分；无角、无分的写“00”或符号“—”；有角无分的，分位写“0”，不得用符号“—”。

例如,在书写2 600元时应按"¥2 600.00"或"¥2 600.—"的方式进行书写。

大写金额需使用汉字"零、壹、贰、叁、肆、伍、陆、柒、捌、玖、拾、佰、仟、万、亿、元、角、分、整"等进行书写。大写金额前需加"人民币"字样,且与大写金额之间不得留有空白。大写金额到元或角为止的,后面需要写"整"或"正"字;有分的,不写"整"或"正"字。例如:小写金额"¥2 315.00"的大写金额应写成"人民币贰仟叁佰壹拾伍元整";小写金额"¥2 009.00"的大写金额应写成"人民币贰仟零玖元整";小写金额"¥4 611.02"的大写金额为"人民币肆仟陆佰壹拾壹元零角贰分"。原始凭证金额书写练习如表4-2-1所示。

表4-2-1 原始凭证金额书写练习

会计凭证、账表上的小写金额									原始凭证上的大写金额栏
没有数位分割线	有数位分割线								
	十	万	千	百	十	元	角	分	
¥0.50							5	0	人民币:⊗拾⊗万⊗仟⊗佰⊗拾⊗元伍角零分
¥0.80							8	0	人民币:捌角整
¥13.09					1	3	0	9	人民币:壹拾叁元零玖分
¥92.00					9	2	0	0	人民币:玖拾贰元整
¥120.76				1	2	0	7	6	人民币:壹佰贰拾元柒角陆分
¥8 320.06			8	3	2	0	0	6	人民币:捌仟叁佰贰拾元零陆分
¥20 001.58		2	0	0	0	1	5	8	人民币:贰万零壹元伍角捌分
¥161 000.80	1	6	1	0	0	0	8	0	人民币:壹拾陆万壹仟元捌角整
¥107 203.60	1	0	7	2	0	3	6	0	人民币:壹拾零万柒仟贰佰零拾叁元陆角零分

(4)凭证编号连续。各类原始凭证均需连续编号,便于日后进行检查。对于已预先印制编号的原始凭证,如支票、发票等,在写错作废时应在作废凭证上加盖"作废"戳记,并妥善保管,不得撕毁丢弃。

(5)不得涂改、刮擦、挖补。原始凭证中的内容有错误的不得随意涂改,如金额有错误,应当由出具单位重新开具,不得在原始凭证中直接更正;其他内容有错误的,应当由出具凭证的单位重新开具或进行更正,并在更正处加盖出具单位的公章。

三、原始凭证的审核

为了保证会计信息质量的真实性、合法性、合理性、完整性、正确性和及时性,需要从源头上保证原始凭证提供的信息是真实可靠、合理合法的。因此,为了正确反映经济业务的发生或完成情况,充分发挥会计的监督作用,保证会计信息的真实、完整,会计负责人或经指定的审核人员必须认真、严格地审核原始凭证。审核的主要内容包括:

(1)真实性审核。真实性审核主要是为了判断原始凭证记载的经济业务是否真实发生、原始凭证填制的数据是否真实,具体需要审核的项目有凭证上记载的日期是否真实、业务内容是否真实、填写的数据是否真实等。对于企业自制的原始凭证,需要审查是否有本单位经办部门或经办人员的签章;对于外来的原始凭证,需要查看是否有填制单位的公章或财务专用章以及填制人员的签章；对于通用原始凭证，会计人员还需审查该凭证本身是否是正规凭证格式，以防虚假凭证。

(2)合法性审核。合法性审核指的是审核该原始凭证是否遵循了有关政策、法令、制度，是否有违反国家法律法规的问题。

(3)合理性审核。合理性审核指的是审核原始凭证所记录的经济业务是否符合企业生产经营活动的需要，是否符合有关计划和预算的需要。

(4)完整性审核。完整性审核指的是原始凭证填制的内容是否完整、基本要素是否齐全、填制手续是否完备。具体审核的内容包括日期填写是否完整、数字填写是否清晰、文字书写是否工整、有关人员的签章是否齐全、凭证是否有漏项情况、凭证传递联次是否正确等。

(5)正确性审核。正确性审核指的是审核原始凭证记载的各项内容是否正确。具体审核内容包括接受原始凭证的单位名称是否正确、金额的填写和计算是否正确、更正错误的方法是否正确等。

(6)及时性审核。及时性审核主要针对的是凭证的填写日期是否是经济业务发生或完成的时间。

原始凭证的审核是一件非常严肃的事情，会计人员必须坚持原则、坚持制度、履行职责。《会计法》第十四条规定："会计机构、会计人员必须按照国家统一的会计制度的规定对原始凭证进行审核，对不真实、不合法的原始凭证有权不予接受，并向单位负责人报告；对记载不准确、不完整的原始凭证予以退回，并要求按照国家统一的会计制度的规定更正、补充"。因此在审核后，对于完全符合要求的原始凭证应及时编制记账凭证入账；对于内容不完整、手续不全、书写不清、计算有错的原始凭证，应退回有关部门和人员，及时补办手续或进行更正；对违法收支不予制止和纠正，又不向单位领导人提出书面意见的，应当承担责任；对严重违法损坏国家和社会公众利益的收支应向主管单位或者财政、审计、税务机关报告，接到报告的机关应当负责处理。

任务三　记账凭证的填制与审核

一、记账凭证的基本内容

记账凭证的基本内容包括：

(1)记账凭证的名称；

(2)填制凭证的日期；

(3)凭证的编号；

(4)经济业务的内容摘要；

(5)会计科目、借贷方向和金额(即会计分录)；

(6)所附原始凭证的张数；

(7)填制人员、稽核人员、记账人员、机构负责人员或会计主管人员的签名或盖章。此外，收款凭证和付款凭证还需要有办理收付款业务的出纳人员签章。

(8)过账标记。

二、记账凭证的填制

记账凭证是登记账簿的直接依据，为保证会计核算资料的质量，填制记账凭证必须遵循如下要求：

(1)内容完整。记账凭证的填制需要做到内容完整、书写清楚规范。

(2)连续编号。会计人员应在填写凭证时按业务发生的顺序对不同种类的记账凭证采用“字号编号法”进行连续编号，如在通用记账凭证中以“记”字编号，专用记账凭证中的收款凭证、付款凭证、转账凭证分别采用“银收”“银付”“现收”“现付”“转”字进行编号。编号时应从 1 往后进行编号，如果一笔经济业务需要填制两张以上(含两张)记账凭证的，应使用分数进行标号，如记字 11(1/3)号、记字(2/3)号、记字(3/3)号。为了避免发生舞弊行为，对于涉及收款、付款经济业务的会计凭证不得由出纳人员进行填制。

(3)摘要填写简明扼要。记账凭证的摘要应用简单直接易懂的语言，正确表达经济业务的主要内容。既要防止简而不明，又要防止明而不简。

(4)准确填写分录。会计凭证中的会计分录必须按照会计制度统一规定的会计科目填写，不得任意简化和改动；不得只填写科目编号，不写科目名称。

(5)附有原始凭证，并标明张数。除期末转账、更正错误等记账凭证可以没有原始凭证之外，其他记账凭证都必须有原始凭证。

(6)相关人员签章齐全。记账凭证上必须有填制人员、审核人员、记账人员和会计主管签章。出纳人员应在有关收、付款凭证上签章，以明确经济责任。

(7)记账凭证填制完后，如有空行，应当自金额栏最后一笔金额数字下的空行处至合计数上的空行处画线注销。

(8)各种记账凭证的使用格式相对稳定，特别是在同一会计年度内，不得随意更换，以免引起编号、装订、保管方面的不便与混乱。

(9)如填制时发生错误应当重新填制。还未登记账簿前发现的错误应当重新填制记账凭证；对于已经登记入账的记账凭证在当年内发现填写错误时，可以使用红字填写一张与原内容一致的记账凭证，在摘要栏注明“注销某月某日某号凭证”，同时需用蓝字重新填制一行正确的记账凭证，在摘要栏注明“订正某月某日某号凭证”；如果凭证的会计科目没有错误，只有金额出错，也可以按正确金额与错误金额之间差额另外编写一张调整金额的记账凭证，调整增加金额的使用蓝字，调整减少的使用红字；最后针对以前年度错误的记账凭证，应当使用蓝字填写一张更正的记账凭证。

记账凭证填写示例如下：

【例 4-3-1】 2019 年 5 月 9 日，甲公司向乙公司销售 Y 商品一批，售价为 10 000 元，增值税税率为 16%，税款为 1 600 元，已收到所有款项。甲公司收到相关原始凭证三张，该笔经济业务是甲公司发生的第 16 笔业务，会计记账人员是张三，甲公司对该经济业务的记账凭证填制如表 4-3-1 所示。

表 4-3-1 记账凭证

2019 年 5 月 9 日　　　　记字第 16 号

摘要	会计科目		借方金额								贷方金额								记账
	总账科目	明细科目	十	万	千	百	十	元	角	分	十	万	千	百	十	元	角	分	
销售 Y 商品	银行存款			1	1	6	0	0	0	0									
	主营业务收入	Y 商品										1	0	0	0	0	0	0	
	应交税费	应交增值税（销项税额）											1	6	0	0	0	0	
附件 3 张	合 计		￥	1	1	6	0	0	0	0	￥	1	1	6	0	0	0	0	

会计主管：　　记账：　　出纳：　　审核：　　制证：张三

【例 4-3-2】 2019 年 4 月 3 日，甲公司收到 3 月 20 日向丙公司销售 X 产品的货款 3 万元（含增值税）存入工商银行，收到相关原始凭证两张，该业务是甲公司 4 月发生的第 8 笔经济业务，甲公司采用通用记账凭证进行记账，会计记账人员为张三。记账凭证的填制如表 4-3-2 所示。

表 4-3-2 记账凭证

2019 年 4 月 3日　　　　记字第 8 号

摘要	会计科目		借方金额								贷方金额								记账
	总账科目	明细科目	十	万	千	百	十	元	角	分	十	万	千	百	十	元	角	分	
收回货款	银行存款			3	0	0	0	0	0	0									
	应收账款	丙公司										3	0	0	0	0	0	0	
附件 2 张	合 计		￥	3	0	0	0	0	0	0	￥	3	0	0	0	0	0	0	

会计主管：　　记账：　　出纳：　　审核：　　制证：张三

三、记账凭证的审核

为了保证企业提供会计信息的质量，保证账簿记录的准确性，企业在记账前必须由专人对已编制的记账凭证进行认真、严格的审核。审核的内容主要是以下几方面：

（1）审核记账凭证是否附有原始凭证作为记账依据，审核记账凭证记录的信息是否与原始凭证一致。

（2）按原始凭证审核的要求，对所附的原始凭证进行复核。

（3）审核记账凭证中各项目的填写是否齐全。

（4）审核记账凭证中会计科目使用是否准确，账户的对应关系是否清晰，以及核算的内容是否符合会计制度的规定等。

(5)审核借贷金额是否相等。

(6)审核记账凭证规定填写的项目是否齐全,有关人员是否已经签章等。

在审核过程中,如果发现记账凭证有记录不全或错误等问题,应重新填制或按规定加以更正。只有通过审核无误的记账凭证,才能据以登记账簿。

任务四 会计凭证的传递和保管

会计凭证的保管是指会计凭证记账后的整理、装订、归档和存查等工作。会计凭证是重要的会计档案和经济资料,因此除了应正确填制和严格审核会计凭证之外,企业还必须正确组织会计凭证的传递,加强会计凭证的保管工作。任何单位在记账之后,都必须将会计凭证按照规定的立卷归档制度形成会计资料。正确无误地完成会计凭证处理的全过程,既有利于发挥会计凭证作为记账依据、传输经济信息的作用,也有利于企业加强资料的管理。

一、会计凭证的传递

会计凭证的传递是指会计凭证从取得或填制时起到归档保管时,在有关业务部门和人员之间按照一定的时间、路线进行传递并处理的程序。会计凭证的传递程序,是会计制度的一个组成部分,应在各单位会计制度中做出明确规定。正确组织会计凭证的传递,一般包括设计会计凭证的份数、传递路线、传递时间、交接手续等。各单位应当科学、合理地制定会计凭证的传递办法,要根据各单位经济业务的特点,以及组织机构和人员分工情况,适当规定会计凭证流程的环节和传递的顺序,还要规定凭证在各个环节停留的时间,以保证提高工作效率。

例如,企业购进材料一般要经过采购、付款、收货三个环节。企业在收到供货单位发票后,采购部门一方面要核对合同,签注意见,通知会计部门付款;另一方面,要填制收货单,通知仓储部门准备仓位和收货;仓储部门验收材料后,要将入库单转交会计部门记账。通过这一凭证传递程序,采购部门可以掌握购货合同的执行情况,仓储部门可以了解验收材料的数量、时间,会计部门可以进行全面监督。会计凭证的传递程序,实际上规定了有关业务的办事程序,也确定了有关人员应负的责任。所以,会计凭证的传递办法也属于经营管理制度的主要内容,应由会计部门会同有关部门共同制定。

二、会计凭证的保管

会计凭证的保管是指会计凭证记账后的整理、装订、归档和存查工作。会计凭证是企业记账的依据,是重要的经济档案资料。为了便于本单位和外部有关部门使用、审计和查账征询等,任何单位对会计凭证必须进行整理装订,并妥善保管,不得丢失或任意销毁。会计凭证归档保管的主要方法和要求是:

(1)会计凭证应当及时传递,不得积压。会计凭证在登记完毕后,应定期(每天、每旬或每月)对会计凭证进行分类,按照编号顺序整理。

(2)整理好的记账凭证应连同所附原始凭证一起装订成册,同时加具封面、封底。会计凭证封面处应注明单位名称、凭证种类、起讫号码、年度、月份等信息。会计主管人员和保管人员等应在封面上签章。会计凭证封面示例如表 4-4-1 所示。

表 4-4-1 会计凭证封面示例

记账凭证封面　　　　第　册
共　册

单位名称：　　　　日期：　　年　月　日　至　日

记账凭证	由　字第　号起至第　号止
记账凭证	由　字第　号起至第　号止
记账凭证	由　字第　号起至第　号止
记账凭证	由　字第　号起至第　号止
记账凭证汇总表	由第　号起至第　号止

装订：　　　　复核：　　　　保管：

(3)会计凭证应当加贴封条。为了防止恶意拆散、抽换凭证，还需在装订线上加贴封条，由装订人员在装订线处签名或盖章。

(4)原始凭证过多时，也可以单独装订保管，但应在其封面上注明所属记账凭证的日期、编号、种类等信息。同时，也需要在对应记账凭证上注明“附件另订”和原始凭证名称及编号，便于日后进行查验。对各类重要的原始凭证，如合同、契约、押金收据、涉外文件以及需要随时查阅的单据等，需要单独保管并编制目录，并在记账凭证上注明原始凭证另行保管的存放地点、保管人等，以备查核。

(5)原始凭证除有特殊情况外不得外借。如有特殊原因需要使用原始凭证进行查验的，需经由本单位会计机构负责人、会计主管人员批准，可以复制。向外单位提供原始凭证复制件的，应当在专设的登记簿上登记，并由提供人员和收取人员共同签名或盖章。

(6)从外单位取得的原始凭证如有遗失，应当取得原开出单位盖有公章的证明，并注明原来凭证的号码、金额和内容等，由经办单位会计机构负责人、会计主管人员和单位领导批准后，才能代作原始凭证。如果确实无法取得证明的，如火车、汽车票等凭证，由当事人写明详细情况，由经办单位会计机构负责人、会计主管人员和单位领导批准后，代作原始凭证。

(7)装订成册的会计凭证应集中保管，并指定专人负责。按照规定，企业会计凭证在年度终了后可由本单位会计机构保管一年，一年期满后应当移交给本单位档案机构统一保管。企业在查阅会计档案时，要按制度规定履行一定的手续。

(8)会计凭证的保管期限和销毁手续，必须严格执行《会计档案管理办法》的规定，在期满前任何人无权自行随意销毁。

复习思考题

1. 什么是会计凭证？会计凭证有哪些种类？
2. 什么是原始凭证和记账凭证？举例说明。
3. 填制和审核会计凭证的意义是什么？
4. 原始凭证和记账凭证应该具备哪些基本内容？
5. 填制记账凭证有哪些基本要求？

6.如何审核原始凭证？

7.如何审核记账凭证？

8.会计凭证的传递和保管应注意哪些问题？

主要概念

会计凭证　原始凭证　记账凭证　汇总原始凭证

项目五

会计账簿

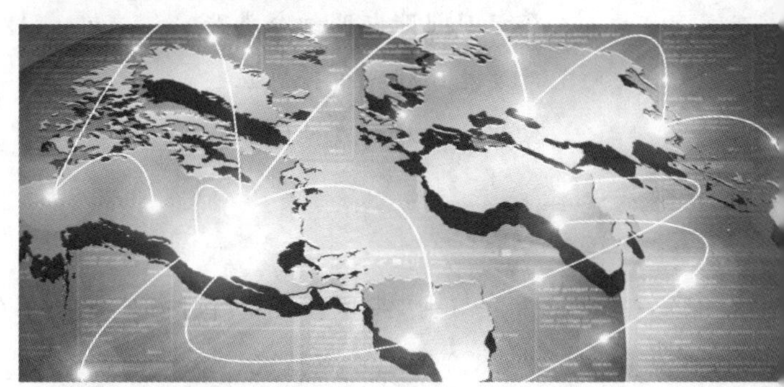

JICHU KUAIJI

知识目标

1. 了解会计账簿的概念、分类及内容。

2. 理解会计账簿的作用。

3. 掌握查找与更正错账的方法。

4. 掌握对账与结账的方法。

技能目标

1. 能正确建账。

2. 登记日记账与明细分类账。

3. 对发生的错账进行更正。

4. 掌握账目核对及结账的规范。

案例导入

2019 年 5 月，某市财政部门对当地部分单位 2018 年的会计信息质量进行检查，其中蓝天印刷厂 2018 年存在以下情况。

(1)2018 年 5 月以来的现金日记账和银行存款日记账是用圆珠笔书写的。

(2)有些账簿未按页次顺序连续登记，有跳行、隔页现象。

(3)出纳员李宁登记了库存现金日记账及银行存款日记账，并且登记了部分明细账。

(4)部分账簿出现账实不符的情况，相关人员怀疑该单位存在“两套账”。

根据以上情况，该市财政部门勒令蓝天印刷厂进行定期整改，规范账簿登记流程，明确账簿登记要求，并且建议该单位用财务软件系统进行会计核算，完善单位会计核算制度。

会计账簿登记也叫作过账。传统手工过账时要细心谨慎，有些科目名称及金额的阿拉伯数字比较类似，必须看清楚，避免张冠李戴和笔误；同时各账簿页次，各科目的借贷方向、金额、结余都需要认真对待，保证顺利完成试算平衡，减少日后查核改错的麻烦。

由于受人工信息处理能力的限制，手工过账在登记财务数据及其相关说明上往往存在一定的局限。实现会计电算化后，会计信息从收集、加工处理到综合利用都实现了电算化，从而为从深度和广度上扩展会计报告信息的内容提供了可能性。会计人员只需要在财务软件中填制会计凭证，审核无误后，过账工作就由计算机完成，从而提高会计工作效率，确保会计信息的正确性。

然而，学生依然要掌握手工登记账簿的流程，熟悉手工账核算流程是提高会计学习质量、深化会计学习能力、培养会计专业素养的有效途径。

任务一 会计账簿概述

一、会计账簿的意义

会计账簿,简称账簿,是由具有专门格式而又互相联系的账页组成的,以经过审核的会计凭证为依据,用来全面、系统、连续地记录和反映各项经济业务的簿籍。

如前所述,任何一个经济单位发生一笔经济业务后,都必须取得和填制会计凭证,用以反映和监督每项经济业务的发生和完成情况。但会计凭证数量多、资料分散、每张凭证只能记载个别的经济业务,对经济业务的记录是零散的,不能连续、系统、全面、完整地反映和监督一个经济单位在一定时期内某类和全部经济业务的变化情况,更不能比较系统地、完整地反映、监督企业价值运动的整体情况。为了全面、系统、连续地反映企事业单位的经济活动和财务收支情况,给经济管理提供系统的核算资料,并为编制会计报表提供依据,需要运用登记账簿的方法,把分散在会计凭证上的大量的核算资料,加以集中和归类整理,将其登记到相应的账簿中。

因此,科学地设置和正确地登记账簿,对于加强企业经济核算、提升企业经营管理和提高经济效益具有重要意义,主要表现在以下五个方面。

(1)账簿可以为企业的经济管理提供系统、完整的会计信息。

通过设置和登记账簿,可以对经济业务进行序时或分类的核算,将分散的核算资料加以系统化,全面系统地提供有关企业成本费用、财务状况和经营成果的总括和明细的核算资料,以便正确地计算费用、成本和收入、成果,为经营管理提供系统、完整的核算资料。

(2)通过设置和登记账簿可以为编制会计报表提供数据资料。

经核对无误的账簿记录及其加工的数据,为编制财务报表提供总括和具体的资料,是编制会计报表的主要依据。会计报表信息是否真实、可靠、及时,在一定程度上都与账簿设置和记录有着密切的关系。

(3)账簿是考核企业经营成果、加强经济核算、分析经济活动情况的重要依据。

根据账簿记录的费用、成本和收入等资料,可以计算一定时期的财务成果,检查费用、成本、利润计划的完成情况。结合有关资料,进行经济活动分析,为企业经营决策和预测提供可靠的参考数据。

(4)账簿是监督财产物资安全完整的重要手段。

通过设置和登记账簿,不仅可以反映各项资产、负债及所有者权益的增减变动情况,而且通过账实核对,可以检查账实是否相符,从而有利于保证各项财产物资和资金的安全完整和合理使用。

(5)账簿是重要的经济档案。

通过设置和登记账簿,有利于保存会计资料,便于日后查考和分析。

二、会计账簿的种类

由于各个经济单位的业务特点和管理的要求不同，所设置的账簿的种类和格式也是多种多样的，它们共同构成一个完整的账簿体系。会计账簿可以按照用途、外形特征、账页格式等进行分类。

（一）账簿按用途分类

我国《会计法》规定会计账簿包括总账、明细账、序时账和辅助账。现分别进行说明。

1. 总账

总账也称总分类账，是按总分类账户开设的用以分类核算与监督各项资产、负债、所有者权益、费用、成本和收入等总括核算资料的账簿。

2. 明细账

明细账也称明细分类账，是按明细分类账户开设的用来分类登记某类经济业务详细情况、提供明细核算资料的账簿。

总分类账和明细分类账统称分类账，是按照账户对经济业务进行分类核算和监督的账簿。

3. 序时账

序时账亦称日记账，是按经济业务发生和完成时间的先后顺序进行登记的账簿。它逐日按照记账凭证（或记账凭证所附的原始凭证）逐笔进行登记。日记账分为普通日记账和特种日记账两种。

（1）普通日记账，也称通用日记账，是用来登记各单位全部经济业务的日记账。在账簿中，按照每日发生的经济业务的先后顺序，逐项编制会计分录，因而这种日记账也称为分录日记账。由于普通日记账不利于记账分工，不利于登账，工作量较大，难以比较清晰地反映各类经济业务的情况，因此我国各单位一般都不设置普通日记账。

（2）特种日记账，是专门用来记录某一特定项目经济业务发生情况的日记账。将该类经济业务，按其发生的先后顺序记入账簿中，反映这一特定项目的详细情况。如在会计实务中，各经济单位为了对现金和银行存款加强管理，设置现金日记账和银行存款日记账。

4. 辅助账

辅助账也称备查簿，是对未能在序时账和分类账中反映和记录的事项进行补充登记的账簿，主要用来记录一些供日后查考的有关经济事项，如“租入固定资产备查簿”“受托加工材料备查簿”“代销商品登记簿”等。辅助账只是对账簿记录的一种补充，与其他账簿之间不存在严密的依存、钩稽关系。备查簿的使用比较灵活，没有固定格式，各单位可根据生产经营管理的需要设置。

（二）账簿按外表形式分类

各种账簿都具有一定的形式，按其外表形式不同可分为订本式账簿、活页式账簿和卡片式账簿。

1.订本式账簿

订本式账簿,又称订本账,是指在账簿启用之前,就将若干印有一定专门格式的账页固定装订成册的一种账簿。这种账簿的优点是账页固定,既可防止账页散失,也可防止任意抽换账页。缺点是由于账页固定,使用起来欠灵活,在同一时间内只能由一个人登记账簿,不便于分工记账;另外,由于账页不能随意增减,账页留少了不够用,留多了用不完造成浪费,从而影响账簿的连续登记。

在会计实务中,订本式账簿适用于现金日记账、银行存款日记账和总账。

2.活页式账簿

活页式账簿,又称活页账,是指在账簿启用之前,账页不装订在一起,而是由若干具有专门格式的零散账页装置在账夹中所组成的账簿。这种账簿的优点是账页不固定,可以根据需要增减账页;在同一时间里,可以由数人分工记账。缺点是账页容易散失和抽换。为了防止散失和抽换,账簿的空白账页,在使用时需连续编号,并装置在账夹中,并由有关人员盖章,以防止散失。使用完毕,不再登记时,将其装订成册,以便保管。

在会计实务中,活页式账簿适用于明细分类账。

3.卡片式账簿

卡片式账簿,又称卡片账,是指由若干张分散的、具有专门格式的、存放在卡片箱中的卡片组成的账簿。这种账簿的优点与活页式账簿的相同,具有一定的灵活性,便于随时查阅,便于归类整理,便于分工记账,可以在较长时期内使用,无须经常更换。缺点是易散失或被任意抽换,因此,在使用时,需要将卡片式账页连续编号,并在卡片上由有关人员签章,放在卡片箱内,由专人保管。更换新账后,以前的卡片式账簿也需要封扎起来,作为会计档案妥善保管。

在会计实务中,卡片式账簿适用于固定资产明细账和低值易耗品明细账。

(三)账簿按账页格式分类

账簿按其账页格式不同,一般可分为三栏式账簿、数量金额式账簿和多栏式账簿。

1.三栏式账簿

三栏式账簿,是在账页上只设置“借方”“贷方”和“余额”三栏。这种格式适用于总分类账、日记账,也适用于只进行金额核算而不需要数量核算的债权、债务结算账户的明细分类账。如总分类账、现金日记账、银行存款日记账以及各种应收款、应付款明细账等。

2.数量金额式账簿

数量金额式账簿,也称大三栏式账簿,是在“借方”“贷方”和“余额”每一大栏内又设置数量、单价、金额等小栏目。这种格式适用于既要进行金额核算,又要进行实物数量核算的各种财产物资账簿。如原材料明细账和库存商品明细账等。

3.多栏式账簿

多栏式账簿,是在“借方”或“贷方”的某一方或者两方下面分设若干栏目,详细核算借、贷方发生额的组成情况。这种格式适用于核算项目较多,且管理上要求提供核算项目详细内容的账簿。如生产成本、制造费用、管理费用、财务费用等明细账。

在账页格式中，最基本的是三栏式，其他各种格式都是从三栏式账页转变而来的。

综上所述，会计账簿分类如图 5-1-1 所示。

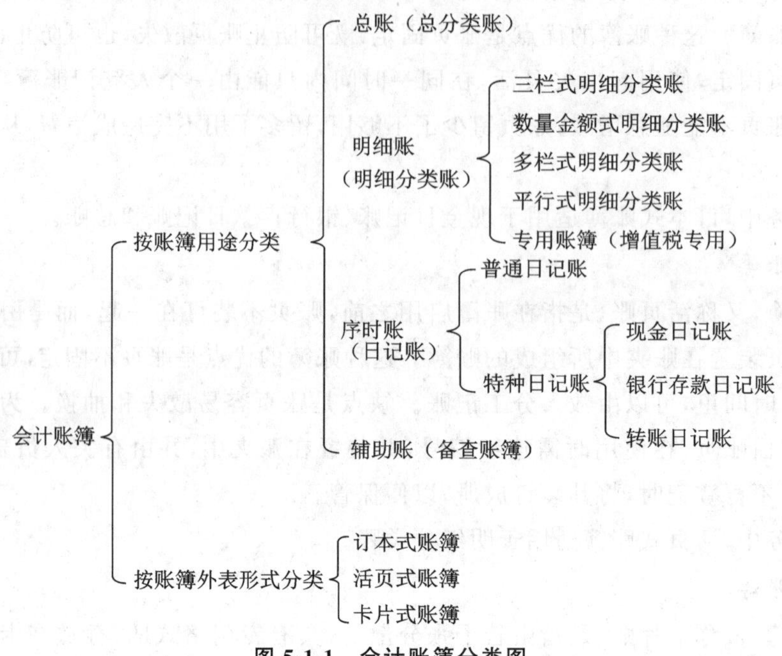

图 5-1-1　会计账簿分类图

任务二　会计账簿的开设与登账

会计账簿的设置，包括确定账簿的种类，设计账页的格式、内容和规定账簿登记的方法等。

各单位应根据经济业务的特点和管理要求，科学、合理地设置账簿。账簿的设置要组织严密、层次分明。账簿之间要互相衔接、互相补充、互相制约，能清晰地反映账中间的对应关系，以便提供完整、系统的资料。会计账簿的设置既要防止账簿重叠、辗转誊抄、烦琐复杂，也要防止过于简化，以致不能提供日常管理所需的资料和编制报表的数据。我国《会计法》规定：各单位必须根据实际发生的经济业务事项，按照国家统一的会计制度的规定，确认、计量和记录资产、负债、所有者权益、收入、费用、成本和利润。各单位进行会计核算不得有下列行为。

(1)随意改变资产、负债和所有者权益的确认标准或者计量方法，虚列、多列、不列或者少列资产、负债和所有者权益。

(2)虚列或者隐瞒收入，推迟或者提前确认收入。

(3)随意改变费用、成本的确认标准或者计量方法，虚列、多列、不列或者少列费用成本，或者随意调整利润的计算分配方法等。

我国《会计法》规定，各单位发生的各项经济业务事项应当在依法设置的会计账簿上统一登记、核算，不得违反会计法和国家统一的会计制度的规定，不得私设会计账簿登记、核算。

一、会计账簿的基本内容

在实际工作中，各种会计账簿所记录的经济业务不同，账簿的格式也多种多样，但各种账簿都应具备以下基本内容：

(1)封面，主要用来标明账簿的名称，如总分类账、各种明细分类账、库存现金日记账、银行存款日记账等。

(2)扉页，主要用来列明会计账簿的使用信息，如科目索引、账簿启用和经管人员一览表等。

(3)账页，是账簿用来记录经济业务的主要载体，包括账户的名称、日期栏、凭证种类和编号栏、摘要栏、金额栏，以及总页次和分户页次等基本内容。

二、会计账簿的启用与交接

1.账簿启用时的一般规则

会计账簿是储存数据资料的重要会计档案。为了保证账簿记录的合法性和正确性，明确记账责任，保证资料完整，在账簿启用时，会计人员应遵守以下规则：

企业开办时或年初更换新账时，需要启用新账簿并填列启用表。账簿启用时，应该在账簿扉页上填列“账簿启用和经管人员一览表”(格式见表 5-2-1)，详细载明单位名称、账簿名称、账簿编号、账簿册数、账簿共计页数、启用日期并加盖单位公章，经管人员(包括会计负责人、会计主管、复核和记账人员)均应载明姓名并加盖印章。

表 5-2-1 账簿启用和经管人员一览表

<table>
<tr><td colspan="3">单位名称</td><td colspan="7"></td><td colspan="2" rowspan="3">单位签章</td></tr>
<tr><td colspan="3">账簿名称</td><td colspan="7"></td></tr>
<tr><td colspan="10">账簿编号：　　账　号共　　本　本册共计　　页　　号</td></tr>
<tr><td colspan="12">交接记录</td></tr>
<tr><td colspan="3">日期</td><td colspan="2">启用</td><td colspan="2">移交</td><td colspan="2">接管</td><td colspan="2">会计主管</td><td colspan="2">会计负责人</td></tr>
<tr><td>年</td><td>月</td><td>日</td><td>姓名</td><td>签章</td><td>姓名</td><td>盖章</td><td>姓名</td><td>签章</td><td>姓名</td><td>盖章</td><td>姓名</td><td>盖章</td></tr>
<tr><td></td><td></td><td></td><td></td><td></td><td></td><td></td><td></td><td></td><td></td><td></td><td></td><td></td></tr>
<tr><td></td><td></td><td></td><td></td><td></td><td></td><td></td><td></td><td></td><td></td><td></td><td></td><td></td></tr>
<tr><td></td><td></td><td></td><td></td><td></td><td></td><td></td><td></td><td></td><td></td><td></td><td></td><td></td></tr>
<tr><td></td><td></td><td></td><td></td><td></td><td></td><td></td><td></td><td></td><td></td><td></td><td></td><td></td></tr>
<tr><td></td><td></td><td></td><td></td><td></td><td></td><td></td><td></td><td></td><td></td><td></td><td></td><td></td></tr>
</table>

2.会计人员交接时的规则

记账人员或者会计机构负责人、会计主管人员如果调动工作或因故离职时，应当办理账簿交接手续，在交接记录栏内填写交接日期、交接人员和监交人员的姓名，并由交接双方人员签名或盖章。

3.编写页数应遵守的规则

启用订本式账簿，应从第一页到最后一页顺序编号，不得跳页、缺号。启用活页式账簿，应按顺序编号，并须定期装订成册。装订后按实际使用的账页顺序编定页数，标明目录、账户名称和页次。

三、会计账簿的登记

登记账簿是会计核算工作的重要环节，也是会计核算的一项重要基础工作。会计人员应该严肃、认真地做好记账工作，遵守登记账簿的有关规则。

(1)为了保证账簿记录的正确性，记账必须以审核无误的会计凭证为依据。记账时，应当将会计凭证日期、凭证号数、摘要、金额等逐项记入账内。记账后，要在记账凭证上注明所记账簿的页数，或划“√”，表示已经登记入账，避免重记、漏记。每笔经济业务登记完毕，记账人员要在记账凭证上签名或盖章，以明确责任。

(2)登记账簿必须使用蓝黑墨水钢笔书写，不得使用铅笔或圆珠笔书写。这是因为，各种账簿归档保管年限，国家规定一般都在10年以上，有些关系到经济资料的账簿，则要长期保管，因此要求账簿记录保持清晰、耐久，以便长期查核使用，防止涂改。

(3)红字在会计上有特定含义，下列情况可以使用红色墨水或者红字登记：

①按照红字冲账的记账凭证，冲销错误记录；

②在不设借贷、收付等栏的多栏式账页中，登记减少数；

③在三栏式账户的余额栏前，如未印明余额的方向，在余额栏内登记负数余额；

④根据国家统一会计制度的规定可以用红字登记的其他会计记录。

(4)记账时应按账户页次顺序逐页登记，不得跳行、隔页，如果发生跳行、隔页，应在空行、空页处用红色墨水划对角线注销，注明“此行空白”或“此页空白”字样，并由记账人员签章。

(5)账簿书写须工整、规范、保持一定间距，不得满格书写，以便留有改错的空间。文字和数字要靠底线书写，约占全格的二分之一。登账发生错误时，须按规定方法更正，严禁刮擦、挖补、涂改或用药水消除字迹。

(6)凡需结出余额的账户，结出余额后，应在“借或贷”栏内写明“借”或“贷”的字样。没有余额的账户，应在该栏内写“平”字，并在余额栏“元”位上用“0”表示。现金日记账或银行存款日记账必须逐日结出余额。

(7)为了保证账簿记录的连续性，各账户在每一账页记满时，要在该账页的最末一行加计发生额合计数和结出余额，并在该行“摘要”栏注明“过次页”字样，然后，再把这个发生额合计数和余额填列下一页的第一行内，并在“摘要”栏内注明“承前页”；月末及年末，应结出本月、本年发生额和余额，在“摘要”栏中注明“本月合计”或“本年合计”；年末，应在“摘要”栏中注明“结转下年”，在新账页第一行“摘要”栏中注明“上年结转”，把上年余额写在余额栏。

(8)订本式账簿都编有账页的顺序号，不得任意撕毁；活页式账簿也不得随便抽换账页。

现以企业为例，说明日记账和分类账设置和登记的一般方法。

首先介绍日记账的设置与登记，日记账有普通日记账和特种日记账两种。

(一)普通日记账的设置与登记

普通日记账是序时地登记全部经济业务的日记账。它是根据企业日常发生的经济业务所取得的原始凭证逐日逐笔顺序登记，因此，普通日记账也称分录簿。普通日记账的格式如表5-2-2所示，一般分为“借方金额”和“贷方金额”两栏，登记每一分录的借方账户和贷方账户及金额，这种账簿不结余额。

表 5-2-2 普通日记账　　　　第　　页

年		凭证		摘要	会计科目	借方金额											√	贷方金额											过账
月	日	字	号			亿	千	百	十	万	千	百	十	元	角	分		亿	千	百	十	万	千	百	十	元	角	分	

普通日记账能全面反映一定时期的全部经济业务情况，并作为登记总分类账的依据。但由于将全部经济业务记入一本日记账，不利于分工记账；同时逐笔根据日记账登记总账的工作量较大，特别是账内不能分类反映经济业务的发生情况，因此，目前我国企业很少采用。

(二)特种日记账的设置与登记

常用的特种日记账有库存现金日记账和银行存款日记账，用以逐日核算和监督现金和银行存款的收入、付出和结存情况。除此之外，有的单位还设置转账日记账，有的商业企业还设置购货日记账和销货日记账。

1. 库存现金日记账

库存现金日记账是由出纳人员根据审核无误的现金收付款凭证序时、逐笔登记的账簿，一般是指现金收付日记账。如进一步细分，库存现金日记账可以分为现金收入日记账和现金付出日记账。库存现金日记账的账页格式如表 5-2-3 所示。

表 5-2-3 库存现金日记账(三栏式)

年		凭证		摘要	会计科目	借方金额											√	贷方金额											√	借或贷	余额											核对
月	日	字	号			亿	千	百	十	万	千	百	十	元	角	分		亿	千	百	十	万	千	百	十	元	角	分			亿	千	百	十	万	千	百	十	元	角	分	

库存现金日记账的登记方法如下：

(1)日期栏：记账凭证的日期，应与现金实际收付日期一致。

(2)凭证栏：登记入账的收付款凭证的种类和编号。其中，种类是指收款或付款凭证，如“现金收款凭证”可简写为“现收”，“现金付款凭证”可简写为“现付”，“银行付款凭证”可简写为“银付”等。凭证栏还应登记凭证的编号数，以便于查账和核对。

(3)摘要栏：简要说明登记入账的经济业务的内容。文字要求简练，但能说明问题。

(4)对方科目栏:现金收入的来源科目或支出的用途科目,如从银行提取现金,其来源科目(即对方科目)为“银行存款”,其作用在于了解经济业务的来龙去脉。

(5)收入、支出栏:现金实际收付的金额。每日终了,应分别计算现金收入和付出的合计数,结出余额,同时将余额与出纳员的库存现金核对,即通常说的“日清”。如账款不符,应查明原因,并记录备案。月终同样要计算现金收、付和结存的合计数,通常称为“月结”。

但要注意的是,对于从银行提取现金的业务,为防止重复记账,只填制银行存款付款凭证,不填制现金收款凭证,因而现金的收入数额,应根据审核后的银行存款付款凭证登记现金日记账。

2.银行存款日记账

银行存款日记账是由出纳员根据银行存款收款凭证、银行存款付款凭证和现金付款凭证(记录现金存入银行的业务),按经济业务发生的先后顺序逐日逐笔进行登记的日记账,其账页格式与库存现金日记账一样。另外,由于银行存款的收付都有特定的结算凭证,因此,为了加强银行存款的管理,在账簿上特别设置了“结算凭证”栏,以反映结算凭证的种类和号数。三栏式银行存款日记账的账页格式如表5-2-4所示。

表5-2-4　银行存款日记账(三栏式)

年		凭证		摘要	会计科目	借方金额											√	贷方金额											√	借或贷	余额											核对
月	日	字	号			亿	千	百	十	万	千	百	十	元	角	分		亿	千	百	十	万	千	百	十	元	角	分			亿	千	百	十	万	千	百	十	元	角	分	

银行存款日记账的登记方法与库存现金日记账的登记方法基本相同,这里不再赘述。但银行存款日记账也同样要做到“日清月结”,每天都要结出账户余额,每月至少要与银行送来的对账单核对一次,编制银行存款余额调节表,保证企业银行存款日记账的余额与开户银行的实际存款余额相符。

但要注意的是,对于将现金存入银行的业务,为防止重复记账,只填制现金付款凭证,不填制银行存款收款凭证,因而银行存款的收入数额,应根据审核后的现金付款凭证登记银行存款日记账。

接下来,介绍分类账的设置与登记,分类账有总分类账和明细分类账两种。

(三)总分类账的设置与登记

总分类账简称总账,是按照总分类账户(一级会计科目)进行分类登记的账簿。总分类账可以全面、综合地反映企业经济活动的情况和财务收支情况,为编制会计报表提供主要数据,因此,每一单位都须设置总分类账。

总分类账的格式如表5-2-5所示,它一般采用三栏式账页。设有借方、贷方和余额三个金额栏。

表 5-2-5　总分类账

会计科目：　　　　　　　　　　　　　　　　　　　　　　　　　　　第　　页

年		凭证		摘要	借方金额								√	贷方金额								√	借或贷	余额								核对
月	日	字	号		十	万	千	百	十	元	角	分		十	万	千	百	十	元	角	分			十	万	千	百	十	元	角	分	

总分类账可以根据各种记账凭证逐笔进行登记；也可以将一定时期的各种记账凭证先汇总编制科目汇总表或汇总记账凭证，再据以登记总账。总分类账的登记方法，需根据企业所采用的会计处理程序确定。

(四)明细分类账的设置与登记

明细分类账简称明细账，是按照明细分类账户详细记录某一类经济业务的账簿。各种明细分类账是根据实际需要，分别按照二级科目或明细科目开设账户，用来分类、连续地记录有关资产、负债和所有者权益及收入、费用和利润(或亏损)的详细资料。明细分类账所提供的有关经济活动的详细资料，也是编制会计报表的依据。因此，各个经济单位在设置总分类账的基础上，还应该按照总分类账科目设置所属的若干必要的明细分类账，这样既能根据总分类账了解某一科目的总括情况，又能根据明细分类账进一步了解该科目的具体和详细情况。根据经营管理的需要，各个企业单位，除现金、银行存款等账户外，应为各种材料物资、应收应付款项、费用、成本、收入、利润等总分类账户设置明细分类账，进行明细分类核算。明细分类账一般采用活页式账簿，也有少数采用卡片式账簿。

根据经济管理的要求和各明细分类账记录的内容不同，明细分类账的账页格式可以采用三栏式账页、数量金额式账页、多栏式账页和平行式账页等格式。

1. 三栏式明细分类账

三栏式明细分类账的账页格式与总分类账的三栏式账页格式相同，即账页只设有借方、贷方和余额三个金额栏，不设数量栏，用来登记只需要反映金额的经济业务。它一般适用于债权、债务及资本等不需进行数量核算的明细分类账户，如“应收账款”“应付账款”“短期借款”“实收资本”等明细分类账户。三栏式明细分类账的账页格式如表 5-2-6 所示。

表 5-2-6　应收账款明细账

二级科目：　　　　　　　　　　　　　　　　　　　　　　　　　　　第　　页
三级科目：

年		凭证		摘要	借方金额								√	贷方金额								√	借或贷	余额								核对
月	日	字	号		十	万	千	百	十	元	角	分		十	万	千	百	十	元	角	分			十	万	千	百	十	元	角	分	

2. 数量金额三栏式明细分类账

数量金额三栏式明细分类账在收入(借方)、发出(贷方)和结存(余额)栏下分设有数量、单价和金额三个小栏。这种格式适用于既要进行金额核算,又要进行实物数量核算的各种财产物资账户,如“原材料”“库存商品”“低值易耗品”等账户的明细分类核算。它能提供各种财产物资收入、发出、结存的数量和金额资料。为了满足提供会计信息的需要,数量金额式账页的上端,还设计了一些必要的项目,如“原材料”明细账上的材料类别、名称、计量单位、存放地点等。数量金额三栏式明细分类账的账页格式如表 5-2-7 所示。

表 5-2-7　原材料明细账(数量金额式)

类别	
名称或规格	
编号	

计量单位	
存放地点	
储备定额	

第　　页

年		凭证		摘要	收入										发出										结存										核对
月	日	字	号		数量	单价	十	万	千	百	十	元	角	分	数量	单价	十	万	千	百	十	元	角	分	数量	单价	十	万	千	百	十	元	角	分	

3. 多栏式明细分类账

多栏式明细分类账,是根据企业的经济业务特点和经营管理的需要,在一张账页内按有关明细科目或明细项目分设若干专栏,用以在同一张账页上集中反映各有关明细科目或明细项目的核算资料。它适用于登记明细项目比较多、借贷方向单一的经济业务。按明细分类账登记的经济业务不同,多栏式明细分类账的账页格式又可以分为借方多栏式、贷方多栏式和借方贷方多栏式三种格式。

1)借方多栏式明细分类账

借方多栏式明细分类账的账页格式适用于借方需要设多个明细科目或明细项目的账户,如“生产成本”“制造费用”“管理费用”“财务费用”和“营业外支出”等科目的明细分类核算。借方多栏式明细分类账的账页格式如表 5-2-8 所示。

表 5-2-8 生产成本明细账(借方多栏式)

二级或明细科目： 第 页

年		凭证		摘要	借方							借方项目																					贷方							余额							核对
												直接材料							直接人工							制造费用																					
月	日	字	号		万	千	百	十	元	角	分	万	千	百	十	元	角	分	万	千	百	十	元	角	分	万	千	百	十	元	角	分	万	千	百	十	元	角	分	万	千	百	十	元	角	分	

2)贷方多栏式明细分类账

贷方多栏式明细分类账的账页格式适用于贷方需要设多个明细科目或明细项目的账户，如“主营业务收入”和“营业外收入”等科目的明细分类核算。贷方多栏式明细分类账的账页格式如表 5-2-9 所示。

表 5-2-9 主营业务收入明细账(贷方多栏式)

第 页

年		凭证		摘要	借方							贷方项目																					贷方							余额							核对
												甲产品							乙产品							丁产品																					
月	日	字	号		万	千	百	十	元	角	分	万	千	百	十	元	角	分	万	千	百	十	元	角	分	万	千	百	十	元	角	分	万	千	百	十	元	角	分	万	千	百	十	元	角	分	

3)借方贷方多栏式明细分类账

借方贷方多栏式明细分类账的账页格式适用于借方贷方均需要设多个明细科目或明细项

目的账户，如“本年利润”“应交税费——应交增值税”“材料成本差异”等科目的明细分类核算。借方贷方多栏式明细分类账的账页格式如表 5-2-10 所示。

表 5-2-10　应交税费——应交增值税明细账　　　　第　　页

年		凭证		摘要	借方							借方项目														贷方							贷方项目																					借或贷	余额							核对
												进项税额							已交税金														销项税额							出口退税							进项税额转出																
月	日	字	号		万	千	百	十	元	角	分	万	千	百	十	元	角	分	万	千	百	十	元	角	分	万	千	百	十	元	角	分	万	千	百	十	元	角	分	万	千	百	十	元	角	分	万	千	百	十	元	角	分		万	千	百	十	元	角	分	

各种明细分类账的登记依据主要有记账凭证、原始凭证和原始凭证汇总表三种。在登记时，可以根据这些凭证逐笔登记或逐日、定期（每周、旬或月）汇总登记。一般地说，对于固定资产、低值易耗品、债权债务等明细分类账应当逐笔登记，以便及时反映和监督它们的增减变动情况；对于库存商品和材料明细分类账，如果业务发生不是很多，可以逐笔登记，如果业务发生较多，为了简化记账工作，也可以逐日汇总登记；对于费用成本等明细分类账最好定期汇总登记。

四、总分类账与明细分类账的关系

如前所述，总分类账是根据总分类科目开设的账户，对总分类科目的经济内容进行总括的核算，提供总括性的货币指标；明细分类账是根据明细分类科目开设的账户，对总分类账的经济内容进行明细分类核算，提供具体而详细的货币核算指标和实物数量指标。这就表明，总分类账和明细分类账是既有内在联系，又有区别的两类账。

1. 总分类账与明细分类账的内在联系

（1）二者所反映的经济业务内容相同。如“原材料”总分类账与其所属的“原料及主要材料”“辅助材料”等明细分类账户都是用以反映原材料的收发及结存业务的。

（2）登记账簿的原始凭证相同。登记总分类账与登记其所属明细分类账的记账凭证和原始凭证是相同的。

2. 总分类账与明细分类账的区别

（1）反映经济内容的详细程度不一样。总分类账反映资金增减变化的总括情况，提供总括资料；明细分类账反映资金运动的详细情况，提供某一方面的资料。有些明细分类账还可以提供实物数量指标和劳动量指标。

（2）作用不同。总分类账提供的经济指标，是明细分类账资料的综合，对所属明细分类账起着统驭和控制的作用，称之为统驭账户；而明细分类账是对有关总分类账的辅助和补充，起着详细说明的作用，称之为从属账户。

由此可见，总分类账和明细分类账关系密切，在设置明细分类账时，一定要考虑二者这种既有联系又有区别的特征。

五、总分类账与明细分类账的平行登记

(一)平行登记的要点

由总分类账与明细分类账的关系可知，总分类账与明细分类账反映的经济业务内容是相同的，因而保持总分类账与明细分类账记录的一致，是记账工作的一条重要规则。为了便于账户核对，使总分类账户与其所属的明细分类账户之间能起到统驭和补充的作用，并确保核算资料的正确、完整，必须采用平行登记的方法。

所谓平行登记，是指凡涉及明细分类账户的同一笔经济业务，要根据会计凭证一方面记入相关总分类账户，另一方面要记入其所属的明细分类账户的一种登记方法。

总分类账户与明细分类账户平行登记的要点如下：

(1)同期间登记。对于发生的经济业务，要在同一个会计期间内，一方面在有关的总分类账户中进行总括的登记，另一方面要在其所属的明细分类账户中进行详细的登记。如果同时涉及多个明细分类账户，则应分别在有关的几个明细分类账户中进行登记。

这里所指的同期是在同一会计期间，而并非同一时点，因为明细分类账一般根据记账凭证及其所附的原始凭证于平时登记，而总分类账因会计核算组织程序不同，可能在平时登记，也可能定期登记，但登记总分类账和明细分类账必须在同一会计期间内完成。

(2)同方向登记。对于发生的经济业务，在总分类账户和其所属的明细分类账户进行登记时，其记账方向必须相同。如果在有关总分类账户中登记在借方，则在其所属的明细分类账户中也应该登记在借方；如果在有关总分类账户中登记在贷方，则在其所属的明细分类账户中也应该登记在贷方。

(3)同金额登记。对于发生的经济业务，记入有关总分类账户的金额与记入其所属明细分类账户的金额必须相等。如果一个总分类账户需要设置多个明细分类账户，则记入总分类账户的金额与记入其所属的几个明细分类账户的金额之和应当相等。

(二)平行登记的方法

下面以“原材料”账户为例，说明总分类账户与明细分类账户的平行登记方法。

【例 5-2-1】 假设北方实业公司 2019 年 5 月 1 日“原材料”总分类账户期初余额为 85 000 元，其所属的“甲材料”“乙材料”两个明细分类账户的期初余额如表 5-2-11 所示。

表 5-2-11 “原材料”明细分类账期初余额

材料名称	数量/千克	单价/(元/千克)	金额/元
甲材料	250	100	25 000
乙材料	400	150	60 000
合 计			85 000

该公司 5 月份发生的原材料收发业务如下：

(1)5 月 3 日，购入甲材料 500 千克，每千克单价 100 元，货款已用银行存款支付。其会计分录为：

借：原材料——甲材料　　　　50 000
　　贷：银行存款　　　　50 000

(2)5 月 12 日，购入甲材料 150 千克，每千克单价 100 元，金额 15 000 元；乙材料 200 千克，每千克单价 150 元，金额 30 000 元，货款未付。其会计分录为：

借：原材料——甲材料　　　　15 000
　　　　　——乙材料　　　　30 000
　　贷：应付账款　　　　45 000

(3)5 月 20 日，生产产品领用：甲材料 400 千克，每千克单价 100 元，金额 40 000 元；乙材料 180 千克，每千克单价 150，金额 27 000 元。其会计分录为：

借：生产成本　　　　67 000
　　贷：原材料——甲材料　　　　40 000
　　　　　　——乙材料　　　　27 000

根据上述资料，采用平行登记的方法登记"原材料"总分类账户及其所属各明细分类账户。其步骤如下：

(1)在"原材料"总分类账户中登记期初余额 85 000 元，同时分别在"甲材料""乙材料"两个明细分类账户中登记其期初数量、单价和金额。

(2)根据各项经济业务编制记账凭证(编制上述的会计分录)。

(3)用平行登记的方法将本月两次购入原材料的金额 50 000 元和 45 000 元，按照业务发生的时间记入"原材料"总分类账户的借方，同时将每批收到的原材料数量、单价、金额分别记入"甲材料""乙材料"明细分类账户的收入栏；将本月发出的原材料合计金额 67 000 元，记入"原材料"总分类账户的贷方，同时将发出的原材料数量、单价和金额分别记入"甲材料""乙材料"明细分类账户的发出栏。

(4)期末，根据"原材料"总分类账户和其所属"甲材料""乙材料"明细分类账户的记录，分别计算出"本期发生额"和"期末余额"。

按照上述步骤，"原材料"总分类账户及其所属的"甲材料""乙材料"明细分类账户的登记结果如表 5-2-12、表 5-2-13 和表 5-2-14 所示。

表 5-2-12　总分类账

会计科目：原材料　　　　第 15 页

2019年		凭证		摘要	借方金额								√	贷方金额								√	借或贷	余额								核对
月	日	字	号		十	万	千	百	十	元	角	分		十	万	千	百	十	元	角	分			十	万	千	百	十	元	角	分	
5	1			期初余额																			借		8	5	0	0	0	0	0	
5	3	…	1	购入材料		5	0	0	0	0	0	0											借	1	3	5	0	0	0	0	0	
5	12	…	2	购入材料		4	5	0	0	0	0	0											借	1	8	0	0	0	0	0	0	

续表

2019年		凭证		摘要	借方金额								√	贷方金额								√	借或贷	余额								核对
月	日	字	号		十	万	千	百	十	元	角	分		十	万	千	百	十	元	角	分			十	万	千	百	十	元	角	分	
5	20	…	3	生产领用											6	7	0	0	0	0	0		借	1	1	3	0	0	0	0	0	
5	31			本月合计		9	5	0	0	0	0	0			6	7	0	0	0	0	0		借	1	1	3	0	0	0	0	0	

表 5-2-13　原材料明细分类账

账户名称：甲材料　　　　计量单位：千克

2019年		凭证		摘要	收入										发出										结存										核对
月	日	字	号		数量	单价	十	万	千	百	十	元	角	分	数量	单价	十	万	千	百	十	元	角	分	数量	单价	十	万	千	百	十	元	角	分	
5	1			期初余额																					250	100		2	5	0	0	0	0	0	
	3	…	1	购入材料	500	100		5	0	0	0	0	0	0											750	100		7	5	0	0	0	0	0	
	12	…	2	购入材料	150	100		1	5	0	0	0	0	0											900	100		9	0	0	0	0	0	0	
	20	…	3	生产领用											400	100		4	0	0	0	0	0	0	500	100		5	0	0	0	0	0	0	
	31			本月合计	650			6	5	0	0	0	0	0	400			4	0	0	0	0	0	0	500	100		5	0	0	0	0	0	0	

表 5-2-14　原材料明细分类账

账户名称：乙材料　　　　计量单位：千克

2019年		凭证		摘要	收入										发出										结存										核对
月	日	字	号		数量	单价	十	万	千	百	十	元	角	分	数量	单价	十	万	千	百	十	元	角	分	数量	单价	十	万	千	百	十	元	角	分	
5	1			期初余额																					400	150		6	0	0	0	0	0	0	
	12	…	1	购入材料	200	150		3	0	0	0	0	0	0											600	150		9	0	0	0	0	0	0	
	20	…	2	生产领用											180	150		2	7	0	0	0	0	0	420	150		6	3	0	0	0	0	0	
	31			本月合计	200			3	0	0	0	0	0	0	180			2	7	0	0	0	0	0	420	150		6	3	0	0	0	0	0	

从表 5-2-12 至表 5-2-14 中可看出，“原材料”总分类账户的期初余额、本期发生额和期末余额，与其所属明细分类账户“甲材料”“乙材料”的期初余额合计数、本期发生额合计数以及期末余额合计数是相等的，即

期初余额：85 000 元＝25 000 元＋60 000 元

本期购入：95 000 元＝65 000 元＋30 000 元

本期发出：67 000 元＝40 000 元＋27 000 元

期末结存：113 000 元＝50 000 元＋63 000 元

由此可见，采用平行登记的方法登账以后，总分类账户与其所属的明细分类账户之间必然存在下列数量平衡关系：

■总分类账户期初余额＝所属明细分类账户期初余额合计

■总分类账户本期借方发生额＝所属明细分类账户本期借方发生额合计

■总分类账户本期贷方发生额＝所属明细分类账户本期贷方发生额合计

■总分类账户期末余额＝所属明细分类账户期末余额合计

因此，在会计核算中，根据总分类账户与明细分类账户的这种数字相等的关系，可以采用相互核对的方法来检查账簿登记是否正确、完整。如果有关数字不等，表明账簿登记有差错，必须查明原因，予以更正，保证账簿记录准确无误。

在实际工作中，这种核对一般在会计期末，按每一总分类账户对其所属的明细分类账户的记录进行汇总，编制明细分类账户本期发生额及余额表，并与总分类账户记录进行核对来进行的。

现以例5-2-1的“原材料”总分类账户所属的明细分类账户为例，编制明细分类账户本期发生额及余额表，如表5-2-15所示。

表5-2-15　原材料明细分类账户本期发生额及余额表

明细账户名称	计量单位	单价	期初余额		本期发生额				期末余额	
					收入（借方）		发出（贷方）			
			数量	金额	数量	金额	数量	金额	数量	金额
甲材料	千克	100	250	25 000	650	65 000	400	40 000	500	50 000
乙材料	千克	150	400	60 000	200	30 000	180	27 000	420	63 000
合　计				85 000		95 000		67 000		113 000

任务三　记账规则和更正错账规则

在记账过程中，如果账簿记录发生错误，不得任意用刮擦、挖补、涂改或用褪色药水等方法去更正字迹，必须根据错误的具体情况，相应采用正确的方法予以更正。更正错账的方法一般有划线更正法、红字更正法和补充登记法三种。

1. 划线更正法

在结账之前，在记账或结账过程中发现账簿中所记文字或数字有错误，而其所依据的记账凭证没有错误，即纯属记账时的笔误或计算错误等情况下应采用划线更正法。

更正时，先将错误的文字或数字（整个数字）划一条红线予以注销并使原来的字迹仍可辨认，然后在红线上方空白处用蓝字填上正确的文字或数字，并由记账员在更正处盖章。对于文字的错误，只划去错误的部分，不必将与错误相关联的其他文字划去，但对于数字的差错，应将错误的数字全部划去，不得只更正错误数额中的个别数字。如凭证中的文字或数字发生错误，在尚未登账前，也可采用划线更正法。

【例5-3-1】 某企业记账员登账时，将“原材料”账户借方某笔金额“10 169”元误记为“10 196”元。

具体的更正方法如图5-3-1所示。

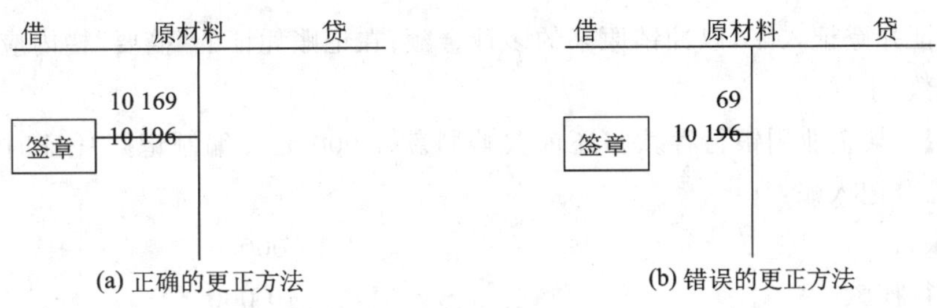

图 5-3-1 具体的更正方法

2. 红字更正法

红字更正法，又称红字冲销法，记账凭证在登记入账后发现其中应借、应贷的会计科目或金额发生错误时应采用此更正方法。红字更正法适用于下列两种情况：

(1)记账以后，发现记账凭证中应借、应贷会计科目或记账方向有错误，并已登记入账。

具体更正方法是：首先用红字填制一张与原错误记账凭证内容完全一致的记账凭证并登记入账，以冲销原有的错误记录，在记账凭证的"摘要"栏内要写明"更正第×号凭证错误"字样；然后再用蓝字填写一张正确的记账凭证，据以登记账簿。

【例 5-3-2】 某企业购进材料 3 000 元，货款尚未支付。编制记账凭证时，误编制下列会计分录，并已登记入账。

借：原材料　　　　3 000

　贷：应收账款　　　　3 000

当发现错账时，应先填制一张与原记账凭证内容完全相同的红字凭证，并以红字金额登记入账，冲销错账。

借：原材料　　　　[3 000]

　贷：应收账款　　　　[3 000]

同时再用蓝字填制一张正确的记账凭证并据以登记入账。

借：原材料　　　　3 000

　贷：应付账款　　　　3 000

以上有关账户的更正记录如图 5-3-2 所示。

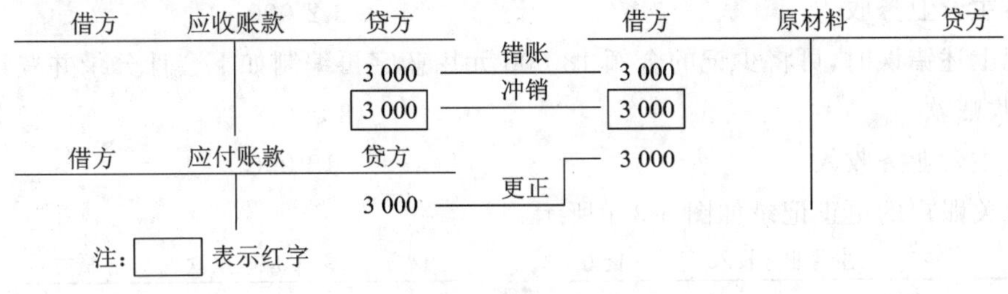

图 5-3-2 更正记录(红字更正法(一))

(2)记账以后，发现记账凭证和账簿记录中的应借、应贷的会计科目无错误，而金额有错误，且错误金额大于应记的正确金额。

具体更正方法是：将多计的金额用红字填制一张与原错误记账凭证的会计科目、记账方向相同的记账凭证并登记入账，以冲销原来的多计金额；在记账凭证的“摘要”栏内应注明“冲销第×号凭证多记数”字样。

【例 5-3-3】 某企业用银行存款归还前欠购料款 1 000 元。编制记账凭证时，误编制下列会计分录，并已登记入账：

借：应付账款　　　　10 000

　贷：银行存款　　　　10 000

发现错误后，应将多记的金额 9 000 元（=10 000 元－1 000 元）用红字做如下会计分录并登记入账：

借：应付账款　　　　9 000

　贷：银行存款　　　　9 000

以上有关账户的更正记录如图 5-3-3 所示。

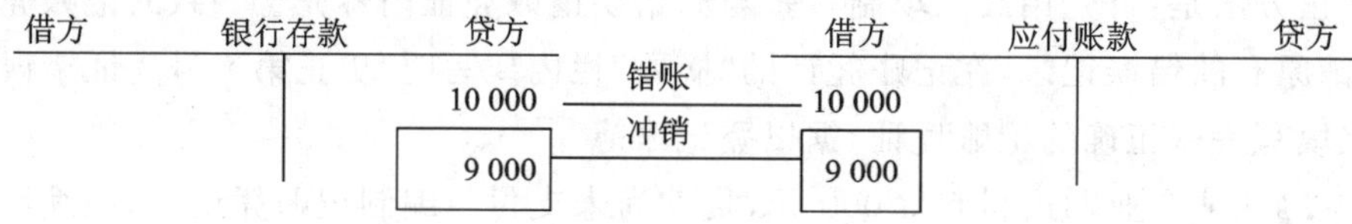

图 5-3-3　更正记录（红字更正法（二））

将上述更正错误的记账凭证记入有关账户后，原账簿中的错误记录便得到更正。

3. 补充登记法

补充登记法是在记账以后，发现记账凭证上应借、应贷的会计科目并无错误，但所填制的金额小于应记金额而采用的一种错账更正方法。

具体更正方法是：将少计的金额用蓝字填制一张与原错误凭证的会计科目、记账方向一致的记账凭证并登记入账，以补充少记的金额；在记账凭证的“摘要”栏内应注明“补记第×号凭证少记数”字样。

【例 5-3-4】 某企业销售产品一批，计 20 000 元，货款尚未收到。编制记账凭证时，误编制下列会计分录，并已登记入账。

借：应收账款　　　　2 000

　贷：主营业务收入　　　　2 000

当发现上述错误时，可将少记的金额 18 000 元用蓝字再编制如下会计分录并登记入账：

借：应收账款　　　　18 000

　贷：主营业务收入　　　　18 000

以上有关账户的更正记录如图 5-3-4 所示。

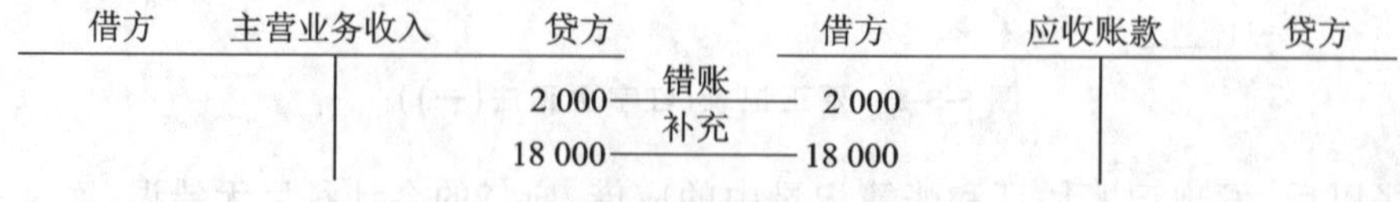

图 5-3-4　更正记录（补充登记法）

将上述更正错误的记账凭证记入有关账户后，原账簿中的错误记录便得到更正。

任务四 对账与结账

登记账簿作为会计核算的专门方法之一，它包括记账、对账和结账三个相互联系且不可分割的工作环节。前面我们讨论了各种账簿的登记方法，下面进一步讨论对账和结账的要求和方法。

一、对账

（一）对账的意义

对账就是核对账目，即对账簿记录的内容所进行的核对。如实反映企业经济活动情况，是会计核算的一个基本原则，但在实际工作中，有时难免会发生各种差错和账实不符的情况，例如填制凭证的差错、记账或过账的差错、计算及往来结算错误等。这些差错的发生，有的是由于手工操作失误而造成的，有的是由于会计人员疏忽大意和技术水平偏低而造成的，有的却是财产物资自身的特性和自然原因而造成的。因此，为了保证各种账簿记录的完整和正确，如实地反映和监督经济活动，为编制会计报表提供真实可靠的数据资料，企业在结账之前，就必须进行账簿之间的核对，确保账证相符、账账相符、账实相符。

（二）对账的内容

对账的内容一般包括以下几个方面：

1. 账证核对

账证核对是指根据各种账簿记录与其所依据的记账凭证、原始凭证之间进行的核对。核对的内容主要是二者的时间、编号、金额是否一致，记账方向是否相符。这种核对主要是在日常编制凭证和记账过程中进行的。月终，如果发现账账不符，则应回过头来对账簿记录与会计凭证进行核对，以确保账证相符。账证相符是保证账账相符、账实相符的基础。

2. 账账核对

账账核对是指各种账簿之间的核对，主要内容包括：

（1）总分类账各账户的本期借方发生额合计数与贷方发生额合计数是否相等，期末借方余额合计数和贷方余额合计数是否相符。这种核对可通过编制“总分类账户发生额及余额试算平衡表”进行。

（2）总分类账各账户的本期借、贷方发生额及期末余额与其所属明细分类账各账户的本期借、贷方发生额及期末余额之和是否相等。这种核对可通过编制“明细分类账本期发生额及余额表”来进行。

（3）库存现金日记账和银行存款日记账的余额与总分类账中的库存现金和银行存款账户的余额是否相符。

（4）会计部门有关财产物资的明细分类账期末余额与财产物资保管或使用部门的有关财产物资明细分类账期末余额是否相符。

3.账实核对

账实核对是指各种财产物资的账面余额与实存数进行核对，主要内容包括：

(1)库存现金日记账的账面余额与库存现金实际库存数是否相符；

(2)银行存款日记账的账面余额与开户银行的实际余额是否相符；

(3)各种财产物资明细分类账的账面余额与财产物资的实存数是否相符；

(4)各种应收、应付明细分类账的账面余额与有关债务、债权单位的账目是否相符。

在实际账实核对工作中，账实核对一般是通过财产清查进行的。

二、结账

(一)结账的意义

结账是指按照规定把一定时期(月份、季度、年度)内所发生的全部经济业务登记入账后，结算出每个账户的本期发生额和期末余额，并将期末余额结转至下期的一种方法。

为了总结一定时期内企业的经济活动情况，取得有关财务状况和经营成果的核算资料，各单位必须在会计期末进行结账，不得为赶编会计报表而提前结账，更不能先编会计报表后结账。通过结账，分清上下期的会计记录，结出本期损益，为编制会计报表提供资料。因此，结账是会计核算工作的一项重要内容。

(二)结账前的准备工作

(1)检查本期内发生的经济业务是否已全部登记入账，如有遗漏应及时补记，保证本期内所发生的经济业务全部记入有关账簿，既不能提前结账，也不能将本期发生的业务延至下期登记。

(2)按照权责发生制原则调整和结转有关账项。本期内所有的转账业务，应编成记账凭证记入有关账簿，以调整账簿记录，如待摊费用的摊销、预提费用的预提、完工产品成本的结转、期间费用和收入的结转等。

(3)计算、登记本期发生额和期末余额。在本期全部经济业务登记入账的基础上，应当结算出现金日记账、银行存款日记账，以及总分类账和明细分类账各账户的本期发生额和期末余额，并结转下期。

(三)结账的具体方法

结账按其结算期间不同，可分为月结、季结和年结三种。结账的时间应该在会计期末(月末、季末、年末)进行。在会计实务中，结账通常采用划线法，即期末结出每个账户的本期发生额和期末余额后，加划线标记，并将期末余额结转至下期。划线的具体方法在月结、季结、年结时有所不同。

1.月结

月结时应当根据不同的账户记录，分别采用不同的方法。

(1)对不需要按月结计本期发生额的账户，如各项应收、应付明细账和各项财产物资明细账等，每次记账以后，都要随时结出余额，每月最后一笔余额即为月末余额。也就是说，月末余额就是本月最后一笔经济业务记录的同一行内的余额。月末结账时，只需要在最后一笔经济业务记录下面通栏划单红线，不需要再结计一次余额。划线的目的是突出有关数字，表示本期的会计记录已经截止或者结束，并将本期与下期记录明显分开。

(2)库存现金日记账、银行存款日记账和需要按月结计发生额的收入、费用等明细账，每月结账时，要在最后一笔经济业务记录下面通栏划单红线，结出本月发生额和余额，在“摘要”栏内注明“本月合计”字样，在下面再通栏划单红线。

需要结计本月发生额的账户，如果本月只发生一笔经济业务，结账时，只要在此行记录下划一单红线，表示与下月的发生额分开就可以了，不需要另结出“本月合计”数。

(3)需要结计本年累计发生额的某些明细账户，如主营业务收入、成本明细账等，每月结账时，应在“本月合计”行下结出自年初起至本月末止的累计数额，登记在月份发生额下面，不必再写余额，在“摘要”栏内注明“本年累计”字样，并在下面再通栏划单红线。12月末的“本年累计”就是全年累计发生额，全年累计发生额下通栏划双红线。

(4)总账账户平时只需结出月末余额。

2. 季结

办理季结，应在各账户本季度最后一个月的月结下面通栏划单红线，表示本季结束；然后，在红线下结算出本季发生额和季末余额，并在“摘要”栏内注明“本季合计”或“本季发生额和季末余额”字样；最后，再在下面通栏划单红线，表示完成季结工作。

3. 年结

年终结账时，为了总括反映本年全年各项资产、负债及所有者权益增减变动的情况，方便核对账目，要将所有总账账户结出全年发生额和年末余额，即在年度结账时，结出本年四个季度的发生额合计数，记入第四季度季结的下一行，在“摘要”栏内注明“本年累计”或“本年发生额和年末余额”字样，并在该行下通栏划双红线，表示封账。

年度结账后，对有余额的账户，要将其余额结转到下一会计年度。年末余额结转方法是，将余额移入双红线的下一行的余额栏内，并在“摘要”栏内注明“结转下年”字样；同时在下一会计年度新建有关会计账簿的第一行余额栏内填写上年结转的余额，并在“摘要”栏注明“上年结转”字样，不需要编制记账凭证，也不需要将余额再记入本年账户的借方或者贷方。

现以“应付账款”总分类账户为例说明结账的方法，如表5-4-1所示。

表5-4-1 总分类账

账户名称：应付账款　　　　第　　页

2019年		凭证		摘要	借方金额								√	贷方金额								√	借或贷	余额								核对
月	日	字	号		十	万	千	百	十	元	角	分		十	万	千	百	十	元	角	分			十	万	千	百	十	元	角	分	
1	1			上年结转																			贷		2	0	0	0	0	0	0	
1	31			本月合计		1	0	0	0	0	0	0													4	0	0	0	0	0	0	
2	1																															
2	28			本月合计		3	5	0	0	0	0	0			5	0	0	0	0	0	0		贷		5	5	0	0	0	0	0	
				本年累计		4	5	0	0	0	0	0			8	0	0	0	0	0	0											
3	1																															
3	31			本月合计		1	5	0	0	0	0	0			6	0	0	0	0	0	0		贷	1	0	0	0	0	0	0	0	
				本季合计		6	0	0	0	0	0	0		1	4	0	0	0	0	0	0											
				本年合计		6	0	0	0	0	0	0		1	4	0	0	0	0	0	0											

续表

2019年		凭证		摘要	借方金额								√	贷方金额								√	借或贷	余额								核对
月	日	字	号		十	万	千	百	十	元	角	分		十	万	千	百	十	元	角	分			十	万	千	百	十	元	角	分	
12	31			本月合计		4	5	0	0	0	0	0			6	5	0	0	0	0	0		贷	1	2	0	0	0	0	0	0	
				本季合计		7	0	0	0	0	0	0			8	0	0	0	0	0	0											
				本年累计	2	5	5	0	0	0	0	0		4	5	0	0	0	0	0	0											
				结转下年																			贷	1	2	0	0	0	0	0	0	

注：————表示单红线

　　════表示双红线

任务五　账簿的更换与保管

一、账簿的更换

账簿的更换是指在会计年度开始时启用新账簿，并将上年度的会计账簿归档保管。

一般来说，库存现金日记账、银行存款日记账、总分类账和大多数明细分类账应每年更换一次。但有些财产物资明细分类账，如固定资产明细账（卡）等可以跨年度使用，不必每年度更换一次。各种备查簿也可以连续使用。

二、账簿的保管

会计账簿同会计凭证及会计报表一样，都是重要的经济档案和经济史料，且有些是需要保密的。因此，必须建立严格的账簿保管制度，妥善保管账簿。

（一）账簿的日常管理

（1）各种账簿要分工明确，指定专人管理。根据会计人员岗位责任制，负责登记某种账簿的人员，也就负责对该种账簿的保管，严防丢失和损坏。

（2）会计账簿未经领导和会计负责人或者有关人员批准，非经管人员不能随意翻阅查看、摘抄和复制。

（3）会计账簿非特殊需要或司法介入要求，一般不允许携带外出，对需要携带外出的账簿，通常由经管人员负责或会计主管人员指定专人负责。

（二）旧账的归档保管

（1）整理。归档前应对更换下来的旧账进行整理、分类。对有些缺少手续的账簿，应补办必要的手续。

（2）装订成册。所有活页账应连同"账簿和经管人员一览表"装订成册，加具封面。装订后应由经管人员、装订人员和会计主管人员在封口处签名或盖章。

(3)办理交接手续,归档保管。账簿装订成册后,应编制目录,填写移交清单,办理交接手续,归档保管。

账簿应按照规定期限保管。保管期限分别是:日记账一般为30年;固定资产卡片在固定资产报废清理后应继续保管5年;总分类账、明细分类账和其他辅助性账簿应保存30年。保管期满后,要按照会计档案管理办法的规定,由财会部门和档案部门共同鉴定,报经批准后进行处理。

复习思考题

1. 什么是会计账簿?会计凭证有哪些种类?
2. 什么是日记账和分类账?举例说明。
3. 科学地设置和正确地登记账簿的意义是什么?
4. 账簿的登记有哪些要点?
5. 数量金额三栏式明细分类账登账的特点是什么?
6. 总分类账与明细分类账的关系是什么?
7. 更正错账的方法有哪些?
8. 对账和结账的意义是什么?
9. 会计账簿的更换和保管应注意哪些问题?

主要概念

会计账簿　日记账　总分类账　明细账　更正错账　对账　结账

项目六

会计核算程序

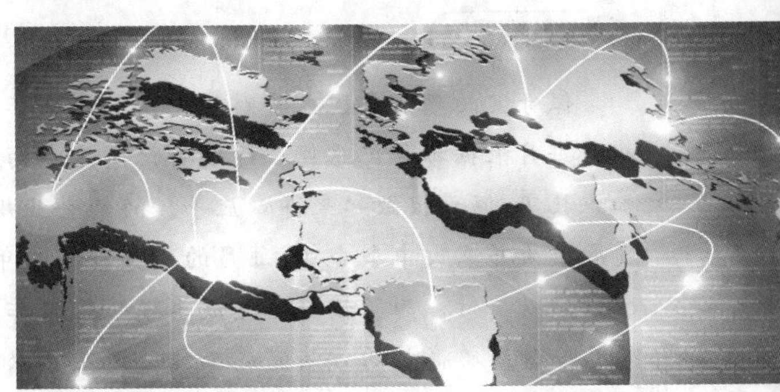

JICHU KUAIJI

知识目标

1. 了解企业账务处理程序的概念与意义。
2. 掌握几种企业账务处理程序的种类和特点。

技能目标

1. 掌握记账凭证账务处理程序的流程。
2. 掌握汇总记账凭证的账务处理程序的流程。
3. 掌握科目汇总表账务处理程序的流程。
4. 会编制科目汇总表。

案例导入

佩奇宝四年前自国内某财经大学会计系毕业后去了一家小企业从事会计工作，其工作内容就是每月根据各种记账凭证逐笔登记总账。由于起初企业规模不大，业务简单，加上自身专业知识扎实，佩奇宝做起来得心应手。随着企业规模和经营的范围不断扩大，这家企业现在已经发展成为一家大中型企业，每月的业务量较四年前翻了几番，登记总账的工作量非常大，佩奇宝感到难以应付。为了较好地完成总账登记工作，佩奇宝努力地回忆自己所学的专业知识，试图寻找一种简单高效的方法完成工作。请回答以下问题。

(1)佩奇宝能找到这种高效的方法吗?

(2)如果是你，怎样在保证工作质量的前提下，轻松地完成登记总账的工作?

(3)进一步理解会计工作是环环相扣的流程，并体会会计工作整合的奥妙之处。

案例分析

佩奇宝可用的登记总账方法有汇总记账凭证账务处理程序和科目汇总表账务处理程序。

(1)汇总记账凭证账务处理程序是根据原始凭证或汇总原始凭证登记记账凭证，再根据记账凭证编制汇总记账凭证，然后据以登记总分类账。

优点：反映账户的对应关系，大大减少登记总分类账的工作量。

缺点：定期编制汇总记账凭证的工作量大，过程中存在的错误可能难以发现。

适用于：规模较大、经济业务量较多、专用记账凭证也较多的单位。

(2)科目汇总表账务处理程序的过程是根据记账凭证定期编制科目汇总表，然后根据科目汇总表登记总分类账。

优点：科目汇总表编制和使用比较方便，减轻了登记总分类账的工作量并可做到试算平衡。

缺点：不反映科目的对应关系，不便分析业务的来龙去脉，不便查对账目。

适用于：经济业务较多的单位。

任务一 会计核算程序概述

一、会计核算程序的概念和意义

(一)会计核算程序的概念

会计核算程序也称账务处理程序,或会计核算形式,它是指在会计循环中,会计主体采用的会计凭证、会计账簿、会计报表的种类和格式与记账程序有机结合的方法和步骤。

账务处理程序是指运用一定的记账方法,从审核原始凭证、填制和审核记账凭证、登记明细分类账和总分类账到编制会计报表的工作程序和方法等,也是将发生的经济业务利用会计凭证、会计账簿和会计报表进行反映的步骤与过程。如何应用会计凭证、会计账簿和会计报表等方法,与会计主体的记账程序有着直接关系。即使是对于同样的经济业务进行账务处理,如果采用的记账程序不同,所采用的会计凭证、会计账簿和会计报表的种类与格式也有所不同。不同的种类与格式的会计凭证、会计账簿、会计报表与一定的记账程序相结合,就形成了在做法上有着一定区别的会计核算程序。

(二)会计核算程序的意义

会计核算程序是否科学合理,会对整个会计核算工作产生诸多方面的影响。确定科学合理的会计核算程序,对保证能够准确、及时提供系统而完整的会计信息具有十分重要的意义,也是会计部门和会计人员的一项重要工作。

(1)有利于规范会计核算组织工作。会计核算工作需要会计部门和会计人员之间的密切配合,有了科学合理的会计核算程序,会计机构和会计人员在进行会计核算的过程中就能够做到有序可循,按照不同的责任分工,有条不紊地处理好各个环节上的会计核算工作。

(2)有利于保证会计核算工作质量。在进行会计核算的过程中,保证会计核算工作质量是对会计工作的基本要求。建立起科学合理的会计核算程序,形成加工和整理会计信息的正常机制,是提高会计核算工作质量的重要保障。

(3)有利于提高会计核算工作效率。会计核算工作效率的高低,直接关系到会计信息提供上的及时性和有用性。按照既定的会计核算程序进行会计信息的处理,将会大大提高核算工作效率。

(4)有利于节约会计核算工作成本。组织会计核算的过程也是对人力、物力和财力的消耗过程,因此会计核算本身也要讲求经济效益。会计核算程序安排得科学合理,选用的会计凭证、会计账簿和会计报表种类适当、格式适用、数量适中,能够在一定程度上节约会计核算工作成本。

(5)有利于发挥会计核算工作的作用。会计核算工作的重要作用是通过会计核算和监督职能的实现而体现出来的,在规范会计核算组织工作的基础上,保证了会计核算工作质量,提高了会计核算工作效率,就能够在经营管理等方面更好地发挥会计核算工作的作用。

二、设置和选择会计核算程序的基本要求和分类

各单位账务处理程序不尽相同,但基本模式不变,如图 6-1-1 所示。

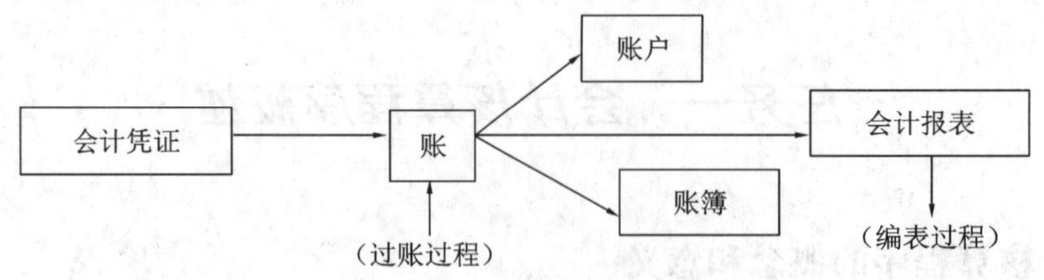

图 6-1-1　账务处理的基本模式

各单位应按照国家有关法律、法规、制度的规定，结合本单位的实际情况和管理要求，从上述基本模式出发，选择适当的过账过程和编表过程的步骤和账务处理程序。会计核算程序的设计或选择一般应符合以下四项要求：

(1)要与本企业经济活动性质、经营管理的特点、规模大小和业务繁简相适应；

(2)要能及时、准确地提供完整、系统的核算资料，满足各方面需要；

(3)要能有助于提高会计核算的质量和效率；

(4)要有利于建立、健全会计核算的岗位责任制，有利于人员分工协作，体现会计内部控制制度的要求。

三、会计核算程序的种类

根据上述要求，结合我国实际情况，我国企业常用的会计核算程序主要有以下几种：

(1)记账凭证会计核算程序；

(2)科目汇总表会计核算程序；

(3)汇总记账凭证会计核算程序；

(4)多栏式日记账会计核算程序；

(5)日记总账会计核算程序。

以上五种会计核算程序既有许多相同点，也有各自的特点。记账凭证会计核算程序为其他会计核算程序的基础。本书主要介绍记账凭证会计核算程序、科目汇总表会计核算程序和汇总记账凭证会计核算程序等常用的会计核算程序。

任务二　记账凭证会计核算程序

一、记账凭证会计核算程序的特点

记账凭证会计核算程序是会计核算中最基本的核算形式，其他各种会计核算程序都是随着社会经济的发展，适应管理的需要而在其基础上演变而来的。它的特点是，根据原始凭证编制记账凭证，直接根据记账凭证逐笔登记总分类账簿。

二、记账凭证会计核算程序的凭证、账簿组织

在记账凭证会计核算程序下记账凭证一般采用收款凭证、付款凭证、转账凭证等专用记账凭证，也可以采用通用式记账凭证。

记账凭证会计核算程序的账簿组织一般应设置三栏式总账、三栏式现金日记账、三栏式银行存款日记账，明细账可根据需要采用三栏式、多栏式、数量金额式等格式。

三、记账凭证会计核算程序的业务流程

(1)根据原始凭证编制原始凭证汇总表；

(2)根据原始凭证或原始凭证汇总表编制收款凭证、付款凭证、转账凭证；

(3)根据收款凭证、付款凭证登记现金日记账、银行存款日记账；

(4)根据收款凭证、付款凭证和转账凭证以及相关的原始凭证、汇总原始凭证登记明细分类账；

(5)根据收款凭证、付款凭证和转账凭证等记账凭证逐笔登记总账；

(6)月末，将总账与日记账、总账与明细账相互核对无误；

(7)根据核对无误的账簿资料，编制财务会计报表。

上述业务流程，如图 6-2-1 所示。

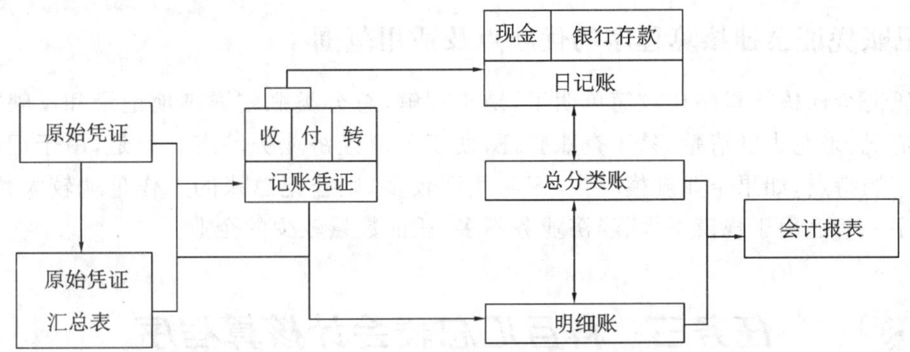

图 6-2-1 记账凭证会计核算程序流程图

【例 6-2-1】 白云公司 2019 年 6 月发生的经济业务如下：

	借方	贷方
①借：原材料	10 000	
应交税费——应交增值税(进项税额)	1 300	
贷：银行存款		11 300
②借：生产成本	10 000	
贷：原材料		10 000
③借：库存商品	5 000	
贷：生产成本		5 000
④借：银行存款	45 200	
贷：主营业务收入		40 000
应交税费——应交增值税(销项税额)		5 200
⑤借：管理费用——差旅费	5 000	
贷：其他应收款——王东		5 000
⑥借：库存现金	10 000	
贷：银行存款		10 000

在记账凭证会计核算程序下，由总账会计直接根据记账凭证逐笔登记总账，依次填入各栏

目内容,可逐笔结计余额,也可月末结计余额。登记总账的工作可与日常登记日记账及明细分类账同时进行。白云公司 2019 年 6 月银行存款总分类账如表 6-2-1 所示。

表 6-2-1　总分类账

会计科目:银行存款　　　　　　　　　　　　　　　　　　　　第 2 页

2019年		凭证		摘要	借方金额								√	贷方金额								√	借或贷	余额								核对
月	日	字	号		十	万	千	百	十	元	角	分		十	万	千	百	十	元	角	分			十	万	千	百	十	元	角	分	
6	1			期初余额																			借		2	0	0	0	0	0	0	
6	6	记	1	购入材料											1	1	3	0	0	0	0		借			8	7	0	0	0	0	
6	17	记	2	销售商品		4	5	2	0	0	0	0											借		5	3	9	0	0	0	0	
6	22	记	3	提取现金											1	0	0	0	0	0	0		借		4	3	9	0	0	0	0	
6	30			本月合计		4	5	2	0	0	0	0			2	1	3	0	0	0	0		借		4	3	9	0	0	0	0	

四、记账凭证会计核算程序的优缺点及适用范围

记账凭证会计核算程序比较简单明了,易于理解,总分类账较详细地记录和反映了经济业务的发生情况,来龙去脉清楚,易于查账验证,便于了解经济业务动态。但是,由于记账凭证会计核算程序的特点,如果企业规模较大,记账凭证较多,则登记总账的工作量就较大,所以该会计核算程序一般适用于规模不大、经济业务不多、凭证数量较少的企业。

任务三　科目汇总表会计核算程序

一、科目汇总表会计核算程序的特点

科目汇总表核算程序又称记账凭证汇总表会计核算程序。它的特点是:定期地将所有记账凭证汇总编制成科目汇总表,然后再根据科目汇总表登记总分类账。

二、科目汇总表会计核算程序的凭证、账簿组织

在科目汇总表会计核算程序下,记账凭证一般设置收款凭证、付款凭证和转账凭证三种格式(或一种统一的通用记账凭证格式)以及科目汇总表。

账簿组织一般应设置三栏式总账、三栏式现金日记账、三栏式银行存款日记账,以及三栏式、多栏式、数量金额式明细账。

三、科目汇总表的编制方法

科目汇总表,是根据一定时期内的全部记账凭证,按科目名称进行归类汇总编制而成的。在科目汇总表中,分别计算出一定时期内每一个总账科目的借方发生额合计数和贷方发生额合计数。由于借贷记账法的规则"有借必有贷,借贷必相等",故借贷方合计数必然相等。科目汇总表可以根据单位业务量和管理需要每月、每旬或每周编制一次。

四、科目汇总表会计核算程序的业务流程

(1)根据原始凭证编制原始凭证汇总表。

(2)根据原始凭证或原始凭证汇总表编制记账凭证。

(3)根据收款凭证、付款凭证登记库存现金日记账、银行存款日记账。

(4)根据记账凭证或原始凭证、原始凭证汇总表登记各种明细账。

(5)根据记账凭证编制科目汇总表。

(6)根据科目汇总表定期汇总登记总分类账。

拓展:科目汇总表审核无误后,即据以登记总分类账。登账时,为防止错漏,应按科目汇总表中的科目排列顺序依次计入总账,并结计余额,同时在科目汇总表中相应会计科目的借贷方金额栏后注明记账标志"√"。全部登记完毕后,由登记总账的会计人员在科目汇总表下方"记账"处签名或盖章。

(7)月末将总账与日记账、总账与明细账相互核对无误。

(8)根据总账和明细账编制财务会计报表。

上述业务流程,如图 6-3-1 所示。

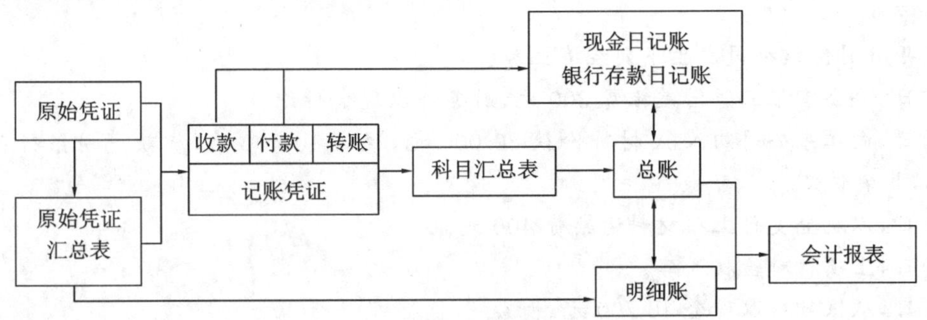

图 6-3-1　科目汇总表会计核算程序流程图

五、科目汇总表会计核算程序的优缺点及适用范围

科目汇总表会计核算程序与记账凭证会计核算程序相比,比较突出的优点是:由于总账是根据定期汇总的科目汇总表登记的,极大地减轻了登记总账的工作量,并且在登记前进行了试算平衡,在一定程度上可以发现汇总的错误。其缺点在于:由于登记总账的数据来源是汇总数,经济业务之间的账户对应关系遭到破坏,不能反映经济业务的来龙去脉,不便于查账验证。所以,该核算程序常用于规模较大、经济业务较多的企业。

六、科目汇总表会计核算程序举例

现举例说明科目汇总表会计核算程序下,各种记账凭证和科目汇总表的编制方法,以及库存现金日记账、银行存款日记账、总分类账和各相关明细账的登记。

资料(一)

白云公司 2019 年 5 月 31 日有关账户余额如表 6-3-1 所示。

表 6-3-1 资产负债表(简表)

2019 年 5 月 31 日　　单位:元

资　　产	期　末　数	负债及所有者权益	期　末　数
库存现金	800	应付账款	89 800
银行存款	102 200	短期借款	30 000
应收账款	20 000	实收资本	3 060 000
其他应收款	1 000	盈余公积	137 500
原材料	97 000	利润分配	151 700
周转材料	4 000	累计折旧	696 000
库存商品	90 000		
长期股权投资	100 000		
固定资产	3 750 000		
合计	4 165 000	合计	4 165 000

资料(二)

2019 年 6 月份该公司发生下列经济业务:

(1)1 日,办公室张三暂借差旅费 300 元,财务部以现金付讫。

(2)2 日,向江东公司购入 A 材料价款 80 000 元,税款 10 400 元,货款先用银行存款支付 40 000 元,其余暂欠。

(3)3 日,以现金支付上项材料运杂费 400 元。

(4)3 日,上项材料验收入库。

(5)4 日,从银行提取现金 40 700 元。

(6)4 日,以现金 40 000 元发放职工工资。

(7)8 日,领用 A 材料 136 400 元,其中生产甲产品用 81 000 元,生产乙产品用 43 500 元,车间修理用 6 400 元,工厂行政管理部门用 5 500 元。

(8)11 日,售给南方公司甲产品 500 件,货款 90 000 元,税款 11 700 元。款已存入银行。

(9)12 日,以银行存款捐给希望工程 1 000 元。

(10)13 日,以银行存款支付本月产品广告费 800 元。

(11)15 日,以银行存款支付日常设备修理费 100 元,法律咨询费 300 元。

(12)18 日,售给北方公司乙产品 500 件,货款 60 000 元与税款 7 800 元尚未收到。

(13)19 日,以银行存款支付本月销售产品包装费 700 元。

(14)30 日,分配本月应付供电公司电费 7 000 元,其中甲产品用 3 000 元,乙产品用 2 500 元,车间用 1 000 元,厂部用 500 元。

(15)30 日,分配结转本月职工工资 40 000 元,其中甲产品工人工资 15 000 元,乙产品工人工资 20 000 元,车间管理人员工资 1 700 元,厂部管理人员工资 3 300 元。

(16)30 日,计提本月固定资产折旧 15 000 元,其中车间 10 000 元,厂部 5 000 元。

(17)30 日,分配结转本月周转材料成本,生产车间领用 800 元,厂部领用 200 元。

(18)30 日,预提本月负担的短期借款利息 200 元。

(19)30 日，根据甲、乙产品的生产工时比例分配本月发生的制造费用 20 000 元。(甲产品耗用 6 000 小时，乙产品耗用 4 000 小时，分配率 2 元/小时)。

(20)30 日，本月投产的甲产品 1 000 件(生产成本 111 000 元)和乙产品 1 000 件(生产成本 74 000 元)全部完工，结转其生产成本。

(21)30 日，结转本月销售甲产品 500 件的生产成本 60 000 元，销售乙产品 500 件的生产成本 40 000 元。

(22)30 日，将各收支账户结转“本年利润”账户。

根据上述资料，白云公司采用科目汇总表会计核算程序进行会计核算，具体业务流程如下：

(1)在各项业务发生时填制或取得相关的原始凭证或原始凭证汇总表(具体表格略)，业务内容见上述资料(二)。

(2)根据原始凭证的内容，填制记账凭证，如表 6-3-2 到表 6-3-25 所示。

表 6-3-2 记账凭证

2019 年 6 月 1日　　记字第 1 号

摘　要	会计科目		借方金额								贷方金额								记账
	总账科目	明细科目	十	万	千	百	十	元	角	分	十	万	千	百	十	元	角	分	
办公室张三出差借款	其他应收款	张三				3	0	0	0	0									
	库存现金													3	0	0	0	0	
附件　2 张	合　计				¥	3	0	0	0	0			¥	3	0	0	0	0	

会计主管：　　记账：　　出纳：　　审核：　　制证：

表 6-3-3 记账凭证

2019 年 6 月 2日　　记字第 2 号

摘　要	会计科目		借方金额								贷方金额								记账
	总账科目	明细科目	十	万	千	百	十	元	角	分	十	万	千	百	十	元	角	分	
银付江东公司料款	应付账款	江东公司		4	0	0	0	0	0	0									
	银行存款											4	0	0	0	0	0	0	
附件　1 张	合　计		¥	4	0	0	0	0	0	0	¥	4	0	0	0	0	0	0	

会计主管：　　记账：　　出纳：　　审核：　　制证：

表 6-3-4　记账凭证

2019 年 6 月 2 日　　　　记字第 3 号

摘　　要	会计科目		借方金额								贷方金额								记账
	总账科目	明细科目	十	万	千	百	十	元	角	分	十	万	千	百	十	元	角	分	
赊购江东公司 A 材料	在途物资	A 材料		8	0	0	0	0	0	0									
	应交税费	应交增值税		1	0	4	0	0	0	0									
	应付账款	江东公司										9	0	4	0	0	0	0	
附件　1 张	合　计		¥	9	0	4	0	0	0	0	¥	9	0	4	0	0	0	0	

会计主管：　　记账：　　出纳：　　审核：　　制证：

表 6-3-5　记账凭证

2019 年 6 月 3 日　　　　记字第 4 号

摘　　要	会计科目		借方金额								贷方金额								记账
	总账科目	明细科目	十	万	千	百	十	元	角	分	十	万	千	百	十	元	角	分	
现付材料运杂费	在途物资	A 材料				4	0	0	0	0									
	库存现金													4	0	0	0	0	
附件　1 张	合　计				¥	4	0	0	0	0			¥	4	0	0	0	0	

会计主管：　　记账：　　出纳：　　审核：　　制证：

表 6-3-6　记账凭证

2019 年 6 月 3 日　　　　记字第 5 号

摘　　要	会计科目		借方金额								贷方金额								记账
	总账科目	明细科目	十	万	千	百	十	元	角	分	十	万	千	百	十	元	角	分	
材料验收入库	原材料	A 材料		8	0	4	0	0	0	0									
	在途物资	A 材料										8	0	4	0	0	0	0	
附件　1 张	合　计		¥	8	0	4	0	0	0	0	¥	8	0	4	0	0	0	0	

会计主管：　　记账：　　出纳：　　审核：　　制证：

表 6-3-7 记账凭证

2019 年 6 月 4 日　　　　记字第 6 号

摘要	会计科目		借方金额								贷方金额								记账
	总账科目	明细科目	十	万	千	百	十	元	角	分	十	万	千	百	十	元	角	分	
提现	库存现金			4	0	7	0	0	0	0									
	银行存款											4	0	7	0	0	0	0	
附件 1张	合 计		¥	4	0	7	0	0	0	0	¥	4	0	7	0	0	0	0	

会计主管： 记账： 出纳： 审核： 制证：

表 6-3-8 记账凭证

2019 年 6 月 4 日　　　　记字第 7 号

摘要	会计科目		借方金额								贷方金额								记账
	总账科目	明细科目	十	万	千	百	十	元	角	分	十	万	千	百	十	元	角	分	
以现金发放工资	应付职工薪酬			4	0	0	0	0	0	0									
	库存现金											4	0	0	0	0	0	0	
附件 1张	合 计		¥	4	0	0	0	0	0	0	¥	4	0	0	0	0	0	0	

会计主管： 记账： 出纳： 审核： 制证：

表 6-3-9 记账凭证

2019 年 6 月 8 日　　　　记字第 8 号

摘要	会计科目		借方金额									贷方金额									记账
	总账科目	明细科目	百	十	万	千	百	十	元	角	分	百	十	万	千	百	十	元	角	分	
分配 A 材料费用	生产成本	甲产品			8	1	0	0	0	0	0										
		乙产品			4	3	5	0	0	0	0										
	制造费用					6	4	0	0	0	0										
	管理费用					5	5	0	0	0	0										
	原材料	A 材料											1	3	6	4	0	0	0	0	
附件 1张	合 计		¥	1	3	6	4	0	0	0	0	¥	1	3	6	4	0	0	0	0	

会计主管： 记账： 出纳： 审核： 制证：

表 6-3-10　记账凭证

2019 年 6 月 11日　　　　记字第 9 号

摘　　要	会计科目		借方金额									贷方金额									记账
	总账科目	明细科目	百	十	万	千	百	十	元	角	分	百	十	万	千	百	十	元	角	分	
现销南方公司产品	银行存款			1	0	1	7	0	0	0	0										
	主营业务收入													9	0	0	0	0	0	0	
	应交税费	应交增值税（销项税额）												1	1	7	0	0	0	0	
附件　1 张	合　计		¥	1	0	1	7	0	0	0	0	¥	1	0	1	7	0	0	0	0	

会计主管：　　记账：　　出纳：　　审核：　　制证：

表 6-3-11　记账凭证

2019 年 6 月 12日　　　　记字第 10 号

摘　　要	会计科目		借方金额								贷方金额								记账
	总账科目	明细科目	十	万	千	百	十	元	角	分	十	万	千	百	十	元	角	分	
银付捐赠希望工程	营业外支出				1	0	0	0	0	0									
	银行存款												1	0	0	0	0	0	
附件　2 张	合　计			¥	1	0	0	0	0	0		¥	1	0	0	0	0	0	

会计主管：　　记账：　　出纳：　　审核：　　制证：

表 6-3-12　记账凭证

2019 年 6 月 13日　　　　记字第 11 号

摘　　要	会计科目		借方金额								贷方金额								记账
	总账科目	明细科目	十	万	千	百	十	元	角	分	十	万	千	百	十	元	角	分	
银付产品广告费	销售费用					8	0	0	0	0									
	银行存款													8	0	0	0	0	

续表

摘　　要	会计科目		借方金额								贷方金额								记账
	总账科目	明细科目	十	万	千	百	十	元	角	分	十	万	千	百	十	元	角	分	
附件　2张	合　计				¥	8	0	0	0	0			¥	8	0	0	0	0	

会计主管：　　记账：　　出纳：　　审核：　　制证：

表 6-3-13　记账凭证

2019 年 6 月 15日　　记字第 12 号

摘　　要	会计科目		借方金额								贷方金额								记账
	总账科目	明细科目	十	万	千	百	十	元	角	分	十	万	千	百	十	元	角	分	
银付日常设备维修费和法律咨询费	制造费用	日常设备维修费				1	0	0	0	0									
	管理费用	法律咨询费				3	0	0	0	0									
	银行存款													4	0	0	0	0	
附件　4 张	合　计				¥	4	0	0	0	0			¥	4	0	0	0	0	

会计主管：　　记账：　　出纳：　　审核：　　制证：

表 6-3-14　记账凭证

2019 年 6 月 18日　　记字第 13 号

摘　　要	会计科目		借方金额								贷方金额								记账
	总账科目	明细科目	十	万	千	百	十	元	角	分	十	万	千	百	十	元	角	分	
赊销北方公司乙产品	应收账款	北方公司		6	7	8	0	0	0	0									
	主营业务收入	乙产品										6	0	0	0	0	0	0	
	应交税费	应交增值税（销项税额）											7	8	0	0	0	0	
附件　1张	合　计		¥	6	7	8	0	0	0	0	¥	6	7	8	0	0	0	0	

会计主管：　　记账：　　出纳：　　审核：　　制证：

表 6-3-15 记账凭证

2019 年 6 月 19 日　　　　记字第 14 号

摘要	会计科目		借方金额								贷方金额								记账
	总账科目	明细科目	十	万	千	百	十	元	角	分	十	万	千	百	十	元	角	分	
银付产品包装费	销售费用	包装费				7	0	0	0	0									
	银行存款													7	0	0	0	0	
附件 2 张	合 计				¥	7	0	0	0	0			¥	7	0	0	0	0	

会计主管：　　记账：　　出纳：　　审核：　　制证：

表 6-3-16 记账凭证

2019 年 6 月 30 日　　　　记字第 15 号

摘要	会计科目		借方金额								贷方金额								记账
	总账科目	明细科目	十	万	千	百	十	元	角	分	十	万	千	百	十	元	角	分	
分配电费	生产成本	甲产品			3	0	0	0	0	0									
		乙产品			2	5	0	0	0	0									
	制造费用				1	0	0	0	0	0									
	管理费用					5	0	0	0	0									
	应付账款	供电公司											7	0	0	0	0	0	
附件 2 张	合 计			¥	7	0	0	0	0	0		¥	7	0	0	0	0	0	

会计主管：　　记账：　　出纳：　　审核：　　制证：

表 6-3-17 记账凭证

2019 年 6 月 30 日　　　　记字第 16 号

摘要	会计科目		借方金额								贷方金额								记账
	总账科目	明细科目	十	万	千	百	十	元	角	分	十	万	千	百	十	元	角	分	
分配工资费用	生产成本	甲产品		1	5	0	0	0	0	0									
		乙产品		2	0	0	0	0	0	0									
	制造费用				1	7	0	0	0	0									
	管理费用				3	3	0	0	0	0									
	应付职工薪酬											4	0	0	0	0	0	0	
附件 1 张	合 计		¥	4	0	0	0	0	0	0	¥	4	0	0	0	0	0	0	

会计主管：　　记账：　　出纳：　　审核：　　制证：

表 6-3-18 记账凭证

2019 年 6 月 30 日　　　　记字第 17 号

摘　要	会计科目		借方金额								贷方金额								记账
	总账科目	明细科目	十	万	千	百	十	元	角	分	十	万	千	百	十	元	角	分	
计提折旧	制造费用			1	0	0	0	0	0	0									
	管理费用				5	0	0	0	0	0									
	累计折旧											1	5	0	0	0	0	0	
附件 1 张	合　计		¥	1	5	0	0	0	0	0	¥	1	5	0	0	0	0	0	

会计主管：　　记账：　　出纳：　　审核：　　制证：

表 6-3-19 记账凭证

2019 年 6 月 30 日　　　　记字第 18 号

摘　要	会计科目		借方金额								贷方金额								记账
	总账科目	明细科目	十	万	千	百	十	元	角	分	十	万	千	百	十	元	角	分	
分配周转材料成本	制造费用					8	0	0	0	0									
	管理费用					2	0	0	0	0									
	周转材料												1	0	0	0	0	0	
附件 1 张	合　计			¥	1	0	0	0	0	0		¥	1	0	0	0	0	0	

会计主管：　　记账：　　出纳：　　审核：　　制证：

表 6-3-20 记账凭证

2019 年 6 月 30 日　　　　记字第 19 号

摘　要	会计科目		借方金额								贷方金额								记账
	总账科目	明细科目	十	万	千	百	十	元	角	分	十	万	千	百	十	元	角	分	
计提短期借款利息	财务费用					2	0	0	0	0									
	应付利息													2	0	0	0	0	
附件 1 张	合　计				¥	2	0	0	0	0			¥	2	0	0	0	0	

会计主管：　　记账：　　出纳：　　审核：　　制证：

表 6-3-21　记账凭证

2019 年 6 月 30日　　　　记字第 20 号

摘要	会计科目		借方金额								贷方金额								记账
	总账科目	明细科目	十	万	千	百	十	元	角	分	十	万	千	百	十	元	角	分	
分配制造费用	生产成本	甲产品		1	2	0	0	0	0	0									
		乙产品			8	0	0	0	0	0									
	制造费用											2	0	0	0	0	0	0	
附件　1 张	合　计		¥	2	0	0	0	0	0	0	¥	2	0	0	0	0	0	0	

会计主管：　　记账：　　出纳：　　审核：　　制证：

表 6-3-22　记账凭证

2019 年 6 月 30日　　　　记字第 21 号

摘要	会计科目		借方金额									贷方金额									记账
	总账科目	明细科目	百	十	万	千	百	十	元	角	分	百	十	万	千	百	十	元	角	分	
结转产品完工入库成本	库存商品	甲产品		1	1	1	0	0	0	0	0										
		乙产品			7	4	0	0	0	0	0										
	生产成本	甲产品											1	1	1	0	0	0	0	0	
		乙产品												7	4	0	0	0	0	0	
附件　2 张	合　计		¥	1	8	5	0	0	0	0	0	¥	1	8	5	0	0	0	0	0	

会计主管：　　记账：　　出纳：　　审核：　　制证：

表 6-3-23　记账凭证

2019 年 6 月 30日　　　　记字第 22 号

摘要	会计科目		借方金额									贷方金额									记账
	总账科目	明细科目	百	十	万	千	百	十	元	角	分	百	十	万	千	百	十	元	角	分	
结转已销产品成本	主营业务成本	甲产品			6	0	0	0	0	0	0										
		乙产品			4	0	0	0	0	0	0										
	库存商品	甲产品												6	0	0	0	0	0	0	
		乙产品												4	0	0	0	0	0	0	
附件　2 张	合　计		¥	1	0	0	0	0	0	0	0	¥	1	0	0	0	0	0	0	0	

会计主管：　　记账：　　出纳：　　审核：　　制证：

表 6-3-24　记账凭证

2019 年 6 月 30 日　　　　记字第 23 号

摘　　要	会计科目		借方金额									贷方金额									记账
	总账科目	明细科目	百	十	万	千	百	十	元	角	分	百	十	万	千	百	十	元	角	分	
结转当期损益	本年利润			1	1	7	5	0	0	0	0										
	管理费用													1	4	8	0	0	0	0	
	营业外支出														1	0	0	0	0	0	
	销售费用														1	5	0	0	0	0	
	财务费用															2	0	0	0	0	
	主营业务成本												1	0	0	0	0	0	0	0	
附件 0 张	合　计		¥	1	1	7	5	0	0	0	0	¥	1	1	7	5	0	0	0	0	

会计主管：　　记账：　　出纳：　　审核：　　制证：

表 6-3-25　记账凭证

2019 年 6 月 30 日　　　　记字第 24 号

摘　　要	会计科目		借方金额									贷方金额									记账
	总账科目	明细科目	百	十	万	千	百	十	元	角	分	百	十	万	千	百	十	元	角	分	
结转当期收入	主营业务收入			1	5	0	0	0	0	0	0										
	本年利润												1	5	0	0	0	0	0	0	
附件 0 张	合　计		¥	1	5	0	0	0	0	0	0	¥	1	5	0	0	0	0	0	0	

会计主管：　　记账：　　出纳：　　审核：　　制证：

(3)根据收款凭证和付款凭证登记库存现金日记账、银行存款日记账，如表 6-3-26 和表 6-3-27 所示。

表 6-3-26　库存现金日记账

2019年		凭证		摘要	对应科目	借方金额											√	贷方金额											√	借或贷	余额											核对
月	日	字	号			亿	千	百	十	万	千	百	十	元	角	分		亿	千	百	十	万	千	百	十	元	角	分			亿	千	百	十	万	千	百	十	元	角	分	
6	1			期初余额																										借							8	0	0	0	0	
6	1	记	1	借支差旅费	其他应收款																			3	0	0	0	0		借							5	0	0	0	0	
6	3	记	4	支付采购运杂费	在途物资																			4	0	0	0	0		借							1	0	0	0	0	

续表

2019年		凭证		摘要	对应科目	借方金额											√	贷方金额											√	借或贷	余额											核对
月	日	字	号			亿	千	百	十	万	千	百	十	元	角	分		亿	千	百	十	万	千	百	十	元	角	分			亿	千	百	十	万	千	百	十	元	角	分	
6	4	记	6	提现	银行存款					4	0	7	0	0	0	0														借					4	0	8	0	0	0	0	
6	4	记	7	发放工资	应付职工薪酬																	4	0	0	0	0	0	0		借							8	0	0	0	0	
6	30			本月合计						4	0	7	0	0	0	0						4	0	7	0	0	0	0		借							8	0	0	0	0	

表 6-3-27 银行存款日记账

2019年		凭证		摘要	对应科目	借方金额											√	贷方金额											√	借或贷	余额											核对
月	日	字	号			亿	千	百	十	万	千	百	十	元	角	分		亿	千	百	十	万	千	百	十	元	角	分			亿	千	百	十	万	千	百	十	元	角	分	
6	1			期初余额																										借				1	0	2	2	0	0	0	0	
6	2	记	2	购料付款	应付账款																	4	0	0	0	0	0	0		借					6	2	2	0	0	0	0	
6	4	记	6	提现	库存现金																	4	0	7	0	0	0	0		借					2	1	5	0	0	0	0	
6	11	记	9	销售商品	主营业务收入				1	0	1	7	0	0	0	0														借				1	2	3	2	0	0	0	0	
6	12	记	10	银付捐赠希望工程	营业外支出																		1	0	0	0	0	0		借				1	2	2	2	0	0	0	0	
6	13	记	11	支付广告费	销售费用																			8	0	0	0	0		借				1	2	1	4	0	0	0	0	
6	15	记	12	支付修理费	制造费用																			1	0	0	0	0		借				1	2	1	3	0	0	0	0	
6	15	记	12	支付咨询费	管理费用																			3	0	0	0	0		借				1	2	1	0	0	0	0	0	
6	19	记	14	支付包装费	销售费用																			7	0	0	0	0		借				1	2	0	3	0	0	0	0	
6	30			本月合计					1	0	1	7	0	0	0	0						8	3	6	0	0	0	0		借				1	2	0	3	0	0	0	0	

(4)根据记账凭证及有关原始凭证或原始凭证汇总表登记明细账。在这里，为了简化业务，只列举“生产成本”明细账的登记(多栏式)，如表 6-3-28 和表 6-3-29 所示。其他明细账虽然采用的账页格式(三栏式、数量金额式)不同，但登记的方法基本一致，故从略。

表 6-3-28 生产成本明细账

产品名称：甲产品

2019年		凭证		摘要	借方								项目																								贷方								余额							
													直接材料								直接人工								制造费用																							
月	日	字	号		十	万	千	百	十	元	角	分	十	万	千	百	十	元	角	分	十	万	千	百	十	元	角	分	十	万	千	百	十	元	角	分	十	万	千	百	十	元	角	分	十	万	千	百	十	元	角	分
6	1			期初余额																																																
6	8	记	8	分配材料费用		8	1	0	0	0	0	0		8	1	0	0	0	0	0																																
6	30	记	15	分配电费			3	0	0	0	0	0			3	0	0	0	0	0																																
6	30	记	16	分配工资费用		1	5	0	0	0	0	0										1	5	0	0	0	0	0																								
6	30	记	20	分配制造费用		1	2	0	0	0	0	0																		1	2	0	0	0	0	0																

续表

2019年 月	日	凭证 字	号	摘要	借方（十万千百十元角分）	项目 直接材料（十万千百十元角分）	直接人工（十万千百十元角分）	制造费用（十万千百十元角分）	贷方（十万千百十元角分）	余额（十万千百十元角分）
6	30			本月合计	11100000	8400000	1500000	1200000	11100000	
6	30			本月完工		[8400000]	[1500000]	[1200000]	11100000	
6	30			期末余额						0

注：[　　　]为红字。

表 6-3-29　生产成本明细账

产品名称：乙产品

2019年 月	日	凭证 字	号	摘要	借方（十万千百十元角分）	项目 直接材料（十万千百十元角分）	直接人工（十万千百十元角分）	制造费用（十万千百十元角分）	贷方（十万千百十元角分）	余额（十万千百十元角分）
6	1			期初余额						
6	8	记	8	分配材料费用	4350000	4350000				
6	30	记	15	分配电费	250000	250000				
6	30	记	16	分配工资费用	2000000		2000000			
6	30	记	20	分配制造费用	800000			800000		
6	30			本月合计	7400000	4600000	2000000	800000		
6	30			本月完工		[4600000]	[2000000]	[800000]	7400000	
6	30			期末余额						0

注：[　　　]为红字。

（5）根据记账凭证编制科目汇总表，如表 6-3-30 至表 6-3-32 所示。

表 6-3-30　科目汇总表

2019 年 6 月 1 日至 10 日　　　　汇字第 1 号

会计科目	√	借方 亿	千	百	十	万	千	百	十	元	角	分	贷方 亿	千	百	十	万	千	百	十	元	角	分
库存现金						4	0	7	0	0	0	0					4	0	7	0	0	0	0
银行存款																	8	0	7	0	0	0	0
其他应收款								3	0	0	0	0											
原材料						8	0	4	0	0	0	0				1	3	6	4	0	0	0	0
应付账款						4	0	0	0	0	0	0					9	0	4	0	0	0	0
在途物资						8	0	4	0	0	0	0					8	0	4	0	0	0	0
应付职工薪酬						4	0	0	0	0	0	0											
生产成本					1	2	4	5	0	0	0	0											

续表

会计科目	√	借方											贷方										
		亿	千	百	十	万	千	百	十	元	角	分	亿	千	百	十	万	千	百	十	元	角	分
制造费用							6	4	0	0	0	0											
管理费用							5	5	0	0	0	0											
应交税费						1	0	4	0	0	0	0											
合计					4	2	8	6	0	0	0	0				4	2	8	6	0	0	0	0

表 6-3-31 科目汇总表

2019 年 6 月 11 日至 20 日　　汇字第 2 号

会计科目	√	借方											贷方										
		亿	千	百	十	万	千	百	十	元	角	分	亿	千	百	十	万	千	百	十	元	角	分
银行存款					1	0	1	7	0	0	0	0						2	9	0	0	0	0
应收账款						6	7	8	0	0	0	0											
制造费用								1	0	0	0	0											
管理费用								3	0	0	0	0											
主营业务收入																1	5	0	0	0	0	0	0
营业外支出							1	0	0	0	0	0											
销售费用							1	5	0	0	0	0											
应交税费																	1	9	5	0	0	0	0
合计					1	7	2	4	0	0	0	0				1	7	2	4	0	0	0	0

表 6-3-32 科目汇总表

2019 年 6 月 21 日至 30 日　　汇字第 3 号

会计科目	√	借方											贷方										
		亿	千	百	十	万	千	百	十	元	角	分	亿	千	百	十	万	千	百	十	元	角	分
周转材料																		1	0	0	0	0	0
库存商品					1	8	5	0	0	0	0	0				1	0	0	0	0	0	0	0
应付账款																		7	0	0	0	0	0
累计折旧																	1	5	0	0	0	0	0
应付职工薪酬																	4	0	0	0	0	0	0
生产成本						6	0	5	0	0	0	0				1	8	5	0	0	0	0	0
制造费用						1	3	5	0	0	0	0					2	0	0	0	0	0	0
管理费用							9	0	0	0	0	0					1	4	8	0	0	0	0
主营业务收入					1	5	0	0	0	0	0	0											
营业外支出																		1	0	0	0	0	0

续表

会计科目	√	借方											贷方										
		亿	千	百	十	万	千	百	十	元	角	分	亿	千	百	十	万	千	百	十	元	角	分
销售费用																		1	5	0	0	0	0
财务费用								2	0	0	0	0							2	0	0	0	0
应付利息																			2	0	0	0	0
主营业务成本					1	0	0	0	0	0	0	0				1	0	0	0	0	0	0	0
本年利润					1	1	7	5	0	0	0	0				1	5	0	0	0	0	0	0
合计					6	3	5	7	0	0	0	0				6	3	5	7	0	0	0	0

(6)登记总分类账簿。根据编制的科目汇总表汇总登记有关总分类账。总账的登记工作可以在每旬汇总后登记,也可在月末根据全月发生额汇总登记,如表 6-3-33 至表 6-3-60 所示。

表 6-3-33 总分类账

会计科目:库存现金　　　　第 1 页

2019 年		凭证		摘要	借方金额								√	贷方金额								√	借或贷	余额								核对
月	日	字	号		十	万	千	百	十	元	角	分		十	万	千	百	十	元	角	分			十	万	千	百	十	元	角	分	
6	1			期初余额																			借				8	0	0	0	0	
		科汇	1	1 至 10 日发生额		4	0	7	0	0	0	0			4	0	7	0	0	0	0		借				8	0	0	0	0	
6	30			本月合计		4	0	7	0	0	0	0			4	0	7	0	0	0	0		借				8	0	0	0	0	

表 6-3-34 总分类账

会计科目:银行存款　　　　第 3 页

2019 年		凭证		摘要	借方金额								√	贷方金额								√	借或贷	余额								核对
月	日	字	号		十	万	千	百	十	元	角	分		十	万	千	百	十	元	角	分			十	万	千	百	十	元	角	分	
6	1			期初余额																			借	1	0	2	2	0	0	0	0	
6	10	科汇	1	1 至 10 日发生额											8	0	7	0	0	0	0		借		2	1	5	0	0	0	0	
6	20	科汇	2	11 至 20 日发生额	1	0	1	7	0	0	0	0				2	9	0	0	0	0		借	1	2	0	3	0	0	0	0	
6	30			本月合计	1	0	1	7	0	0	0	0			8	3	6	0	0	0	0		借	1	2	0	3	0	0	0	0	

表 6-3-35 总分类账

会计科目:应收账款　　　　第 5 页

2019 年		凭证		摘要	借方金额								√	贷方金额								√	借或贷	余额								核对
月	日	字	号		十	万	千	百	十	元	角	分		十	万	千	百	十	元	角	分			十	万	千	百	十	元	角	分	
6	1			期初余额																			借		2	0	0	0	0	0	0	
6	20	科汇	2	11 至 20 日发生额		6	7	8	0	0	0	0											借		8	7	8	0	0	0	0	
6	30			本月合计		6	7	8	0	0	0	0											借		8	7	8	0	0	0	0	

表 6-3-36　总分类账

会计科目:其他应收款　　　　第 7 页

2019 年		凭证		摘要	借方金额								√	贷方金额								√	借或贷	余额								核对
月	日	字	号		十	万	千	百	十	元	角	分		十	万	千	百	十	元	角	分			十	万	千	百	十	元	角	分	
6	1			期初余额																			借			1	0	0	0	0	0	
6	10	科汇	1	1 至 10 日发生额				3	0	0	0	0											借			1	3	0	0	0	0	
6	30			本月合计				3	0	0	0	0											借			1	3	0	0	0	0	

表 6-3-37　总分类账

会计科目:在途物资　　　　第 9 页

2019 年		凭证		摘要	借方金额								√	贷方金额								√	借或贷	余额								核对
月	日	字	号		十	万	千	百	十	元	角	分		十	万	千	百	十	元	角	分			十	万	千	百	十	元	角	分	
6	10	科汇	1	1 至 10 日发生额		8	0	4	0	0	0	0			8	0	4	0	0	0	0		平									
6	30			本月合计		8	0	4	0	0	0	0			8	0	4	0	0	0	0		平									

表 6-3-38　总分类账

会计科目:原材料　　　　第 12 页

2019 年		凭证		摘要	借方金额								√	贷方金额								√	借或贷	余额								核对
月	日	字	号		十	万	千	百	十	元	角	分		十	万	千	百	十	元	角	分			十	万	千	百	十	元	角	分	
6	1			期初余额																			借		9	7	0	0	0	0	0	
6	10	科汇	1	1 至 10 日发生额		8	0	4	0	0	0	0		1	3	6	4	0	0	0	0		借		4	1	0	0	0	0	0	
6	30			本月合计		8	0	4	0	0	0	0		1	3	6	4	0	0	0	0		借		4	1	0	0	0	0	0	

表 6-3-39　总分类账

会计科目:周转材料　　　　第 14 页

2019 年		凭证		摘要	借方金额								√	贷方金额								√	借或贷	余额								核对
月	日	字	号		十	万	千	百	十	元	角	分		十	万	千	百	十	元	角	分			十	万	千	百	十	元	角	分	
6	1			期初余额																			借			4	0	0	0	0	0	
6	30	科汇	3	21 至 30 日发生额												1	0	0	0	0	0		借			3	0	0	0	0	0	
6	30			本月合计												1	0	0	0	0	0		借			3	0	0	0	0	0	

表 6-3-40　总分类账

会计科目:库存商品　　　　第 15 页

2019 年		凭证		摘要	借方金额								√	贷方金额								√	借或贷	余额								核对
月	日	字	号		十	万	千	百	十	元	角	分		十	万	千	百	十	元	角	分			十	万	千	百	十	元	角	分	
6	1			期初余额																			借		9	0	0	0	0	0	0	
6	30	科汇	3	21 至 30 日发生额	1	8	5	0	0	0	0	0		1	0	0	0	0	0	0	0		借	1	7	5	0	0	0	0	0	
6	30			本月合计	1	8	5	0	0	0	0	0		1	0	0	0	0	0	0	0		借	1	7	5	0	0	0	0	0	

表 6-3-41 总分类账

会计科目:累计折旧 第 18 页

2019 年		凭证		摘要	借方金额								√	贷方金额								√	借或贷	余额								核对
月	日	字	号		十	万	千	百	十	元	角	分		十	万	千	百	十	元	角	分			十	万	千	百	十	元	角	分	
6	1			期初余额																			贷	6	9	6	0	0	0	0	0	
6	30	科汇	3	21 至 30 日发生额											1	5	0	0	0	0	0		贷	7	1	1	0	0	0	0	0	
6	30			本月合计											1	5	0	0	0	0	0		贷	7	1	1	0	0	0	0	0	

表 6-3-42 总分类账

会计科目:长期股权投资 第 21 页

2019 年		凭证		摘要	借方金额								√	贷方金额								√	借或贷	余额								核对
月	日	字	号		十	万	千	百	十	元	角	分		十	万	千	百	十	元	角	分			十	万	千	百	十	元	角	分	
6	1			期初余额																			借	1	0	0	0	0	0	0	0	

表 6-3-43 总分类账

会计科目:固定资产 第 22 页

2019 年		凭证		摘要	借方金额								√	贷方金额								√	借或贷	余额									核对
月	日	字	号		十	万	千	百	十	元	角	分		十	万	千	百	十	元	角	分			百万	十	万	千	百	十	元	角	分	
6	1			期初余额																			借	3	7	5	0	0	0	0	0	0	

表 6-3-44 总分类账

会计科目:短期借款 第 25 页

2019 年		凭证		摘要	借方金额								√	贷方金额								√	借或贷	余额								核对
月	日	字	号		十	万	千	百	十	元	角	分		十	万	千	百	十	元	角	分			十	万	千	百	十	元	角	分	
6	1			期初余额																			贷		3	0	0	0	0	0	0	

表 6-3-45 总分类账

会计科目:应付账款 第 28 页

2019 年		凭证		摘要	借方金额								√	贷方金额								√	借或贷	余额								核对
月	日	字	号		十	万	千	百	十	元	角	分		十	万	千	百	十	元	角	分			十	万	千	百	十	元	角	分	
6	1			期初余额																			贷		8	9	8	0	0	0	0	
6	10	科汇	1	1 至 10 日发生额		4	0	0	0	0	0	0			9	0	4	0	0	0	0		贷	1	4	0	2	0	0	0	0	

续表

2019年		凭证		摘要	借方金额								√	贷方金额								√	借或贷	余额								核对
月	日	字	号		十	万	千	百	十	元	角	分		十	万	千	百	十	元	角	分			十	万	千	百	十	元	角	分	
6	30	科汇	3	21至30日发生额												7	0	0	0	0	0		贷	1	4	7	2	0	0	0	0	
6	30			本月合计		4	0	0	0	0	0	0			9	7	4	0	0	0	0		贷	1	4	7	2	0	0	0	0	

表 6-3-46　总分类账

会计科目:应交税费　　　　第 32 页

2019年		凭证		摘要	借方金额								√	贷方金额								√	借或贷	余额								核对
月	日	字	号		十	万	千	百	十	元	角	分		十	万	千	百	十	元	角	分			十	万	千	百	十	元	角	分	
6	10	科汇	1	1至10日发生额		1	0	4	0	0	0	0											借		1	0	4	0	0	0	0	
6	20	科汇	2	11至20日发生额											1	9	5	0	0	0	0		贷			9	1	0	0	0	0	
6	30			本月合计		1	0	4	0	0	0	0			1	9	5	0	0	0	0		贷			9	1	0	0	0	0	

表 6-3-47　总分类账

会计科目:应付利息　　　　第 39 页

2019年		凭证		摘要	借方金额								√	贷方金额								√	借或贷	余额								核对
月	日	字	号		十	万	千	百	十	元	角	分		十	万	千	百	十	元	角	分			十	万	千	百	十	元	角	分	
6	30	科汇	3	21至30日发生额													2	0	0	0	0		贷				2	0	0	0	0	
6	30			本月合计													2	0	0	0	0		贷				2	0	0	0	0	

表 6-3-48　总分类账

会计科目:应付职工薪酬　　　　第 42 页

2019年		凭证		摘要	借方金额								√	贷方金额								√	借或贷	余额								核对
月	日	字	号		十	万	千	百	十	元	角	分		十	万	千	百	十	元	角	分			十	万	千	百	十	元	角	分	
6	10	科汇	1	1至10日发生额		4	0	0	0	0	0	0											借		4	0	0	0	0	0	0	
6	30	科汇	3	21至30日发生额											4	0	0	0	0	0	0		平									
6	30			本月合计		4	0	0	0	0	0	0			4	0	0	0	0	0	0		平									

表 6-3-49　总分类账

会计科目:实收资本　　　　第 55 页

2019年		凭证		摘要	借方金额								√	贷方金额								√	借或贷	余额									核对
月	日	字	号		十	万	千	百	十	元	角	分		十	万	千	百	十	元	角	分			百万	十	万	千	百	十	元	角	分	
6	1			期初余额																			贷	3	0	6	0	0	0	0	0	0	

表 6-3-50 总分类账

会计科目:盈余公积 第 60 页

2019 年		凭证		摘要	借方金额								√	贷方金额								√	借或贷	余额								核对
月	日	字	号		十	万	千	百	十	元	角	分		十	万	千	百	十	元	角	分			十	万	千	百	十	元	角	分	
6	1			期初余额																			贷	1	3	7	5	0	0	0	0	

表 6-3-51 总分类账

会计科目:利润分配 第 72 页

2019 年		凭证		摘要	借方金额								√	贷方金额								√	借或贷	余额								核对
月	日	字	号		十	万	千	百	十	元	角	分		十	万	千	百	十	元	角	分			十	万	千	百	十	元	角	分	
6	1			期初余额																			贷	1	5	1	7	0	0	0	0	

表 6-3-52 总分类账

会计科目:本年利润 第 78 页

2019 年		凭证		摘要	借方金额								√	贷方金额								√	借或贷	余额								核对
月	日	字	号		十	万	千	百	十	元	角	分		十	万	千	百	十	元	角	分			十	万	千	百	十	元	角	分	
6	30	科汇	3	21 至 30 日发生额	1	1	7	5	0	0	0	0		1	5	0	0	0	0	0	0		贷		3	2	5	0	0	0	0	
6	30			本月合计	1	1	7	5	0	0	0	0		1	5	0	0	0	0	0	0		贷		3	2	5	0	0	0	0	

表 6-3-53 总分类账

会计科目:生产成本 第 81 页

2019 年		凭证		摘要	借方金额								√	贷方金额								√	借或贷	余额								核对
月	日	字	号		十	万	千	百	十	元	角	分		十	万	千	百	十	元	角	分			十	万	千	百	十	元	角	分	
6	10	科汇	1	1 至 10 日发生额	1	2	4	5	0	0	0	0											借	1	2	4	5	0	0	0	0	
6	30	科汇	3	21 至 30 日发生额		6	0	5	0	0	0	0		1	8	5	0	0	0	0	0		平									
6	30			本月合计	1	8	5	0	0	0	0	0		1	8	5	0	0	0	0	0		平									

表 6-3-54 总分类账

会计科目:制造费用 第 83 页

2019 年		凭证		摘要	借方金额								√	贷方金额								√	借或贷	余额								核对
月	日	字	号		十	万	千	百	十	元	角	分		十	万	千	百	十	元	角	分			十	万	千	百	十	元	角	分	
6	10	科汇	1	1 至 10 日发生额			6	4	0	0	0	0											借			6	4	0	0	0	0	
6	20	科汇	2	11 至 20 日发生额				1	0	0	0	0											借			6	5	0	0	0	0	
6	30	科汇	3	21 至 30 日发生额		1	3	5	0	0	0	0			2	0	0	0	0	0	0		平									
6	30			本月合计		2	0	0	0	0	0	0			2	0	0	0	0	0	0		平									

表 6-3-55　总分类账

会计科目:管理费用　　　　　　　　　　　　　　　　　　　　　　　　第 85 页

2019年		凭证		摘要	借方金额								√	贷方金额								√	借或贷	余额								核对
月	日	字	号		十	万	千	百	十	元	角	分		十	万	千	百	十	元	角	分			十	万	千	百	十	元	角	分	
6	10	科汇	1	1 至 10 日发生额			5	5	0	0	0	0											借			5	5	0	0	0	0	
6	20	科汇	2	11 至 20 日发生额				3	0	0	0	0											借			5	8	0	0	0	0	
6	30	科汇	3	21 至 30 日发生额			9	0	0	0	0	0			1	4	8	0	0	0	0		平									
6	30			本月合计		1	4	8	0	0	0	0			1	4	8	0	0	0	0		平									

表 6-3-56　总分类账

会计科目:财务费用　　　　　　　　　　　　　　　　　　　　　　　　第 87 页

2019年		凭证		摘要	借方金额								√	贷方金额								√	借或贷	余额								核对
月	日	字	号		十	万	千	百	十	元	角	分		十	万	千	百	十	元	角	分			十	万	千	百	十	元	角	分	
6	30	科汇	3	21 至 30 日发生额				2	0	0	0	0					2	0	0	0	0		平									
6	30			本月合计				2	0	0	0	0					2	0	0	0	0		平									

表 6-3-57　总分类账

会计科目:主营业务成本　　　　　　　　　　　　　　　　　　　　　　第 91 页

2019年		凭证		摘要	借方金额								√	贷方金额								√	借或贷	余额								核对
月	日	字	号		十	万	千	百	十	元	角	分		十	万	千	百	十	元	角	分			十	万	千	百	十	元	角	分	
6	30	科汇	3	21 至 30 日发生额	1	0	0	0	0	0	0	0		1	0	0	0	0	0	0	0		平									
6	30			本月合计	1	0	0	0	0	0	0	0		1	0	0	0	0	0	0	0		平									

表 6-3-58　总分类账

会计科目:销售费用　　　　　　　　　　　　　　　　　　　　　　　　第 93 页

2019年		凭证		摘要	借方金额								√	贷方金额								√	借或贷	余额								核对
月	日	字	号		十	万	千	百	十	元	角	分		十	万	千	百	十	元	角	分			十	万	千	百	十	元	角	分	
6	20	科汇	2	11 至 20 日发生额			1	5	0	0	0	0											借			1	5	0	0	0	0	
6	30	科汇	3	21 至 30 日发生额												1	5	0	0	0	0		平									
6	30			本月合计			1	5	0	0	0	0				1	5	0	0	0	0		平									

表 6-3-59　总分类账

会计科目:营业外支出　　　　　　　　　　　　　　　　　　　　　　　第 97 页

2019年		凭证		摘要	借方金额								√	贷方金额								√	借或贷	余额								核对
月	日	字	号		十	万	千	百	十	元	角	分		十	万	千	百	十	元	角	分			十	万	千	百	十	元	角	分	
6	20	科汇	2	11 至 20 日发生额			1	0	0	0	0	0											借			1	0	0	0	0	0	

续表

2019年		凭证		摘要	借方金额								√	贷方金额								√	借或贷	余额								核对
月	日	字	号		十	万	千	百	十	元	角	分		十	万	千	百	十	元	角	分			十	万	千	百	十	元	角	分	
6	30	科汇	3	21至30日发生额												1	0	0	0	0	0		平									
6	30			本月合计			1	0	0	0	0	0				1	0	0	0	0	0		平									

表 6-3-60　总分类账

会计科目:主营业务收入　　　　第98页

2019年		凭证		摘要	借方金额								√	贷方金额								√	借或贷	余额								核对
月	日	字	号		十	万	千	百	十	元	角	分		十	万	千	百	十	元	角	分			十	万	千	百	十	元	角	分	
6	20	科汇	2	11至20日发生额										1	5	0	0	0	0	0	0		贷	1	5	0	0	0	0	0	0	
6	30	科汇	3	21至30日发生额	1	5	0	0	0	0	0	0											平									
6	30			本月合计	1	5	0	0	0	0	0	0		1	5	0	0	0	0	0	0		平									

任务四　汇总记账凭证会计核算程序

一、汇总记账凭证会计核算程序的特点

汇总记账凭证会计核算程序的特点是:先定期将全部记账凭证按收款凭证、付款凭证和转账凭证分别归类汇总编制成汇总记账凭证(汇总收款、付款、转账凭证),再根据汇总记账凭证登记总分类账。

二、汇总记账凭证会计核算程序的凭证、账簿组织

在汇总记账凭证会计核算程序下,记账凭证一般设置收款凭证、付款凭证和转账凭证以及汇总记账凭证(汇总收款、付款、转账凭证)。

账簿组织一般应设置三栏式总账、三栏式现金日记账、三栏式银行存款日记账,以及三栏式、多栏式、数量金额式明细账。

三、汇总记账凭证的编制方法

汇总记账凭证分为汇总收款凭证、汇总付款凭证和汇总转账凭证三种。其编制方法分别介绍如下:

(一)汇总收款凭证的编制

汇总收款凭证是指按“库存现金”和“银行存款”科目的借方开设的一种汇总记账凭证,它汇总了一定时期内现金和银行存款的收款业务。其格式如表 6-4-1 所示。

汇总收款凭证的编制方法是:按借方科目开设,按对应的贷方科目汇总,计算出每一个贷方

科目发生额合计数,填入汇总收款凭证中。一般可每 5 天或 10 天汇总一次。月末根据计算出的每个贷方科目发生额合计数登记总分类账。

表 6-4-1 汇总收款凭证

借方科目:库存现金　　　　　　2019 年 6 月

贷方科目	金额				总账页码	
	1 日至 10 日 凭证 1 至 50 号	11 日至 20 日 凭证 51 至 90 号	21 日至 30 日 凭证 91 至 120 号	合计	借方	贷方
其他应收款	80			80	80	15
主营业务收入	600	20		620	80	20
其他业务收入		50	100	150	80	22
管理费用			50	50	80	37
财务费用			100	100	80	70
合计	680	70	250	1 000		

(二)汇总付款凭证的编制

汇总付款凭证是指按“库存现金”和“银行存款”科目的贷方开设的一种汇总记账凭证。它汇总了一定时期内现金和银行存款的付款业务。其格式如表 6-4-2 所示。

表 6-4-2 汇总付款凭证

贷方科目:银行存款　　　　　　2019 年 6 月

借方科目	金额				总账页码	
	1 日至 10 日 凭证 1 至 50 号	11 日至 20 日 凭证 51 至 90 号	21 日至 30 日 凭证 91 至 120 号	合计	借方	贷方
应付账款	800			800	36	75
在途物资	6 000	200		6 200	83	75
固定资产		500	1 000	1 500	99	75
应付利息			500	500	280	75
管理费用			1 000	1 000	330	75
合计	6 800	700	2 500	10 000		

汇总付款凭证的编制方法是:按贷方科目开设,按对应的借方科目汇总,计算出每一个借方科目发生额合计数,填入汇总付款凭证中。一般可每 5 天或 10 天汇总一次。月末,根据计算出的每个借方科目发生额合计数,登记总分类账。

(三)汇总转账凭证的编制

汇总转账凭证是按转账凭证中的每一科目的贷方分别开设的一种汇总记账凭证。它汇总了一定时期的转账业务。其格式如表 6-4-3 所示。

汇总转账凭证的编制方法是:将需要汇总的转账凭证,按贷方科目开设,按对应的借方科目汇总，计算出每一个借方科目发生额合计数，填入汇总转账凭证中。一般可每 5 天或 10 天汇总一次。月末，根据计算出的每个借方科目发生额合计数，登记总分类账。

表 6-4-3 汇总转账凭证

贷方科目：原材料　　　　　　2019 年 6 月

借方科目	金额				总账页码	
	1 日至 10 日 凭证 1 至 50 号	11 日至 20 日 凭证 51 至 90 号	21 日至 30 日 凭证 91 至 120 号	合计	借方	贷方
生产成本	2 000	3 000	2 000	7 000	30	170
制造费用	300	200		500	70	170
在建工程	5 000		1 000	6 000	22	170
合计	7 300	3 200	3 000	13 500		

四、汇总记账凭证会计核算程序下的总账登记方法

在汇总记账凭证会计核算程序下，总账的登记，是在月末时，根据汇总收款凭证合计数，登记“现金”或“银行存款”总分类账的借方，以及有关账户的贷方；根据汇总付款凭证合计数，登记“现金”或“银行存款”总分类账的贷方，以及有关账户的借方；根据汇总转账凭证合计数，登记汇总记账凭证设定账户对应的总分类账户的贷方，以及有关账户的借方。总账的登记格式如表 6-4-4 所示。

表 6-4-4 总分类账

账户名称：银行存款　　　　　　第 5 页

2019 年		凭证		摘要	借方							贷方							借或贷	余额						
月	日	字	号		万	千	百	十	元	角	分	万	千	百	十	元	角	分		万	千	百	十	元	角	分
6	1			期初余额															借		2	0	0	0	0	0
6	10	汇	1	根据银行存款汇总收款凭证			6	8	0	0	0								借		2	6	8	0	0	0
6	20	汇	3	根据银行存款汇总付款凭证									1	0	0	0	0	0	借		1	6	8	0	0	0
6	20	汇	3	根据银行存款汇总付款凭证										5	0	0	0	0	借		1	1	8	0	0	0
6	30	汇	1	根据银行存款汇总收款凭证		2	0	0	0	0	0								借		3	1	8	0	0	0
6		汇	3	根据银行存款汇总付款凭证										8	0	0	0	0	借		2	3	8	0	0	0
6	30			本月合计		2	6	8	0	0	0		2	3	0	0	0	0	借		2	3	8	0	0	0

五、汇总记账凭证会计核算程序的业务流程

(1)根据原始凭证编制原始凭证汇总表；

(2)根据原始凭证或原始凭证汇总表编制收款凭证、付款凭证、转账凭证；

(3)根据收款凭证、付款凭证登记库存现金日记账、银行存款日记账；

(4)根据记账凭证定期编制汇总记账凭证；

(5)根据汇总记账凭证登记总分类账；

(6)根据记账凭证或原始凭证、原始凭证汇总表登记各种明细账；

(7)月末将日记账与总账、明细账与总账核对无误；

(8)根据总账和明细账编制财务会计报告(会计报表)。

上述业务流程,如图 6-4-1 所示。

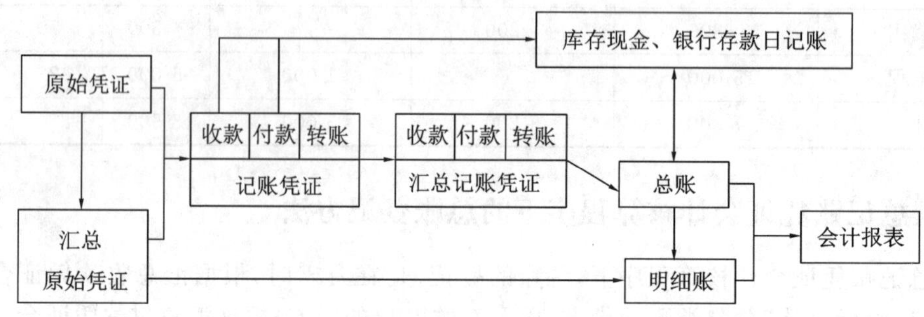

图 6-4-1 汇总记账凭证会计核算程序的业务流程

六、汇总记账凭证会计核算程序的优缺点及适用范围

汇总记账凭证会计核算程序相对于前两种会计核算程序而言,其优点主要有:克服了科目汇总表会计核算程序的缺点,在凭证账簿上保留了科目对应关系,能够反映经济业务的来龙去脉,易于查账验证;能够大大减轻登记总账的工作量。但是,它也有自身的缺点,特别是企业经济业务重复程度不高的话,采用该会计核算程序不但不能减轻工作量,反而加大编制凭证的工作量。所以,该会计核算程序适用于规模较大、经济业务较多且重复度高的企业。

复习思考题

1.什么是会计核算程序?

2.什么是记账凭证会计核算程序?

3.什么是科目汇总表会计核算程序?

4.什么是汇总记账凭证会计核算程序?

5.各类会计核算程序的优缺点是什么?

主要概念

会计核算程序　记账凭证会计核算程序　科目汇总表会计核算程序　汇总记账凭证会计核算程序

项目七

财产清查

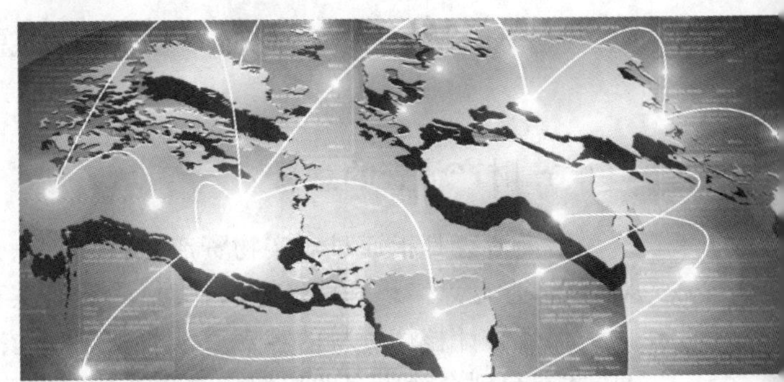

JICHU KUAIJI

知识目标

1. 了解财产清查的概念和种类。
2. 了解财产清查的重要性。
3. 了解财产清查的适用情况及具体内容。

技能目标

1. 掌握财产盘存制度。
2. 掌握实务财产清查方法。
3. 掌握清查结果的处理方法。

任务一　财产清查的意义、种类和盘存制度

一、财产清查的意义

财产清查是指通过对实物资产、货币现金、银行存款、债权债务等财产物资的实地盘点和核对，将清查盘点结果和账簿资料比对，确定其实存数和账存数是否相符的一种专门方法。

保证会计核算资料的客观真实性是会计核算应遵循的基本原则之一，只有真实的会计信息，才能起到会计应有的作用。在会计核算中为了保证账簿记录的真实和完整，应加强对会计凭证的日常审核，定期进行账证和账账核对。但是，由于种种主观及客观原因，常常会出现某些财产物资的账存数和实存数不符的现象。造成财产物资账实不符的原因主要有：财产物资的自然损耗，计量检验不准确、收发差错，会计凭证或会计账簿的漏记、重记、错记或计算错误，贪污盗窃、营私舞弊造成的损失，未达账项引起的账账、账实不符等。

运用财产清查，对各种财产物资以及债权、债务进行定期与不定期的盘点与核对是十分重要的。在编制会计年度报表之前必须进行财产清查，财产清查可以起到以下作用：

1.保证会计资料的真实性

会计账簿是企事业单位进行财产物资管理的重要凭证，但在实际工作中，物资的自然损耗或人为失责，容易导致各项财产物资的账存数和实际结存数之间存在差异。通过财产清查，可以对各项财产物资的实有数与账存数进行核对，查明各项财产物资账实之间是否相符，了解产生差异的原因和责任，以便及时调整账面记录，使账实相符，从而保证会计账簿的真实性，为编制报表做好准备。

2.保护财产的完整和安全

在财产清查中，不仅要对财产物资进行账实核对，还要进一步查明产生差异的原因。查明各种财产物资是否存在缺损、霉变、差错、被非法挪用、贪污盗窃等情况，查明财产的变动和保管是否按规定执行，从而采取相应的措施，健全财产物资的管理制度和核算手续，弥补不足，保护财产的完整和安全。

3.挖掘财产物资的潜力，加速资金周转

通过财产清查，查明各项财产物资的储备与利用情况，总结分析市场需要。对储备不足的

应设法补充，保证生产的需要；对积压、呆滞和不配套的，应及时进行处理，避免损失和浪费，物尽其用，加速资金周转。

二、财产清查的种类

了解和认识财产清查的种类，对更好地组织财产清查工作、实现财产清查的目标具有重要意义。财产清查的对象和范围不同，在清查时间上也有区别，可以按照不同的标准进行分类。财产清查的种类如图 7-1-1 所示。

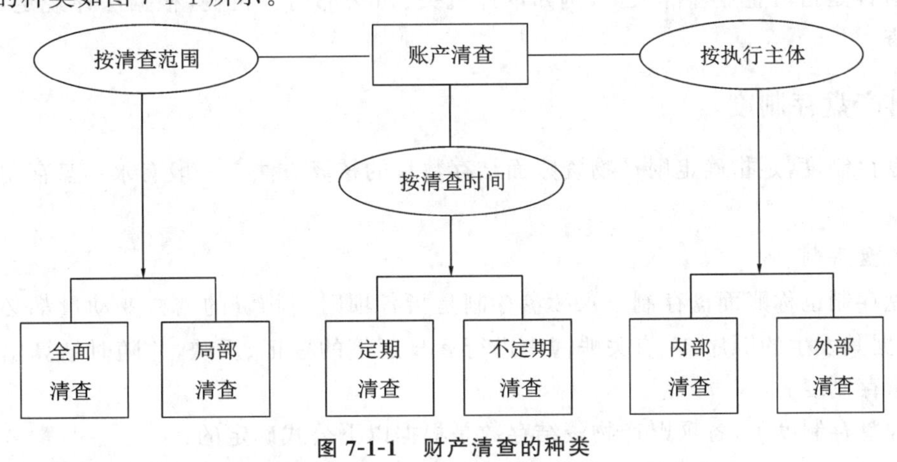

图 7-1-1 财产清查的种类

1. 根据财产清查的范围划分

财产清查根据其范围划分，可以分为全面清查和局部清查。

全面清查就是对全部的财产进行盘点和核对，包括属于本单位的和存放在本单位的财产物资、货币资金和各项债权债务。其特点是：范围大、内容多、业务量大、时间长。需要进行全面清查的情况通常包括：

(1)年终决算前；

(2)企业合并、撤销或改变隶属关系前；

(3)企业合资前；

(4)开展全面的资产评估、清产核资前；

(5)主要领导离职离岗前。

局部清查是指根据企业管理的需要，对部分财产进行清查，其清查对象依情况而定。对于流动性较大的财产，如产成品、原材料等，范围小、时间短、业务量较小，可根据需要随时轮流盘点或重点抽查；对于贵重财产物资，每月进行清查盘点；对于库存现金，每日终了都应由出纳人员清点核对；对于银行存款，每月至少和银行核对一次；对于债务、债权等，应每年至少和债务人、债权人核对一至两次。

2. 根据财产清查的时间划分

财产清查根据其时间划分，可以分为定期清查和不定期清查。

定期清查是指按照事先计划或规定的时间对各项财产物资所进行的清查。清查的时间一般分为月末、季末和年末。清查的范围可根据管理的需要而确定，可以是全面清查，也可以是局部清查，一般在年末进行全面清查，季末和月末进行局部清查。

不定期清查是指事先没有计划安排，而是根据临时需要进行的清查。一般在企业更换财产保管员、发生自然灾害或因上级主管部门对本单位进行会计检查等情况下进行不定期清查。

3.根据财产清查的执行主体划分

财产清查根据其执行主体划分，可以分为内部清查和外部清查。

内部清查是指企业内部人员通过组织清查小组等方式对企业财产进行清查，是企业实行内部控制的手段之一。通过内部清查，可以提高企业内部控制能力，有效防止员工腐败现象发生。

外部清查是指由企业外部人员，例如审计机关、司法部门等机构，根据法律规定，对企业进行财产清查。

三、财产盘存制度

财产盘存制度，是指确定财产物资账面结存数量的核算方法。一般有永续盘存制和实地盘存制两种。

1.永续盘存制

永续盘存制也称账面盘存制。永续盘存制是指各项财产物资的增减变动量都必须依照会计凭证，根据其发生的顺序，在有关账簿中进行逐日逐笔的登记、反映，并随时结算出账面结存数的一种盘存制度。

在这种盘存制度下，各项财产物资结存数是根据以下公式确定的：

期初结存数＋本期增加数－本期减少数＝期末结存数

永续盘存制的优点是：核算手续严密，通过有关账簿可以随时了解财产物资的收入、发出和结存情况，掌握财产物资的增减变动，有利于加强财产物资的管理。其缺点是：核算工作量大，且较复杂。在实际工作中，这种盘存制为各企业单位广泛应用。

【例 7-1-1】 2018 年 12 月 1 日，福安企业 A 材料月初结存 200 千克，共计 800 元；12 月 7 日购入该种材料 400 千克，计 1 600 元；14 日生产领用 300 千克，计 1 200 元；18 日购入该种材料 100 千克，计 400 元；26 日生产领用 150 千克，计 600 元；月末该种材料的结存数为 250 千克，计 1 000 元。通过永续盘存制，该种材料明细分类账的登记如表 7-1-1 所示。

表 7-1-1 原材料明细分类账

部类：　　产地：　　单位：千克　　规格：　　品名：A 材料

2018 年		凭证	摘要	借方			贷方			余额		
月	日	字号		数量	单价	金额	数量	单价	金额	数量	单价	金额
12	1	略	月初结存							200	4	800
	7		购入	400	4	1 600				600	4	2 400
	14		领用				300	4	1 200	300	4	1 200
	18		购入	100	4	400				400	4	1 600
	26		领用				150	4	600	250	4	1 000
	31		本月发生额及余额	500		2 000	450		1 800	250		1 000

2. 实地盘存制

实地盘存制是指平时只在账簿中登记各项财产物资的增加数，不登记减少数，期末通过实地盘点确定存货的实存数，再倒推算出本期减少数的一种盘存制度。其公式为：

期初结存数＋本期增加数－期末盘存数＝本期减少数

以例 7-1-1 为例，若采用实地盘存制进行处理，则月末需对 A 材料进行实地盘点，确定实存数。若 2018 年 12 月 31 日盘点得到 A 材料结存数为 250 千克，那么可倒推得出本月 A 材料减少数为：

200 千克＋500 千克－250 千克＝450 千克

则 A 材料该月的明细登记表如表 7-1-2 所示。

表 7-1-2　原材料明细分类账

部类：　　产地：　　单位：千克　　规格：　　品名：A 材料

2018 年		凭证	摘要	借方			贷方			余额		
月	日	字号		数量	单价	金额	数量	单价	金额	数量	单价	金额
12	1	略	月初结存							200	4	800
	7		购入	400	4	1 600				600	4	2 400
	18		购入	100	4	400				700	4	2 800
	31		领用				450	4	1 800	250	4	1 000
	31		本月发生额及余额	500		2000	450		1 800	250		1 000

1.平时只登记增加数，不登记减少数

3.根据实存数倒推算出本月领用数量

2.月末进行实地盘点，确定实存数

实地盘存制以存计耗，核算工作简单，易于掌握，但不能通过账簿记录随时反映和监督各项财产物资的收、发、存情况，将实存数当作账存数，账实之间无法互相核对，管理手续不严谨。仓库管理中若有多发或少发、盗窃、丢失等情况，全部隐藏在倒推出的减少数量中，不利于检查和监督财产物资的管理和安全，所以若非是内部制度健全、管理严密的企业或用于那些品种杂、价值低、收发频繁、数量不稳定的存货，否则不宜采用。

任务二　财产清查的方法

财产清查是一种复杂、细致的工作，必须认真组织和选用适当的方法才能达到预期的效果。财产清查一般有以下程序：

(1)建立财产清查组织；

(2)组织清查人员学习有关政策规定，掌握有关法律、法规和相关业务知识，以提高财产清查工作的质量；

(3)确定清查对象、范围,明确清查任务;

(4)制订清查方案,具体安排清查内容、时间、步骤、方法,以及必要的清查前准备;

(5)清查时本着先清查数量、核对有关账簿记录等,后认定质量的原则进行;

(6)填制盘存清单;

(7)根据盘存清单,填制实物、往来账项清查结果报告表。

一、财产清查的准备工作

1.组织准备

财产清查的组织准备工作要求专门成立清查小组。清查组织应在总会计师及有关主管的领导下,成立由财会部门牵头,由生产、技术、设备、行政及各有关部门参与的财产清查小组。清查小组的工作职责:

(1)制订清查计划,明确清查范围与对象,配备专业清查人员,确定人员分工与职责;

(2)组织安排清查工作,及时解决问题;

(3)清查结束后,及时总结,将清查结果和处理意见上报领导和有关部门审批。

2.业务准备

为做好财产清查工作,会计部门和有关业务部门要在清查小组的指导下,做好各项业务准备工作,主要内容有:

(1)会计人员在清查前,将有关账簿登记齐全完整,将有关财产物资的账目、凭证、账簿等会计资料核对清楚,为财产清查提供正确的依据。

(2)财产物资保管和使用等部门,应在财产物资清查前,登记好所经管的各项财产物资明细账,结出余额,将所保管和使用的物资整理好,封上标签,标明品种、规格、数量、质量等,以便盘点核对。

(3)清查小组人员准备好清查工作中所需要的各种表格、单据和计量计算工具,准备并校验、核准计量器具。

二、货币资金的清查

货币资金的清查主要包括库存现金和银行存款的清查。

1.库存现金的清查

库存现金的清查主要采用实地盘点的方法确定库存现金的实存数。清查之前,出纳人员应将已收讫、付讫并审核无误的凭证全部登记入账,并结出现金日记账的余额。清查盘点时出纳人员必须在场,由财产清查人员、出纳人员和相关负责人共同对库存现金的实有数进行清点,并与库存现金日记账的账面余额核对,明确账实相符。现钞要逐张查点,以明确经济责任。在清查过程当中,应注意借条、收据有无抵充现金(即白条抵库)现象,并查明库存现金有无超过限额,有无"坐支"等问题。

现金盘点以后,应根据盘点的结果,编制库存现金盘点报告表,并由盘点人员与出纳人员共同签字或盖章,以明确责任。库存现金盘点报告表是反映库存现金实用数和调整账簿记录的重要原始凭证。库存现金盘点报告表的格式如表 7-2-1 所示。

表 7-2-1 库存现金盘点报告表

单位名称： 年 月 日

实存金额	账存金额	对比结果		备注
		盘盈	盘亏	
（盘点得到的实际结存金额）	（库存现金日记账账面金额）	（实存金额多于账存金额）	（实存金额少于账存金额）	

负责人签章： 盘点人签字： 出纳员签字：

2. 银行存款的清查

银行存款的清查采用与开户银行核对账目的方法进行，即将银行存款日记账与开户银行提供的对账单逐笔核对（对账单于次月初自行去开户银行取回），以查明账实是否相符。

如果发现双方账目不一致，其主要原因有两个：一是双方的账目可能发生不正常的错漏现象，这时企业应与开户银行及时沟通并更正；二是出现未达账项。在查明双方记账无误以后，对未达账项应重点审查。所谓未达账项，是指企业与银行之间由于结算凭证传递时间的差别形成的一方已经入账、另一方尚未接到有关结算凭证而未登记入账的款项。

未达账项一般有以下四种类型：

（1）银行已收，企业未收的款项。如：购货方电汇货款，银行已收款入账，而企业尚未收到银行的收款通知，因而未入账。

（2）银行已付，企业未付的款项。如：银行已经代企业划扣了水电费，已付款入账，但企业尚未收到银行的付款通知，因而未入账。

（3）企业已收，银行未收的款项。如：企业销售产品收到对方转账支票，企业据此已作收款入账，而银行则要等到收妥款后方能入账，此时，银行尚未收款入账。

（4）企业已付，银行未付的款项。如：企业开出转账支票支付购货款，企业已作付款入账，而由于银行未接到有关支付凭证，因而尚未登记付款入账。

上述任何一种情况的发生，都会使双方的账面存款余额不一致。为了清除未达账项的影响，确定银行存款账实是否相符，需要采用一定的方法进行调整，此项工作通常是编制银行存款余额调节表来完成。银行存款余额调节表的编制方法，是在银行存款日记账余额和银行对账单余额的基础上，分别加、减未达账项，调整后双方的余额应该相等。其计算公式是：

$$\text{银行对账单余额} + \text{企业已收银行未收款} - \text{企业已付银行未付款} = \text{企业银行存款日记账余额} + \text{银行已收企业未收款} - \text{银行已付企业未付款}$$

【例 7-2-1】 某企业 2018 年 6 月底银行存款日记账余额为 40 000 元，银行对账单余额为 38 900 元，经逐笔核对，双方记账均无差错，但发现有下列未达账项：

（1）6 月 29 日，企业开出转账支票 600 元，支付供货单位账款，支票尚未到达银行，银行未入账。

（2）6 月 29 日，企业存入转账支票 1 张，计 400 元，银行尚未入账。

（3）6 月 30 日，存入销货款现金 1 200 元，银行尚未入账。

（4）6 月 30 日，银行代付水电费 260 元，企业尚未收到通知，没有入账。

（5）6 月 30 日，银行计算应付给企业存款利息 160 元，已记入企业存款账户，企业尚未收到通知，没有入账。

根据以上未达账项，编制银行存款余额调节表，如表 7-2-2 所示。

表 7-2-2　银行存款余额调节表

2018 年 6 月 30 日　　单位：元

项　目	金　额	项　目	金　额
账面存款余额	40 000	银行对账单余额	38 900
加：银行已收单位未收款项 1. 存款利息	160	加：单位已收银行未收款项 1. 存入转账支票 2. 存入现金	400 1 200
减：银行已付单位未付款项 1. 银行代付水电费	260	减：单位已付银行未付款项 1. 开出转账支票	600
调节后的存款余额	39 900	调节后的存款余额	39 900

值得注意的是：在财产清查过程中，应关注是否有长期未到账的未达账项。对时间较长的未达账项要做进一步的分析，查明原因，看是否有错账，以及是否存在挪用资金、贪污等违法现象。银行存款余额调节表只能起到对账作用，不能作为原始凭证入账。

三、实物资产的清查

实物资产的清查，是指对原材料、在产品、库存商品（产品）等存货以及固定资产的清查，包括数量检查和质量检查。在对实物资产的数量清查上，通常根据不同实物资产的特点，如体积形态、数量、重量及堆积方式等，采用实地盘点法和技术推算法。

实地盘点法是对各种实物资产通过逐一点数或用计量仪器来确定其实存数量的方法。实地盘点法适用范围较广，对于能够逐一清点的实物资产都采用此法。

技术推算法是对那些大量堆放、不易逐一清点数量且价值不高的实物资产（如大堆存放的煤炭、砂石等），通过量方、计尺等技术手段推算财产物资实存数量的方法。

对实物资产的质量检查，根据不同的实物可采用不同的方法，可以采用物理方法，也可以采用化学方法。

在财产清查过程中，实物保管人员与盘点人员必须同时在场，以明确责任，并根据清查的结果及时登记盘存单，如表 7-2-3 所示。盘存单由盘点人员与实物保管人员签字或盖章方可生效。盘存单不仅能记录盘点结果，也是反映财产物资实存数的原始凭证。

表 7-2-3　盘 存 单

单位名称：　　盘点时间：　　编号：

财产类别：　　存放地点：

编　号	名　称	计量单位	数　量	单　价	金　额	备注

盘点人员签名盖章：　　实物保管人员签名盖章：

会计人员应将盘存单登记的盘存结果与账簿记录逐项核对，核实实物资产账实是否相符，是否存在盘盈盘亏，并逐笔填入实存账存对比表，以便进一步分析产生差异的原因。实存账存对比表是进行存货清查结果处理的重要原始凭证，可用于调整账簿记录。实存账存对比表的一般格式如表 7-2-4 所示。

表 7-2-4 实存账存对比表

单位名称： 年 月 日 单位：

编号	名称规格	计量单位	单价	实际盘存		账面结存		盘盈		盘亏		备注
				数量	金额	数量	金额	数量	金额	数量	金额	
金额合计												

单位负责人(签章)： 填表人(签章)：

四、往来款项的清查

往来款项主要包括应收款、应付款和暂收款等。往来款项的清查与银行存款的清查基本相同，采用核对账目的方法，也称询证核对法。首先检查确认本单位的账簿记录准确无误后，再编制往来款项对账单(询证函)，如图 7-2-1 所示。以快汇方式送往对方单位进行核对。该函一式两联，其中一联作为回单，由对方单位核对后盖章寄回，表示已核对确认。如发现金额不符或存在其他差错，对方单位应在回单上注明不符情况，或者另抄对账单返回，以便进一步核对。

往来款项对账单(询证函)

福达公司：

你单位 2018 年 6 月 20 日到我公司购 A 产品一批 1 000 件，单价 2 元，增值税 260 元，已付款 1 000 元，尚有 1 260 元未付，请核对后将回单寄回。

清查单位：富康公司(公章)
2019 年 8 月 20 日

沿此虚线裁开，将以下回单联寄回！

往来款项对账单(回联)

富康公司：

你单位寄来的“往来款项对账单”已收到，经核对相符无误。

福达公司(公章)
2019 年 8 月 30 日

图 7-2-1 往来款项对账单(询证函)

任务三 财产清查结果的处理

财产清查实际就是核对账存数和实存数的一种方式。如果账存数和实存数相符,则说明账实一致,一般没有进行账务处理的必要,但也存在虽账实相符,财产物资却发生霉烂、变质和毁损的情况,此时则需要对清查结果进行处理。账存数和实存数不相符,可分为盘盈和盘亏两种情况。盘盈是指实存数大于账存数,盘亏是指实存数小于账存数。对于盘盈和盘亏结果,需要进行处理。

一、财产清查结果的处理程序

财产清查的结果,必须以国家有关的法令、财务制度为依据,严肃认真地进行处理。其处理步骤如下:

1.查明差异,分析原因

通过财产清查所确定的清查资料和账簿记录之间的差异,比如财产盘盈、盘亏和超储积压,以及逾期债权、债务等,都要认真查明其性质和原因,明确经济责任,提出处理意见,按照规定程序报经有关部门审批处理。财产清查人员应以高度的责任心,深入调查研究,实事求是,问题定性要准确,处理方法要得当。

2.调整记录,做到账实相符

在核准数字、查明各种差异的性质和原因的基础上,经批准后,应根据盘盈盘亏报告表编制记账凭证,并据以登记账簿,通过账簿记录的调整,做到账实相符。

3.认真总结,加强管理

财产清查后,针对所发现的问题和缺点,应当认真总结经验教训,表彰先进,巩固成绩,发扬优点,克服缺点,做好工作。对于多余物资和长期挂账的债权债务,要积极处理;对于平时不用的、积压多余的物资,要加大使用力度或推销出去,减少资金的占用,加强资金的流动性;对于长期拖欠及有异议的款项,要主动与对方沟通,商量解决措施,调整账簿,使账实相符。同时要建立健全以岗位责任制为中心的财产管理制度,切实提出改进工作的措施,进一步加强财产管理,保护社会主义财产的安全和完整。

二、财产清查结果的账务处理

对于财产清查中发现账实不符的账目,应设置"待处理财产损溢"科目记录盘亏盘盈情况,先使账实相符,再上报上级部门,在收到上级部门批复后,再做进一步的会计处理。

"待处理财产损溢"账户是指为了反映、监督和核算各单位在财产清查过程中查明的各项财产的盘盈、盘亏、毁损及其转销情况和价值的资产类账户。各项盘盈的待处理财产物资的净值,在审批前记入该账户的贷方,待审批后,按照批复的处理意见转销财产物资的盘盈数时,记入该账户的借方;各项盘亏及毁损的待处理财产物资的净值,在审批前记入该账户的借方,待审批后,按照批复的意见转销财产物资的盘亏及毁损数时,登记在该账户的贷方。

"待处理财产损溢"账户的基本架构如图 7-3-1 所示。

借方	待处理财产损溢	贷方
待处理财产盘亏数 待处理财产毁损数 根据批准意见转销的财产盘盈数		待处理财产盘盈数 根据批准意见转销的财产盘亏数 根据批准意见转销的财产毁损数

图 7-3-1 “待处理财产损溢”账户基本架构

“待处理财产损溢”账户的贷方余额表示待批准的财产物资的盘盈数大于经批准后转销的盘亏、毁损数，借方余额表示尚待批准处理的财产物资的盘亏及毁损数大于经批准后转销的盘盈数。在期末结账前，应查明财产损溢的原因并全部处理完毕，处理完成后的该账户余额应该为零。该账户下设“待处理固定资产损溢”和“待处理流动资产损溢”两个明细分类账户，对固定资产和流动资产分别进行明细分类核算。

财产清查的对象不同，清查结果的账务处理也不尽相同。

1.库存现金清查结果的账务处理

若库存现金清查结果显示账实不符，则需查明现金短缺或溢余的原因。对于待查清的现金账实差额，应记入“待处理财产损溢”账户核算。

当库存现金盘盈时，将溢余的金额借记“库存现金”账户，贷记“待处理财产损溢——待处理流动资产损溢”账户。待查明盘盈原因后，按不同情况进行账务处理。应支付给有关人员或单位的，转入“其他应付款——应付现金溢余(××个人或单位)”账户；但若是无法查明原因的，经批准后转入“营业外收入——现金溢余”账户。

当库存现金盘亏时，将短缺金额借记“待处理财产损溢——待处理流动资产损溢”账户，贷记“库存现金”账户。待查明原因后，根据不同情况进行账务处理。若查明后，属于记账错误的，应按相关规定及时更正；若属于应由责任人赔偿或保险公司赔偿的部分，应转入“其他应收款——应收现金短缺(××个人或单位)”账户；若属于无法查明原因的，经批准后，转入“管理费用——现金短缺”账户。

【例 7-3-1】 2018 年 10 月 25 日，福达公司进行库存现金财产清查，结果如表 7-3-1 所示。

表 7-3-1 库存现金盘点报告表

单位名称：福达公司　　2018 年 10 月 25 日　　单位：元

实存金额	账存金额	对比结果		备注
		盘盈	盘亏	
1 900	1 000	900		

负责人签章：　　盘点人签字：　　出纳员签字：

在批准前，企业应编制会计分录如下：

借：库存现金　　900

　贷：待处理财产损溢——待处理流动资产损溢　　900

会议纪要

经10月31日董事会决议，10月25日清查库存现金，发现库存现金长款玖佰元。由于无法查明原因，同意转作营业外收入处理。

在批准后，应做以下处理：

借：待处理财产损溢——待处理流动资产损溢　　900

　贷：营业外收入——现金溢余　　900

【例7-3-2】 2018年12月25日，福达公司进行了财产清查，清查结果如表7-3-2所示。

表7-3-2　库存现金盘点报告表

单位名称：福达公司　　2018年12月25日　　单位：元

实存金额	账存金额	对比结果		备注
		盘盈	盘亏	
2 400	3 000		600	

负责人签章：　　盘点人签字：　　出纳员签字：

在批准前，企业编制会计分录如下：

借：待处理财产损溢——待处理流动资产损溢　　600

　贷：库存现金　　600

会议纪要

经12月31日董事会决议，12月25日清查库存现金，发现库存现金短款陆佰元。100元是出纳员王某责任造成，应由王某负责赔偿，另外500元短缺则无法查明原因，同意转作管理费用处理。

在批准后，应做以下处理：

借：其他应收款——应收现金短缺（王某）　　100

　管理费用——现金短缺　　500

　贷：待处理财产损溢——待处理流动资产损溢　　600

2.存货清查结果的账务处理

存货清查结果显示账实不符的，应根据实存账存报告表和实际情况进行账务处理。当企业存货盘盈时，应先按实际情况，借记“原材料”“生产成本”“库存商品”等存货账户，贷记“待处理财产损溢——待处理流动资产损溢”账户。待查明原因，经批准后，借记“待处理财产损溢——待处理流动资产损溢”账户，贷记“管理费用”等账户。

当企业存货清查出现盘亏或毁损时，应先借记“待处理财产损溢——待处理流动资产损溢”

账户,贷记“原材料”“生产成本”“库存商品”等存货账户。待查明原因后,经批准,根据不同情况进行不同账务处理:

(1)属于自然损耗产生的定额内损耗,记入“管理费用”账户;

(2)属于计量收发错误和管理不善等原因所造成的存货短缺,扣除残料价值、可收回保险赔偿和过失人赔偿后,记入“管理费用”账户;

(3)应向保险公司收回的赔款或过失人的赔偿,记入“其他应收款——保险公司或××个人”账户;

(4)属于自然灾害或意外事故等非常原因造成的存货毁损,在扣除残料价值和保险公司赔偿后,记入“营业外支出”账户。

【例 7-3-3】 2018 年 10 月 25 日,福达公司进行了财产清查,清查结果如表 7-3-3 所示。

表 7-3-3 盘存单

单位名称:福达公司　　盘点时间:2018 年 10 月 25 日　　编号:

财产类别:实物资产　　存放地点:仓库

编号	名称	计量单位	数量	单价	金额	备注
	甲材料	千克	140	2	280	

盘点人员签名盖章:　　实物保管人员签名盖章:

根据账存记录及盘存单填写实存账存对比表,记录如表 7-3-4 所示。

表 7-3-4 实存账存对比表

单位名称:福达公司　　2018 年 10 月 25 日　　单位:元

编号	名称规格	计量单位	单价	实际盘存		账面结存		盘盈		盘亏		备注
				数量	金额	数量	金额	数量	金额	数量	金额	
	甲材料	千克	2	140	280	100	200	40	80			
金额合计				140	280	100	200	40	80			

单位负责人(签章):　　填表人(签章):

在批准前,编制会计分录如下:

借:原材料——甲材料　　80

　　贷:待处理财产损溢——待处理流动资产损溢　　80

会议纪要

经 10 月 31 日董事会决议,10 月 25 日清查存货,发现甲材料盘盈 40 千克,总计捌拾元。经查实,此盘盈是由于计量错误造成,同意记入“管理费用”处理。

广州市福达公司

在批准后,应做以下处理:

借:待处理财产损溢——待处理流动资产损溢　　80

　贷:管理费用　　80

【例 7-3-4】 2018 年 12 月 25 日,福达公司进行了财产清查,清查结果如表 7-3-5 所示。

表 7-3-5　盘存单

单位名称:福达公司　　盘点时间:2018 年 12 月 25 日　　编号:

财产类别:实物资产　　存放地点:仓库

编　号	名　称	计量单位	数　量	单　价	金　额	备　注
	甲材料	千克	400	2	800	

盘点人员签名盖章:　　实物保管人员签名盖章:

根据账存记录及盘存单填写实存账存对比表,记录如表 7-3-6 所示。

表 7-3-6　实存账存对比表

单位名称:福达公司　　2018 年 12 月 25 日　　单位:元

编号	名称规格	计量单位	单价	实际盘存		账面结存		盘盈		盘亏		备注
				数量	金额	数量	金额	数量	金额	数量	金额	
	甲材料	千克	2	400	800	800	1 600			400	800	
金额合计				400	800	800	1 600			400	800	

单位负责人(签章):　　填表人(签章):

在批准前,编制会计分录如下:

借:待处理财产损溢——待处理流动资产损溢　　800

　贷:原材料——甲材料　　800

会议纪要

经 12 月 31 日董事会决议,12 月 25 日清查存货,发现甲材料短缺 400 千克,总计捌佰元,对于不同原因造成的短缺,同意做以下转销处理:

1. 由于责任过失人王一造成的 100 元,应由其赔偿;

2. 属于定额内合理损耗的部分,价值 100 元;

3. 收回残料 50 元,永安保险公司赔款 450 元,剩余净损失为 100 元。

在批准后,应做以下处理:

(1)材料短缺中,由于责任过失人王一造成的 100 元,应由其赔偿。

借:其他应收款——过失人　　100

贷:待处理财产损溢——待处理流动资产损溢 100

(2)材料短缺中,属于定额内合理损耗的部分,价值100元。

借:管理费用 100

贷:待处理财产损溢——待处理流动资产损溢 100

(3)材料短缺中,收回残料50元,永安保险公司赔款450元,剩余净损失为100元。

借:原材料 50

其他应收款——永安保险公司 450

营业外支出 100

贷:待处理财产损溢——待处理流动资产损溢 600

3.固定资产清查结果的账务处理

为了确认固定资产账簿记录的真实性和完整性,发掘企业固定资产的潜力和价值,企业需定期对现有固定资产进行盘点清查。清查结果显示固定资产账实不符时,应先通过“待处理财产损溢”账户核算,同时需查明原因,写书面报告。根据企业管理权限,经股东大会或董事会等机构批准后,在期末结账前处理完毕。

在财产清查中,固定资产盘盈通常是由于设备已交付使用但未及时入账造成的。对于盘盈的固定资产,按同类或类似固定资产的市场价格,减去按该项资产新旧程度估计的价值损耗后的余额,借记“固定资产”账户,贷记“以前年度损益调整”账户。

在财产清查中,盘亏的固定资产,应按盘亏固定资产的账面价值,借记“待处理财产损溢——待处理固定资产损溢”账户;按已提折旧,借记“累计折旧”账户;按固定资产的原价,贷记“固定资产”账户。待批准后,盘亏或损毁的固定资产应根据不同的原因和情况,进行不同的账务处理。盘亏的固定资产按过失人和保险公司赔偿的金额,借记“其他应收款”账户;按盘亏固定资产价值扣除过失人及保险公司赔偿金额后的差额,借记“营业外支出”账户;贷记“待处理财产损溢——待处理固定资产损溢”账户。

【例7-3-5】 福达公司在财产清查中,发现账外机器一台,经确认价值为3 000元,按其新旧程度估计已提折旧2 000元。

在审批前,编制会计分录如下:

借:固定资产 1 000

贷:以前年度损益调整 1 000

【例7-3-6】 福达公司在财产清查中,发现盘亏设备一台,其账面原价为20 000元,已提折旧15 000元。

在审批前,编制会计分录如下:

借:待处理财产损溢——待处理固定资产损溢 5 000

累计折旧 15 000

贷:固定资产 20 000

经批准,可作营业外支出处理:

借:营业外支出 5 000

贷:待处理财产损溢——待处理固定资产损溢　　　　5 000

4.应收、应付款项清查结果的账务处理

在财产清查中,对长期无法收回和长期无法支付的款项要及时进行处理。若查明确实无法收回或无法支付的,不通过“待处理财产损溢”账户核算,经批准后,按不同情况进行账务处理。

对于确实无法收回的应收账款,可采用直接转销法或备抵法进行处理。直接转销法是指在查明该应收账款无法收回后,将应收账款直接确认为坏账损失,计入当期费用并冲销应收款项。采用直接转销法时,对日常核算中可能发生的坏账损失不予考虑,只有在实际发生坏账时,才作坏账损失计入当期损益,并直接冲减应收款项,即借记“信用减值损失”账户,贷记“应收账款”等账户。备抵法是指平时按规定的计提比例计提坏账准备。计提时,按应减记金额,借记“信用减值损失——计提的坏账准备”账户,贷记“坏账准备”账户。冲减多计提的坏账准备时,借记“坏账准备”账户,贷记“信用减值损失——计提的坏账准备”账户。实际发生坏账时,借记“坏账准备”账户,贷记“应收账款”等账户。如果确认并转销的坏账之后又收回,则应按收回的金额增加坏账准备的账面余额,借记“应收账款”账户,贷记“坏账准备”账户,以恢复企业债权、冲回已转销的坏账准备金额;当款项已收回,需同时借记“银行存款”账户,贷记“应收账款”账户。

对于债权单位撤销或其他原因造成的长期应付而无法支付的应付款项,经批准后,应将其转作营业外收入处理,借记“应付账款”等账户,贷记“营业外收入”账户。

【例7-3-7】 福达公司在财产清查中,发现应收富康公司货款1 260元,应付大福公司3 000元,故分别发去询证函予以询问。

(1)对于应收富康公司的货款,做以下处理:

将无法收回的应收账款作坏账损失进行处理:

①直接转销法:

借:信用减值损失　　　　1 260

　贷:应收账款——富康公司　　　　1 260

②备抵法:

计提坏账准备时:

借:信用减值损失——计提的坏账准备　　　　1 260

　贷:坏账准备　　　　1 260

2019年8月30日经询证确认坏账损失时:

借:坏账准备　　　　1 260

　贷:应收账款——富康公司　　　　1 260

(2)对于应付大福公司款项,在询证过程中,询证函被退回,经查实,发现大福公司已撤销,确定无法偿还此应付款项,经批准,转作营业外收入处理。

在批准后,应做以下处理:

借:应付账款——大福公司　　　　3 000

　贷:营业外收入　　　　3 000

复习思考题

1. 为什么要进行财产清查？
2. 简述造成账实不符的主要原因。
3. 企业与银行之间的未达账项有哪几种情况？
4. 说明“待处理财产损溢”账户的用途和结构。

主要概念

财产清查　全面清查　定期清查　未达账项　永续盘存制　实地盘存制

项目八

财务报告

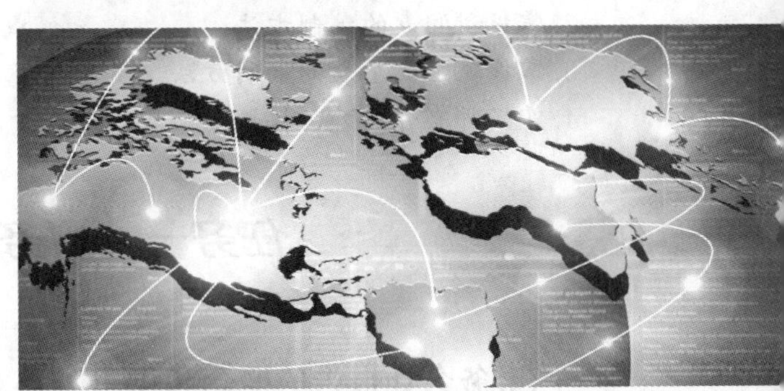

JICHU KUAIJI

知识目标

1.了解财务报告的定义和构成。

2.了解资产负债表的组成内容、基本格式和结构。

3.了解利润表的组成内容、基本格式和结构。

4.了解现金流量表的组成内容、基本格式和结构。

5.了解所有者(股东)权益变动表的组成内容、基本格式和结构。

6.了解会计报表附注的含义。

技能目标

1.掌握资产负债表的编制方法。

2.掌握利润表的编制方法。

3.掌握现金流量表的编制方法。

4.掌握所有者(股东)权益变动表的编制方法。

任务一 财务会计报告概述

一、财务会计报告的概念和作用

财务报告,又称财务会计报告,是指企业对外提供的综合反映企业某一特定日期财务状况和某一会计期间经营成果、现金流动情况以及所有者权益变动情况的书面文件。财务会计报告既是企业及时提供合法、真实、完整、准确的企业会计信息的重要环节,是综合反映企业生产经营情况和财务状况的一系列系统性文件,也是企业向外传递财务信息的主要手段和途径。

在日常的会计核算中,会计报表以企业账簿记录和有关资料作为主要依据,按照规定的报表格式、内容与编制方法,做进一步的归集、整理与汇总,编制成相应的会计报表,以全面、综合、清晰地反映企业财务状况、经营成果和现金流动情况。编制财务报表是会计核算方法之一,在会计核算中占有十分重要地位,并对企业加强内部经营管理和外部经济决策都有重要作用,主要表现有以下几项:

(1)会计报表能为企业管理者进行经营决策提供重要信息。企业经营管理者为了考核和分析财务成本计划或预算的完成情况,总结经济工作成绩和存在的问题,评价经济效益等,均需要了解与掌握企业的财务状况与生产经营情况,以便于企业制定更科学合理的经营方针与经营计划。

(2)通过会计报表,企业的投资者或潜在的投资者以及债权人可以了解企业的获利能力和偿债能力等信息,做出是否投资或贷款,是否需要收回投资或贷款的决策。此外,一些投资者还需要利用企业会计报表提供的信息,了解与监督企业的生产经营活动,考核企业管理层履行受托责任情况,以保护自身的合法权益。

(3)政府经济管理部门利用会计报表提供的信息,可以及时检查分析生产经营管理情况,以便实施对企业的监督与管理,实现政府经济管理部门对宏观经济的调控,优化资源配置,做出正确的经济决策。同时,会计报表也是依法征税和纳税的主要依据。

二、会计报表的种类

企业会计报表可以按不同的标准进行分类:

(一)按反映的经济内容分类

按反映的经济内容分类,企业会计报表可分为静态报表和动态报表。这是企业会计报表最基本的分类。

静态报表是指反映企业在某一时点(如月末、季末、年末等)资产、负债和所有者权益状况的报表。资产负债表属于此类报表。动态报表是指反映企业在某一时期内(本月份、本季度、本年度)经营成果及现金流动情况的报表。利润表、现金流量表和所有者权益变动表属于此类报表。

(二)按编制时间不同分类

按编制时间不同分类,企业会计报表可分为月报、季报、半年报和年度报表。

月报是指月份终了后利用本月份的有关资料编制的会计报表,月报主要编制资产负债表和利润表;年度报表是企业利用年度内的有关资料编制的会计报表,一般包括资产负债表、利润表、现金流量表、所有者权益变动表及各种附表;季报和半年报在会计信息的详细程度方面,介于月报与年度报表之间。

(三)按编报单位不同分类

按编报单位不同分类,企业会计报表可分为单位报表和汇总报表。

单位报表是指企业在自身会计核算的基础上对账簿记录进行加工而编制的报表,它主要用以反映企业自身的财务状况、经营成果与现金流动情况;汇总报表是指企业主管部门或上级机关,根据所属单位报送的财务报表,连同本单位财务报表汇总编制的综合性会计报表。

(四)按编制用途不同分类

按编制用途不同分类,企业会计报表可分为内部报表和外部报表。

内部报表也称对内报送的会计报表,是指企业自行设计表格、内容,自行填制的报表,如成本计算表、销货月报表等。内部报表用于为经营管理者进行决策提供依据,没有格式要求,但由于涉及企业商业秘密,企业一般不愿对外公布。外部报表是指企业按照会计制度规定向企业外部有关方面提供的会计报表,主要包括资产负债表、利润表、现金流量表、所有者权益变动表、利润分配表及资产减值准备明细表等。

(五)按编制主体不同分类

按编制主体不同分类,企业会计报表可分为个别报表和合并报表。

个别报表是指在以母公司和子公司组成的具有控股关系的企业集团中,由母公司和子公司各自为主体分别单独编制的报表。合并报表是以母公司和子公司组成的企业集团为会计主体,以母公司和子公司单独编制的个体财务报表为基础,由母公司编制的综合反映企业集团经营成果、财务状况及其资金变动情况的财务报表。

三、编制会计报表的基本要求

为了保证会计报表的质量,充分发挥会计报表的作用,企业编制会计报表应当符合以下基本要求：

(一)真实可靠

真实性是会计核算的原则之一，也是财务信息的生命。会计报表应当如实反映企业的财务状况与经营成果，必须做到内容真实、数据准确，必须以核实无误的账簿资料为依据，不允许用计划数、估计数来取代实际数，更不允许弄虚作假。

(二)全面完整

会计报表应按规定的格式与内容进行填制，不得漏报与漏编，企业某些重要的会计事项，应当在报表附注中进行说明。

(三)相关可比

相关可比是指财务报表提供的财务信息必须与使用者的决策需要相关联并且具有可比性，各项指标的口径应当遵守一致性的原则，不能随意更改，以便于报表的使用者正确地理解与利用。

(四)编制及时

信息的特征是具有时效性，只有讲求时效，信息才有使用价值，否则，再好的信息若不及时送至使用者手中，对于报表的使用者而言都没有任何价值。市场瞬息万变，如果有关信息提供不及时，对市场的变化反应迟钝，贻误商机，必将企业置于不利地位，甚至会导致企业破产。

任务二　资产负债表

一、资产负债表的含义和作用

资产负债表是反映企业某一特定日期(如月末、季末、年末)资产、负债和所有者权益状况的会计报表。它是根据“资产＝负债＋所有者权益”这一基本等式，并按照一定的分类标准与顺序，将企业在某一特定日期的全部资产、负债和所有者权益项目进行适当分类、汇总排列后编制而成的。资产负债表表明企业在某一特定日期所拥有或者控制的经济资源，以及所承担的现有经济责任和所有者对净资产的要求权。由于它反映的是某一时点的情况，所以又称为静态会计报表。

资产负债表主要提供有关企业财务状况方面的信息。资产负债表可以反映企业拥有或控制的资源及其分布情况；可以反映企业的负债总额及其构成，表明企业未来需要多少资产或劳务、清偿债务以及清偿时间；可以反映企业所有者权益的情况，了解企业现有的投资者在企业资产总额中所占的份额。资产负债表可以提供进行财务分析的基本资料，据以判断企业的资产变现能力、偿债能力和资金的周转能力，从而为会计报表的使用者做出经济决策提供参考依据。

二、资产负债表的内容和结构

(一)资产负债表的内容

资产负债表是根据“资产＝负债＋所有者权益”这一会计恒等式设计的，其内容主要反映以下三个方面：

1.资产

资产负债表的资产是指由于过去的交易或事项形成的，并由企业在某一特定日期拥有或控制的，预期给企业带来经济效益的资源。资产项目一般按流动性分为流动资产和非流动资产两大类别。在资产负债表中，流动资产和非流动资产类别下又按性质进行分项列示。资产负债表中的流动资产通常包括货币资金、交易性金融资产、应收票据及应收账款、预付款项、其他应收款、存货、合同资产、持有待售资产和一年内到期的非流动资产等。非流动资产通常包括债权投资、其他债权投资、长期应收款、长期股权投资、其他权益工具投资、其他非流动金融资产、投资性房地产、固定资产、在建工程、无形资产、开发支出、长期待摊费用、递延所得税资产以及其他非流动资产等。

2.负债

资产负债表中的负债是指在某一特定日期，企业所承担的，预期会导致经济利益流出企业的现时义务。负债按流动性可分为流动负债和非流动负债。流动负债是指预计在一个正常营业周期中清偿，或在自资产负债表日起一年内(含一年)到期并予以清偿，或企业无权将清偿推迟至资产负债表日后一年以上的负债。流动负债项目包括短期借款、应付票据、应付账款、预收账款、应付职工薪酬、应交税费、其他应付款、持有待售负债、一年内到期的非流动负债等。非流动负债是指流动负债以外的负债，通常包括长期借款、应付债券、长期应付款、预计负债、递延收益、递延所得税负债和其他非流动负债等。

3.所有者权益

资产负债表中的所有者权益是指企业资产扣除负债后的剩余权益，反映企业在某一特定日期投资者(股东)拥有的净资产的总额。所有者权益按其永久性的程度高低顺序排列，一般按照实收资本(或股本)、资本公积、盈余公积和未分配利润等项目列示。

(二)资产负债表的结构

目前，国际上流行的资产负债表格式主要有账户式和报告式。账户式资产负债表是左右结构，报告式资产负债表是上下结构。根据我国《企业会计制度》的规定，我国企业的资产负债表采用账户式结构，具体由表头、表体、表尾等部分组成。表头部分应列明报表的名称、编报单位名称、资产负债表的日期、报表编号及计量单位；表体部分分为左右两方，左方为资产项目，按资产的流动性大小排列，流动性大的排在前面，流动性小的排在后面，右方为负债及所有者权益项目，一般按要求清偿时间的先后顺序排列，流动负债排在前面，非流动负债排在中间，所有者权益排在最后，表尾部分为补充说明。

账户式资产负债表中的资产合计等于负债和所有者权益的合计，即“资产＝负债＋所有者权益”，账户式资产负债表左右平衡。资产负债表(账户式)如表 8-2-1 所示。

表 8-2-1 资产负债表(账户式)

会企 01 表

编制单位： 年 月 日 单位：元

资产	期末余额	年初余额	负债和所有者权益(或股东权益)	期末余额	年初余额
流动资产：			流动负债：		
货币资金			短期借款		

续表

资产	期末余额	年初余额	负债和所有者权益(或股东权益)	期末余额	年初余额
交易性金融资产			交易性金融负债		
衍生金融资产			衍生金融负债		
应收票据及应收账款			应付票据及应付账款		
预付款项			预收款项		
其他应收款			合同负债		
存货			应付职工薪酬		
合同资产			应交税费		
持有待售资产			其他应付款		
一年内到期的非流动资产			持有待售负债		
其他流动资产			一年内到期的非流动负债		
流动资产合计			其他流动负债		
非流动资产：			流动负债合计		
债权投资			非流动负债：		
其他债权投资			长期借款		
长期应收款			应付债券		
长期股权投资			长期应付款		
其他权益工具投资			预计负债		
其他非流动金融资产			递延收益		
投资性房地产			递延所得税负债		
固定资产			其他非流动负债		
在建工程			非流动负债合计		
生产性生物资产			负债合计		
油气资产			所有者权益(或股东权益)：		
无形资产			实收资本(或股本)		
开发支出			其他权益工具		
商誉			其中：优先股		
长期待摊费用			永续债		
递延所得税资产			资本公积		
其他非流动资产			减：库存股		
非流动资产合计			其他综合收益		
			盈余公积		
			未分配利润		
			所有者权益(或股东权益)合计		
资产总计			负债和所有者权益(或股东权益)总计		

三、资产负债表的编制方法

资产负债表的各项目均需填列“年初余额”和“期末余额”两栏数据。

“年初余额”栏内数字应根据上年年末资产负债表的“期末余额”栏内所列数字填写。如果本年度资产负债表中的项目名称或内容与上年度不相一致，应对上年年末资产负债表中各项的名称与数字按照本年度的规定进行调整再填入报表中的年初余额。

“期末余额”根据报表的编制时间，可以是月末、季末或年末的金额。其资料来源大部分直接来自总账的期末余额，少部分项目的“期末余额”则需要根据总账或明细账的记录加以分析计算后填列。具体有以下几种方法：

(1)直接根据总账科目余额填列。如短期借款、资本公积、盈余公积、实收资本等项目，根据“短期借款”“资本公积”“盈余公积”“实收资本”各总账科目的余额直接填列。

(2)根据若干总账科目的余额计算填列。如：“货币资金”项目应根据“库存现金”“银行存款”和“其他货币资金”三个总账科目的期末余额相加数填列；“存货”项目应根据“原材料”“库存商品”“在产品”“包装物”“低值易耗品”“委托加工物资”“受托代销商品”“生产成本”等科目的期末余额相加数，减去“代销商品款”“跌价准备”等科目期末余额后的金额填列(若采用计划成本核算的，还应加上或减去材料成本差异、商品进销差价等科目的期末余额)。

(3)根据有关明细科目余额分析填列。如：“一年内到期的非流动资产”“一年内到期的非流动负债”需根据非流动资产、非流动负债相关明细科目余额计算填列；“开发支出”项目，需根据“研发支出”科目中所属的“资本化支出”明细科目期末余额计算填列；“应付职工薪酬”项目，应根据“应付职工薪酬”科目的明细科目期末余额计算填列。

(4)根据总账科目与明细账科目的余额分析计算填列。如：“应付债券”项目，应根据“应付债券”总账科目余额减去“应付债券”科目所属明细科目中所反映的“一年内到期的长期负债”部分计算填列；“长期借款”项目需根据“长期借款”总账科目余额减去“长期借款”科目所属明细科目中的一年内到期且企业无权延期的金额后填列。

(5)根据账户余额减去其备抵账户后的净额填列。如：“投资性房地产”项目，需根据“投资性房地产”科目期末余额，减去“投资性房地产累计折旧”“投资性房地产减值准备”等备抵科目的期末余额后的净额填列；“应收票据及应收账款”需根据“应收票据”和“应收账款”的期末余额，减去“坏账准备”期末贷方余额后的金额填列；“预付款项”项目，需根据“应付账款”科目借方余额和“预付账款”科目借方余额减去与“预付账款”有关的坏账准备贷方余额计算填列。

四、资产负债表项目的填列说明

1. 资产项目的填列

(1)“货币资金”项目，反映企业库存资金、银行结算户存款、外埠存款、银行汇票存款、银行本票存款、信用证保证金存款等的合计数。“货币资金”项目应根据“库存现金”“银行存款”“其他货币资金”科目的期末余额的合计数填列。

【例 8-2-1】 2018 年 12 月 31 日，福达公司“库存现金”科目余额为 0.2 万元，“银行存款”科目余额为 99 万元，“其他货币资金”科目余额为 100.8 万元。则 2018 年 12 月 31 日，福达公司的资产负债表中的“货币资金”一项中，期末余额应填列：(0.2＋99＋100.8)万元＝200 万元。

(2)“交易性金融资产”项目，反映企业在资产负债表日持有的以公允价值计量的且其变动计入当期损益的债券、股票、基金等金融资产。该项目应根据相关明细科目的期末余额分析填列。

(3)“衍生金融资产”项目,反映企业期末持有的衍生工具、套期工具、被套期项目中属于衍生金融资产的金额,应根据“衍生工具”“套期工具”“被套期项目”等科目的期末借方余额计算填列。

(4)“应收票据及应收账款”项目,反映企业因销售商品、劳务等活动应当收到的账款以及商业汇票,包括银行承兑汇票和商业承兑汇票。该项目根据“应收票据”以及“应收账款”科目的期末余额,减去“坏账准备”科目中相关坏账准备后的金额填列。

【例 8-2-2】 2018 年 12 月 31 日,福达公司“应收票据”科目的余额为 600 万元,“应收账款”科目的余额为 700 万元,“坏账准备”中计提“应收票据”的坏账准备金额为 20 万元,计提“应收账款”的坏账准备金额为 25 万元。故福达公司在资产负债表中的“应收票据及应收账款”项目期末余额应填列:(600+700−20−25)万元=1 255 万元。

(5)“预付款项”项目,反映企业按照购货合同提前支付给供应单位的款项等。本项目应根据“预付账款”和“应付账款”科目所属明细科目的期末借方余额合计数,减去“坏账准备”科目中有关预付账款计提的坏账准备期末余额后的金额进行填列。若“预付账款”所属明细科目期末有贷方余额,应在资产负债表中的“应付票据及应付账款”中填列。

(6)“其他应收款”项目,反映企业除了“应收票据及应收账款”“预付款项”等经营活动以外的其他应收的款项。本项目应根据“应收利息”“应收股利”“其他应收款”科目的期末余额合计数,减去“坏账准备”科目中相关的坏账准备后的金额填列。

(7)“存货”项目,反映企业期末在库、在途和加工中的各种存货的可变现净值。本项目应根据“材料采购”“原材料”“库存商品”“周转材料”“低值易耗品”“委托加工物资”“生产成本”“委托代销商品”等科目的期末余额合计数,减去“受托代销商品”“存货跌价准备”科目期末余额后的金额填列。材料采用计划成本核算,以及库存商品采用计划成本核算或售价核算的企业,还应按加或减材料成本差异、商品进销差价后的金额填列。

【例 8-2-3】 2018 年 12 月 31 日,福达公司“发出商品”借方余额为 1 000 万元,“生产成本”借方余额为 400 万元,“原材料”借方余额为 100 万元,“受托代销商品”贷方余额为 200 万元。故福达公司资产负债表中的“存货”项目期末余额为(1 000+400+100−200)万元=1 300 万元。

(8)“合同资产”项目,是根据企业履行履约义务与客户付款之间的关系在资产负债表中列示的项目(《企业会计准则第 14 号——收入》2017 年修订版),应根据“合同资产”科目的相关明细科目期末余额进行分析填列。

(9)“持有待售资产”项目,反映资产负债表日划分为持有待售类别的非流动资产和划分为持有待售类别的处置组中的流动资产和非流动资产的期末账面价值,应根据“持有待售资产”项目期末余额,减去“持有待售资产减值准备”科目期末余额后的金额填列。

(10)“一年内到期的非流动资产”项目,反映企业一年内即将到期的非流动资产项目金额,应根据有关科目的期末余额填列。

(11)“债权投资”项目,反映资产负债表日企业以摊余成本计量的长期债权投资的期末账面价值,应根据“债权投资”相关明细科目的期末余额,减去“债权投资减值准备”科目中与减值准备相关的期末余额后的金额填列。资产负债表日起一年内到期的长期债权投资的期末账面价值，在“一年内到期的非流动资产”项目中反映。企业购入的以摊余成本计量的一年内到期的债权投资的期末账面价值，在“其他流动资产”项目中反映。

(12)“其他债权投资”项目，反映资产负债表日以公允价值计量且变动计入其他综合收益的长期债权投资的期末账面价值。应根据“其他债权投资”科目期末余额填列。

(13)“长期应收款”项目，反映企业融资租赁产生的应收款项和采用递延方式分期收款、实际具有融资性质的销售商品和提供劳务等经营活动产生的应收款项。“长期应收款”期末余额减去“未实现融资收益”和“坏账准备”科目所属相关明细科目期末余额后的金额填列。

(14)“长期股权投资”项目，反映投资方对被投资单位实施控制、重大影响的权益性投资及对合营企业的权益性投资。根据“长期股权投资”科目期末余额减去“长期股权投资减值准备”期末余额后的金额填列。

(15)“其他权益工具投资”项目，反映资产负债表日企业指定的以公允价值计量的，且其变动计入其他综合收益的非交易性权益工具投资的期末账面价值。

(16)“固定资产”项目，反映资产负债表日企业的固定资产期末账面价值和企业尚未清理完毕的固定资产清理净损益。以“固定资产”期末余额，减去“累计折旧”和“固定资产减值准备”期末余额后的金额填列。若“固定资产清理”期末借方有余额，则再加上“固定资产清理”期末借方余额。

【例 8-2-4】 2018 年 12 月 31 日，福达公司“固定资产”科目借方余额为 3 000 万元，“累计折旧”科目贷方余额为 1 000 万元，“固定资产减值准备”科目贷方余额为 300 万元，“固定资产清理”科目借方余额为 400 万元，则福达公司 2018 年资产负债表日的“固定资产”期末余额为(3 000－1 000－300＋400)万元＝2 100 万元。

(17)“在建工程”项目，反映企业尚未达到预定可使用状态的在建工程的期末账面价值和企业为在建工程准备的各种物资的期末账面价值。以“在建工程”和“工程物资”期末余额分别减去“在建工程减值准备”和“工程物资减值准备”期末余额后的金额填列。

(18)“无形资产”项目，反映企业的专利权、非专利技术、商标权、著作权等无形资产的净值。以“无形资产”科目期末余额减去“累计摊销”和“无形资产减值准备”科目期末余额后的净值填列。

(19)“开发支出”项目，反映企业开发无形资产的过程中，能资本化形成无形资产成本的支出部分。应根据“研发支出”科目中的“资本化支出”明细科目期末余额填列。

(20)“长期待摊费用”项目，反映企业已经发生了且应由本期和以后各期负担的分摊期限在一年以上的各项费用。以“长期待摊费用”的期末余额减去一年内摊销的金额后的余额填列。

(21)“递延所得税资产”项目，反映企业根据所得税准则确认的可抵扣暂时性差异产生的所得税资产期末余额。

(22)“其他非流动资产”项目，反映企业除了上述非流动资产外的其他非流动资产的期末余额。

2. 负债项目的填列说明

(1)“短期借款”项目，反映企业向银行或其他金融机构借入的期限在一年以下(含一年)的各种借款。

【例 8-2-5】 2018 年 12 月 31 日，福达公司“短期借款”科目的余额如下：银行质押贷款 20 万元，信用借款 30 万元，则福达公司的“短期借款”期末余额为(20＋30)万元＝50 万元。

(2)“交易性金融负债”项目,反映企业资产负债表日承担的交易性金融负债及以公允价值计量的且其变动计入当期损益的金融负债的期末账面价值。

(3)“衍生金融负债”项目,反映衍生工具、套期工具、被套期项目中属于衍生金融负债的金额,应根据“衍生工具”“套期工具”“被套期项目”等科目的期末贷方余额计算填列。

(4)“应付票据及应付账款”项目,反映企业因购买材料、商品和接受服务等经营活动而需支付的款项,以及企业开出、承兑的商业汇票。应根据“应付票据”科目的期末余额,加上“应付账款”和“预付账款”科目的期末贷方余额之和填列。

【例 8-2-6】 2018 年 12 月 31 日,福达公司账面上有 5 万元应付账款,20 万元银行承兑汇票,2 万元商业承兑汇票,则福达公司资产负债表中“应付票据及应付账款”项目期末余额为(5＋20＋2)万元＝27 万元。

(5)“预收款项”项目,反映企业按照购货合同规定预收供应单位的款项,根据“预收账款”和“应收账款”科目的期末贷方余额合计数填列。若“预收账款”科目所属明细科目借方存在期末余额的,则应在资产负债表中的“应收票据及应付账款”项目中填列。

(6)“合同负债”项目是指根据企业履行履约义务与客户付款之间的关系,在资产负债表中列示的负债。

(7)“应付职工薪酬”项目是指企业为获得职工提供的服务或解除劳动关系而给予员工的各种报酬或补偿。职工薪酬除了短期薪酬,还包括员工福利、离职后的福利及企业提供给员工配偶或子女的福利。

【例 8-2-7】 2018 年 12 月 31 日,福达公司应付职工工资、奖金等 70 万元,社保 5 万元,住房公积金 2 万元,职工教育经费及工会经费等 0.5 万元,则福达公司资产负债表中的“应付职工薪酬”期末余额应填列:(70＋5＋2＋0.5)万元＝77.5 万元。

(8)“应交税费”项目是指税法规定的企业应缴纳的各种税费,包括增值税、消费税、企业所得税等。企业代扣代缴的个人所得税,也在此项目中列示,但印花税、耕地占用税等无须预计应交数的税费不在本项目列示。本项目根据“应交税费”的期末贷方余额填列。

(9)“其他应付款”项目是指除了上述经营活动以外的其他应付、暂收的款项,应根据“应付利息”“应付股利”“其他应付款”科目的期末余额合计数填列。

(10)“持有待售负债”项目是指划分为持有待售类别的资产直接相关的负债的期末账面价值。

(11)“一年内到期的非流动负债”项目是指企业非流动负债中,在资产负债表日起一年内到期的期末金额。

(12)“长期借款”项目是指企业向银行或其他金融机构借入的期限在一年以上(不含一年)的各项借款,应根据“长期借款”科目期末余额,减去“长期借款”科目所属明细科目中,资产负债表日起一年内到期的且企业不能自主地将清偿义务延期的长期借款后的金额计算填列。

【例 8-2-8】 2018 年 12 月 31 日,福达公司“长期借款”科目余额为 160 万元,其中向 A 银行借入的 6 万元将于一年内到期,福达公司不能自主将此债务延期。则福达公司资产负债表日“长期借款”期末余额为(160－6)万元＝154 万元,“一年内到期的非流动负债”项目“期末余额”的填列金额为 6 万元。

(13)“应付债券”项目是指企业为筹集资金而发行的债券。

(14)“长期应付款”项目是指除了长期借款和应付债券以外的其他各种长期应付款,主要包括补偿贸易引进的设备应付款，采用分期付款购入的固定资产和无形资产的应付账款，融资租赁的应付账款等。应以“长期应付款”和“专项应付款”科目的期末余额分别减去相关“未确认融资费用”科目期末余额和“专项应付款”相关明细科目中一年内到期的金额后的余额填列。

(15)“预计负债”项目是指企业根据或有事项等准则确认的各项预计负债，包括对外提供担保、未决诉讼等产生的预计负债。

(16)“递延收益”项目是指尚待确认的收入或收益，本项目是根据政府补助准则确认的应在以后期间计入当期损益的政府补助金额、售后租回形成融资租赁的售价与资产账面价值差额等其他递延性收入。

(17)“递延所得税负债”项目是指企业根据所得税准则确认的应纳税暂时性差异产生的所得税负债。

(18)“其他非流动负债”项目是指企业除上述非流动负债以外的其他非流动负债。应根据有关科目期末余额，减去一年内(含一年)到期的非流动负债金额后的余额进行填列。

3. 所有者权益项目的填列说明

(1)“实收资本(或股本)”项目，反映企业投资者实际投入的资本(或股本)总额。

(2)“其他权益工具”项目是指企业发行的除普通股以外的权益金融工具的账面价值。该项目下设“优先股”和“永续债”项目，分别反映企业发行的优先股和永续债的账面价值。

(3)“资本公积”项目是指企业收到的投资者出资超过其在注册资本或股本中所占的份额及直接计入所有者权益的利得和损失等。

(4)“其他综合收益”项目，反映企业其他综合收益的期末余额。

(5)“盈余公积”项目根据“盈余公积”期末余额填列。

(6)“未分配利润”项目是指企业实现的利润减去亏损弥补、提取盈余公积和向投资者分配的利润后的留存在企业的利润。

根据例 8-2-1 至例 8-2-8，可填列表 8-2-2(部分数据来自其他资料)：

表 8-2-2 资产负债表(账户式)

会企 01 表

编制单位：福达公司　　2018 年 12 月 31 日　　单位：元

资产	期末余额	年初余额	负债和所有者权益(或股东权益)	期末余额	年初余额
流动资产：			流动负债：		
货币资金	2 000 000		短期借款	500 000	
交易性金融资产			交易性金融负债		
衍生金融资产			衍生金融负债		
应收票据及应收账款	12 550 000		应付票据及应付账款	270 000	
预付款项			预收款项		
其他应收款			合同负债		
存货	13 000 000		应付职工薪酬	775 000	
合同资产			应交税费		

续表

资产	期末余额	年初余额	负债和所有者权益（或股东权益）	期末余额	年初余额
持有待售资产			其他应付款		
一年内到期的非流动资产			持有待售负债		
其他流动资产			一年内到期的非流动负债	60 000	
流动资产合计	27 550 000		其他流动负债		
非流动资产：			流动负债合计	1 605 000	
债权投资			非流动负债：		
其他债权投资			长期借款	1 540 000	
长期应收款			应付债券		
长期股权投资			长期应付款		
其他权益工具投资			预计负债		
其他非流动金融资产			递延收益		
投资性房地产			递延所得税负债		
固定资产	21 000 000		其他非流动负债		
在建工程	900 000		非流动负债合计	1 540 000	
生产性生物资产			负债合计	3 145 000	
油气资产			所有者权益（或股东权益）：		
无形资产	5 000 000		实收资本（或股本）	51 305 000	
开发支出			其他权益工具		
商誉			其中：优先股		
长期待摊费用			永续债		
递延所得税资产			资本公积		
其他非流动资产			减：库存股		
非流动资产合计	26 900 000		其他综合收益		
			盈余公积		
			未分配利润		
			所有者权益（或股东权益）合计	51 305 000	
资产总计	54 450 000		负债和所有者权益（或股东权益）总计	54 450 000	

任务三 利 润 表

一、利润表的含义

利润表又称为损益表，是反映企业在一定会计期间经营成果的报表。通过利润表可以从总体上了解企业在一定会计期间的收入、费用及利润(或亏损)的实现及构成情况；同时，通过利润表提供的不同时期的比较数字，可以分析企业的获利能力及利润的未来发展趋势，了解投资者投入资本的保值、增值情况。由于利润既是企业经营业绩的综合体现，又是企业进行利润分配的主要根据，因此，利润表是会计报表中的一张主要报表。

二、利润表的格式和内容

利润表的格式主要有多步式利润表和单步式利润表两种。单步式利润表是将当期所有的收入列在一起，所有的费用列在一起，两者相减得到当期净损益。按照《企业会计制度》规定，我国企业的利润表采用多步式。多步式利润表通过多步计算反映利润总额和净利润的形成过程，其计算步骤和构成内容如下。

第一步，以营业收入为基础，减去营业成本、税金及附加、销售费用、管理费用、研发费用、财务费用、资产减值损失、信用减值损失，加上其他收益、投资收益、净敞口套期收益、公允价值变动收益、资产处置收益，计算出营业利润；

第二步，以营业利润为基础，加上营业外收入，减去营业外支出，计算出利润总额；

第三步，以利润总额为基础，减去所得税费用，计算出净利润；

第四步，以净利润为基础，计算出每股收益；

第五步，以净利润和其他综合收益为基础，计算出综合收益总额。

利润表各项目分为“本期金额”和“上期金额”两栏，其中，“上期金额”需根据上年利润表中该项“本期金额”数字填列，若上期利润表的项目和内容与本年度利润表不符，则应将上期项目名称和金额根据本期规定进行调整后，再填入本期利润表中的“上期金额”中。多步式利润表基本格式如表 8-3-1 所示。

表 8-3-1 利润表(多步式)

会企 02 表

编制单位： 年 月 单位：元

项 目	本期金额	上期金额
一、营业收入		
减：营业成本		
税金及附加		
销售费用		
管理费用		
研发费用		
财务费用		

续表

项　　目	本期金额	上期金额
其中:利息费用		
利息收入		
资产减值损失		
信用减值损失		
加:其他收益		
投资收益(损失以"—"号填列)		
其中:对联营企业和合营企业的投资收益		
净敞口套期收益(损失以"—"号填列)		
公允价值变动收益(损失以"—"号填列)		
资产处置收益(损失以"—"号填列)		
二、营业利润(亏损以"—"号填列)		
加:营业外收入		
减:营业外支出		
三、利润总额(亏损总额以"—"号填列)		
减:所得税费用		
四、净利润(净亏损以"—"号填列)		
五、其他综合收益的税后净额		
(一)不能重分类进损益的其他综合收益		
(二)将重分类进损益的其他综合收益		
六、综合收益总额		
七、每股收益		
(一)基本每股收益		
(二)稀释每股收益		

三、利润表的填制方法

(1)"营业收入"项目,反映企业经营主要业务和其他业务所确认的收入总额,应根据"主营业务收入"和"其他业务收入"科目的发生额分析填列。

【例 8-3-1】 福达公司为热电企业,经营范围主要涉及电力和热力的开发和销售。2018 年,福达公司电力销售收入 3 000 万元,热力销售收入 1 300 万元,其他业务收入 700 万元,则福达公司 2018 年度利润表的"营业收入"的"本期金额"应填列(3 000＋1 300＋700)万元＝5 000 万元。

(2)"营业成本"项目,反映企业经营主要业务和其他业务所发生的成本总额,应根据"主营业务成本"和"其他业务成本"的发生额分析填列。

【例 8-3-2】 福达公司 2018 年度"主营业务成本"科目发生额为 3 000 万元,"其他业务成本”发生额为 300 万元，则福达公司 2018 年“营业成本”的“本期金额”应填列(3 000＋300)万元＝3 300 万元。

(3)“税金及附加”项目，反映企业经营业务应负担的消费税、城市维护建设税、教育费附加、资源税、土地增值税及房产税、车船税、城镇土地使用税、印花税等相关税费，应根据发生额填列。

(4)“销售费用”项目，反映企业在销售商品过程中发生的包装费、广告费等费用和为销售本企业商品而专设的销售机构的职工薪酬、业务费等经营费用。

(5)“管理费用”项目，反映企业为组织和管理生产经营发生的管理费用。

(6)“研发费用”项目，反映企业进行研究与开发过程中发生的费用化支出，应根据“管理费用”科目下的“研发费用”明细科目的发生额分析填列。

(7)“财务费用”项目，反映企业为筹集生产经营所需资金而发生的筹资费用。

【例 8-3-3】 福达公司 2018 年发生银行长期借款利息支出 800 万元，银行短期借款利息支出 70 万元，银行存款利息收入 4 万元，银行手续费支出 14 万元，则福达公司 2018 年“财务费用”的“本期金额”应填列(800＋70－4＋14)万元＝880 万元。

(8)“资产减值损失”项目，反映企业各项资产发生的减值损失。

【例 8-3-4】 福达公司 2018 年存货减值损失 80 万元，坏账损失 20 万元，固定资产减值损失 180 万元，无形资产减值损失 20 万元，则福达公司 2018 年度的“资产减值损失”的“本期金额”应填列(80＋20＋180＋20)万元＝300 万元。

(9)“信用减值损失”项目，反映企业计提的各项金融工具减值准备所形成的预期信用损失，应根据“信用减值损失”发生额分析填列。

(10)“其他收益”项目，反映计入其他收益的政府补助等。

(11)“投资收益”项目，反映企业以各种方式对外投资所取得的收益，如为投资损失，则以“－”号填列。

【例 8-3-5】 福达公司 2018 年度发生了以下投资损益：按权益法核算的长期股权投资收益 300 万元，按成本法核算的长期股权投资收益 200 万元，处置长期股权投资发生的投资损失 400 万元，则福达公司 2018 年的“投资收益”的“本期金额”应填列(300＋200－400)万元＝100 万元。

(12)“净敞口套期收益”项目，反映净敞口套期下被套期项目累计公允价值变动转入当期损益的金额或现金流量套期储备转入当期损益的金额。该项目应根据“净敞口套期损益”科目的发生额分析填列；如为套期损失，以“－”号填列。

(13)“公允价值变动收益”项目，反映企业应当计入当期损益的资产或负债公允价值变动收益，应根据“公允价值变动损益”科目发生额分析填列，如为净损失，以“－”号填列。

(14)“资产处置收益”项目，反映企业出售划分为持有待售的非流动资产(金融工具、长期股权投资和投资性房地产除外)或处置组(子公司和业务除外)时确认的处置利得或损失，以及处置未划分为持有待售的固定资产、在建工程、生产性生物资产及无形资产而产生的处置利得或损失。本项目也包括债务重组中因处置非流动资产产生的利得或损失、非货币性资产交换中换出非流动资产产生的利得或损失。应根据“资产处置损益”科目发生额分析填列，如为损失，以“－”号填列。

(15)“营业利润”项目，反映企业实现的营业利润，如为亏损，以“－”号填列。

(16)“营业外收入”项目,反映企业发生的除营业利润以外的收益,主要包括债务重组利得、与企业日常活动无关的政府补助、盘盈利得、捐赠利得(企业接受股东或股东的子公司直接或间接的捐赠,经济实质属于股东对企业的资本性投入的除外)。

【例 8-3-6】 福达公司 2018 年债务重组利得 60 万元,固定资产盘盈利得 20 万元,捐赠利得 3 万元,则福达公司 2018 年“营业外收入”的“本期金额”应填列(60+20+3)万元=83 万元。

(17)“营业外支出”项目,反映企业发生的与经营业务无直接关系的各项支出,主要包括债务重组损失、公益性捐赠支出、非常损失、盘亏损失、非流动资产毁损报废损失等。

【例 8-3-7】 福达公司 2018 年固定资产盘亏损失 10 万元,罚没支出 8 万元,捐赠支出 1 万元,其他营业外支出 1 万元,则福达公司 2018 年“营业外支出”的“本期金额”应填列(10+8+1+1)万元=20 万元。

(18)“利润总额”项目,反映企业实现的利润。若为亏损,以“—”号填列。

(19)“所得税费用”项目,反映企业应从当期利润总额中扣除的所得税费用。

【例 8-3-8】 福达公司 2018 年度的“所得税费用”科目发生额为 25 万元,则应在利润表中填列 25 万元。

(20)“净利润”项目,反映企业实现的净利润,为利润总额减所得税费用的余额。若为亏损,以“—”号填列。

(21)“其他综合收益的税后净额”项目,反映企业根据企业会计准则规定未在损益中确认的各项利得和损失扣除所得税影响后的净额。

(22)“综合收益总额”项目,反映企业净利润与其他综合收益的税后净额的合计金额。

(23)“每股收益”项目,反映普通股或潜在普通股已公开交易的企业及正处在公开发行普通股或潜在普通股过程中的企业的每股收益信息。

根据例 8-3-1 至例 8-3-8,可填列表 8-3-2(部分数据来自其他资料)。

表 8-3-2 利润表

会企 02 表

编制单位:福达公司 2018 年 12 月 单位:元

项　目	本期金额	上期金额
一、营业收入	50 000 000	
减:营业成本	33 000 000	
税金及附加	5 000 000	
销售费用		
管理费用		
研发费用		
财务费用	8 800 000	
其中:利息费用	8 840 000	
利息收入	—40 000	
资产减值损失	3 000 000	
信用减值损失		
加:其他收益		

续表

项　　目	本期金额	上期金额
投资收益(损失以"—"号填列)	1 000 000	
其中:对联营企业和合营企业的投资收益	3 000 000	
净敞口套期收益(损失以"—"号填列)		
公允价值变动收益(损失以"—"号填列)		
资产处置收益(损失以"—"号填列)		
二、营业利润(亏损以"—"号填列)	1 200 000	
加:营业外收入	830 000	
减:营业外支出	200 000	
三、利润总额(亏损总额以"—"号填列)	1 830 000	
减:所得税费用	250 000	
四、净利润(净亏损以"—"号填列)	1 580 000	
五、其他综合收益的税后净额		
(一)不能重分类进损益的其他综合收益		
(二)将重分类进损益的其他综合收益		
六、综合收益总额		
七、每股收益		
(一)基本每股收益		
(二)稀释每股收益		

任务四　现金流量表

一、现金流量表的意义

现金流量表是以收付实现制为基础的,反映企业在一定期间内现金及现金等价物流入和流出情况的财务报表。现金流量表主要涉及三大活动:经营活动、投资活动和筹资活动。现金流量表是以现金为基础编制的,是对资产负债表和利润表的重要补充,为企业会计报表使用者提供企业一定会计期间内现金和现金等价物流入和流出的信息,以便于报表使用者了解和评价企业获取现金和现金等价物的能力,并据以预测企业未来现金流量。现金流量表,能够说明企业一定期间内现金流入和流出的原因,说明企业的偿债能力和支付股利的能力;也能用以分析企业未来获取现金的能力,分析企业的收益质量和影响现金净流量的因素,有助于对企业的整体财务状况和生存质量做出评价。

二、现金及现金等价物的概念

现金流量表中的现金是指企业的库存现金及可随时用于支付的存款,主要包括库存现金、银行存款和其他货币资金。现金等价物是指企业持有的期限短、流动性强、易于转换为已知金额的现金,价值变动风险很小的投资。

(1)库存现金是指企业持有可随时用于支付的现金,也就是目前企业会计核算中"现金"科目核算的内容。

(2)银行存款。银行存款是指企业存放在银行或其他金融机构,随时可以用于支付的存款,与目前企业会计核算中"银行存款"科目核算的内容基本一致。它不包含不能随时支取的定期存款,但提前通知金融机构便可支取的定期存款,应包含在现金范围内。

(3)其他货币资金。其他货币资金是指企业存在银行有特定用途的资金或在途尚未收到的资金,包括外埠存款、银行汇票存款、银行本票存款和在途货币资金等,与目前企业在会计核算中"其他货币资金"科目核算的内容一致。

(4)现金等价物。一般投资被确认为现金等价物必须满足现金等价物的定义,常见的现金等价物包括企业购入的在证券市场上流通的三个月内到期的短期债券投资等。企业编制现金流量表时,应明确现金等价物的确认标准和范围,并在会计报表注释中加以说明。

三、现金流量的分类

现金流量表将企业一定期间内产生的现金流量归为经营活动产生的现金流量、投资活动产生的现金流量和筹资活动产生的现金流量三类。

(一)经营活动产生的现金流量

经营活动是指企业投资活动和筹资活动以外的所有交易和事项。经营活动的现金流入主要是指销售或提供劳务、经营性租赁等所收到的现金;经营活动的现金流出主要是指购买货物、接受劳务、制造产品、广告宣传、推销产品、缴纳税款等所支付的现金。通过现金流量表中所反映的经营活动产生的现金流量,可以说明企业经营活动对现金流入和流出净额的影响程度。

(二)投资活动产生的现金流量

投资活动是指企业长期资产的购建和不包含在现金等价物范围内的投资及其处置活动。投资活动的现金流入主要包括收回投资收到的现金,分得的股利、利润或取得债券利息收入收到的现金,以及处置固定资产、无形资产和其他长期资产收到的现金;投资活动的现金流出则是指购建固定资产、无形资产和其他长期投资所支付的现金,以及进行权益性或债权性投资所支付的现金。因为现金等价物已视同现金,所以投资活动产生的现金流量中不包括将现金转换现金等价物这类投资活动产生的现金流量。通过现金流量表中所反映的投资活动所产生的现金流量,可以分析企业通过投资获取现金流量的能力,以及投资产生的现金流量对企业现金流量净额的影响程度。

(三)筹资活动产生的现金流量

筹资活动是指导致企业资本及债务规模和构成发生变化的活动。筹资活动的现金流入主要包括吸收权益性投资所收取到的现金,以及发行债券或借款所收到的现金;筹资活动的现金流出主要包括偿还债务或减少注册资本所支付的现金,发生筹资费用所支付的现金,分配股利、利润或偿还利息所支付的现金,以及融资租赁所支付的现金等。通过现金流量表中所反映的筹资活动产生的现金流量,可以分析企业筹资的能力,以及筹资产生的现金流量对企业现金流量净额的影响程度。

四、现金流量表的基本格式

我国《企业会计准则第 31 号——现金流量表》中规定的现金流量表，属于年度报表，其基本格式如表 8-4-1 所示。

表 8-4-1 现金流量表

会企 03 表

编制单位： 年 月 单位：元

项目	本期金额	上期金额
一、经营活动产生的现金流量：		
销售商品、提供劳务收到的现金		
收到的税费返还		
收到其他与经营活动有关的现金		
经营活动现金流入小计		
购买商品、接受劳务支付的现金		
支付给职工以及为职工支付的现金		
支付的各项税费		
支付其他与经营活动有关的现金		
经营活动现金流出小计		
经营活动产生的现金流量净额		
二、投资活动产生的现金流量：		
收回投资收到的现金		
取得投资收益收到的现金		
处置固定资产、无形资产和其他长期资产收回的现金净额		
处置子公司及其他营业单位收到的现金净额		
收到其他与投资活动有关的现金		
投资活动现金流入小计		
购建固定资产、无形资产和其他长期资产支付的现金		
投资支付的现金		
取得子公司及其他营业单位支付的现金净额		
支付其他与投资活动有关的现金		
投资活动现金流出小计		
投资活动产生的现金流量净额		
三、筹资活动产生的现金流量：		
吸收投资收到的现金		
取得借款收到的现金		
收到其他与筹资活动有关的现金		

续表

项　　目	本期金额	上期金额
筹资活动现金流入小计		
偿还债务支付的现金		
分配股利、利润或偿付利息支付的现金		
支付其他与筹资活动有关的现金		
筹资活动现金流出小计		
筹资活动产生的现金流量净额		
四、汇率变动对现金及现金等价物的影响		
五、现金及现金等价物净增加额		
加:期初现金及现金等价物余额		
六、期末现金及现金等价物余额		

补充资料	行　　次	金　　额
1.将净利润调节为经营活动的现金流量:		
净利润		
加:资产减值准备		
固定资产折旧、油气资产损耗、生产性生物资产折旧		
无形资产摊销		
长期待摊费用摊销		
处置固定资产、无形资产和其他非流动资产的损失(收益以“－”号填列)		
固定资产报废损失(收益以“－”号填列)		
公允价值变动损失(收益以“－”号填列)		
财务费用(收益以“－”号填列)		
投资损失(收益以“－”号填列)		
递延所得税资产减少(增加以“－”号填列)		
递延所得税负债增加(减少以“－”号填列)		
存货减少(增加以“－”号填列)		
经营性应收项目减少(增加以“－”号填列)		
经营性应付项目增加(减少以“－”号填列)		
其他		
经营活动产生的现金流量净额		
2.不涉及现金收支的重大投资和筹资活动:		
债务转为资本		
一年内到期的可转换公司债券		

续表

补充资料	行　次	金　额
融资租入固定资产		
3. 现金及现金等价物净变动情况：		
现金的期末余额		
减：现金的期初余额		
加：现金等价物的期末余额		
减：现金等价物的期初余额		
现金及现金等价物净增加额		

五、现金流量表的填制方法

（一）经营活动产生的现金流量

（1）"销售商品、提供劳务收到的现金"项目，反映企业销售商品、提供劳务实际收到的现金（含销售收入和应向购买者收取的增值税额）。遵循收付实现制，即无论何时销售，只要属于本期收现的业务均需要记录。本项目主要包括：本期销售商品、提供劳务收到的现金，前期销售商品、提供劳务本期收到的现金和本期预收的账款，企业销售材料和代购代销业务及经营租赁收到的现金，减去本期被退货支付的现金及票据贴现的利息。

销售商品、提供劳务收到的现金＝主营业务收入＋本期发生的增值税销项税额＋应收账款（期初余额－期末余额）＋应收票据（期初余额－期末余额）＋预收账款（期末余额－期初余额）－当期计提的坏账准备－票据贴现的利息－当期销售退回而支付的现金＋当期收回前期核销的坏账准备

（2）"收到的税费返还"，是指企业上交后由税局等政府部门返还的增值税、消费税、所得税、关税和教育附加税返还款等。

（3）"收到其他与经营活动有关的现金"，是指除了上述项目收到的现金外，与企业经营活动有关的现金流入，如银行存款利息、罚款收入、经营性租赁收入、流动资产损失中由个人赔偿的现金收入等。

（4）"购买商品、接受劳务支付的现金"包括本期购买商品和接受劳务支付的现金，前期购买商品和接受劳务的未付款项，本期预付的商品款和劳务款，减去本期发生购货退回而收到的现金。

购买商品、接受劳务支付的现金＝营业成本＋存货项目（期末余额－期初余额）（不扣除存货跌价准备）＋本期发生的增值税进项税额＋应付账款项目（期初余额－期末余额）＋应付票据项目（期初余额－期末余额）＋预付款项项目（期末余额－期初余额）－当期列入生产成本、制造费用的工资及福利费－当期列入生产成本、制造费用的折旧费和固定资产大修理费－当期因购货退回的现金

（5）"支付给职工以及为职工支付的现金"，反映企业实际支付给职工以及为职工支付的现金。该项目包括本期实际支付给职工的工资、奖金、各种津贴和补贴等，以及为职工支付的养老、失业等社会保险基金和补充养老保险，企业为职工支付的商业保险金、住房公积金，支付给

职工的住房困难补助和企业支付给职工或为职工支付的福利费用等。该项目不包括支付给离退休人员的各种费用。上述职工不包括“在建工程人员”。

支付给职工以及为职工支付的现金＝本期产品成本及费用中的职工薪酬＋应付职工薪酬(除在建工程人员)(期初余额－期末余额)

(6)“支付的各项税费”,反映企业实际支付的各种税金和支付的教育费附加、印花税、房产税等。该项目不包括支付的计入固定资产价值的耕地占用税,本期退回的增值税、所得税等。

(7)“支付其他与经营活动有关的现金”,反映企业除上述各项目外,支付的其他与经营活动有关的现金流出,如罚款支出、支付的差旅费、经营租赁的租金、业务招待费现金支出、支付的保险费、支付给离退休人员的各种费用等。

支付其他与经营活动有关的现金＝“管理费用”中除职工薪酬、支付的税金和未支付现金的费用外的费用(即支付的其他费用)＋“制造费用”中除职工薪酬和未支付现金的费用外的费用(即支付的其他费用)＋“销售费用”中除职工薪酬和未支付现金的费用外的费用(即支付的其他费用)＋“财务费用”中支付的结算手续费＋“其他应收款”中支付职工预借的差旅费＋“其他应付款”中支付的经营租赁的租金＋“营业外支出”中支付的罚款支出等

(二)投资活动产生的现金流量

(1)“收回投资收到的现金”,反映企业出售、转让或到期收回除现金等价物以外的短期投资、长期股权投资而收到的现金,以及收回长期债权投资本金而收到的现金,不包括长期债权投资收回的利息及收回的非现金资产。

(2)“取得投资收益收到的现金”,反映企业因股权性投资和债权性投资而取得的现金股利、利息,以及从子公司、联营企业或合营企业分回利润而收到的现金。

(3)“处置固定资产、无形资产和其他长期资产收回的现金净额”,反映企业处置固定资产、无形资产和其他长期资产而收到的现金,减去处置资产而支付的有关费用后的净额。该项目包括固定资产等因损失而收到的保险赔款等。

(4)“处置子公司及其他营业单位收到的现金净额”,反映企业处置子公司及其他营业单位收到的现金,减去相关税费以后的净额。

(5)“收到其他与投资活动有关的现金”,反映企业除上述各项目外,收到的其他与投资活动有关的现金流入,如收到的属于购买时买价中所包含的现金股利或已到付息期的利息等。

(6)“购建固定资产、无形资产和其他长期资产所支付的现金”,反映企业购买、建造固定资产,购买无形资产和其他长期资产所支付的现金,包括购买固定资产等产生的汇兑损益。该项目不包括资本化的借款利息、融资租入固定资产所支付的租赁费以及分期付款购建固定资产除第一期外其他各期支付的款项,这些项目在筹资活动产生的现金流量中反映。

(7)“投资支付的现金”,反映企业进行权益性投资和债权性投资所支付的现金,包括企业取得的除现金等价物以外的短期股票投资、短期债券投资、长期股权投资、长期债权投资支付的现金,以及支付的佣金、手续费等附加费用。

(8)“取得子公司及其他营业单位支付的现金净额”,反映企业在购买子公司或其他营业单位中用现金支付的金额减去子公司或其他营业单位持有的现金及现金等价物后的净额。

(9)“支付其他与投资活动有关的现金”,反映企业除上述各项目外,支付的其他与投资活动有关的现金。如购买股票和债券时,支付的买价中所包含的已宣告发放但尚未领取的现金股利

或已到付息期但尚未领取的利息等。

(三)筹资活动产生的现金流量

(1)“吸收投资收到的现金”,反映企业以发行股票、债券等方式筹集资金实际收到的款项净额(发行收入减去支付的佣金等发行费用后的净额)。企业发行股票时由企业直接支付的评估费、审计费、咨询费以及发行债券支付的印刷费等发行费用,不能从本项目中扣除。

(2)“取得借款收到的现金”,反映企业本期实际借入短期借款、长期借款所收到的现金。但本期偿还借款支付的现金不能从本项目中扣除。

(3)“收到其他与筹资活动有关的现金”,反映企业除上述各项目外,收到的其他与筹资活动有关的现金。

(4)“偿还债务支付的现金”,反映企业以现金偿还短期借款、长期借款和应付债券的本金。该项目不包括偿还的借款利息、债券利息(应在“分配股利、利润或偿付利息所支付的现金”中反映)。

(5)“分配股利、利润或偿付利息支付的现金”,反映企业实际支付的现金股利、利润和支付的借款利息、债券利息等。

(6)“支付其他与筹资活动有关的现金”,反映企业除上述各项目外,支付的其他与筹资活动有关的现金,如支付的筹资费用、支付的融资租赁费、分期付款购建固定资产除第一期外其他各期支付的款项等。

任务五 所有者权益变动表

一、所有者权益变动表的含义和作用

所有者权益变动表是指反映构成所有者权益各组成部分当期增减变动情况的报表。通过所有者权益变动表,投资者可了解该企业所有者权益总量的增减变动情况及原因,还可了解企业的经济实力、抵御风险的能力、企业自由资本的质量和股利分配政策等信息。

二、所有者权益变动表的结构和内容

所有者权益变动表属于动态报表,反映企业所有者权益从年初至年末的增减变动过程。从横轴上看,所有者权益变动表分为本年金额和上年金额,列示两个会计年度所有者权益各项目的变动情况。“上年金额”根据上年度所有者权益变动表填列,若上年度所有者权益变动表规定的各项目名称和内容与本年度不同的,应先根据本年度的规定进行调整,再填入本年度所有者权益变动表的“上年金额”栏内。从纵轴上看,所有者权益变动表的内部可分为四部分:

第一,针对上年年末余额,修正由于会计政策变更和前期差错导致的差额,形成本年年初余额。

第二,本年年初余额加减本年增加变动情况得到本年年末余额。其中,本年增减变动金额受综合收益总额、所有者投入和减少资本、利润分配的影响。

第三,所有者权益内部结转是指所有者权益内部项目之间的相互转化,主要包括资本公积转增资本、盈余公积转增资本、盈余公积弥补亏损、设定受益计划变动额结转留存收益等。所有者权益内部结转虽引起资本结构变化，但不影响所有者权益总额。

第四，计算本年年末余额。

所有者权益变动表基本格式如表 8-5-1 所示。

表 8-5-1　所有者权益变动表　　会企 04 表

编制单位：　　年度　　单位：元

项　目	本年金额										上年金额									
	实收资本(或股本)	其他权益工具			资本公积	减：库存股	其他综合收益	盈余公积	未分配利润	所有者权益合计	实收资本(或股本)	其他权益工具			资本公积	减：库存股	其他综合收益	盈余公积	未分配利润	所有者权益合计
		优先股	永续债	其他								优先股	永续债	其他						
一、上年年末余额																				
加：会计政策变更																				
前期差错更正																				
其他																				
二、本年年初余额																				
三、本年增减变动金额(减少以"－"号填列)																				
(一)综合收益总额																				
(二)所有者投入和减少资本																				
1.所有者投入的普通股																				
2.其他权益工具持有者投入资本																				
3.股份支付计入所有者权益的金额																				
4.其他																				
(三)利润分配																				
1.提取盈余公积																				
2.对所有者(或股东)的分配																				
3.其他																				
(四)所有者权益内部结转																				
1.资本公积转增资本(或股本)																				
2.盈余公积转增资本(或股本)																				
3.盈余公积弥补亏损																				
4.设定受益计划变动额结转留存收益																				
5.其他综合收益结转留存收益																				
6.其他																				
四、本年年末余额																				

三、所有者权益变动表的填制方法

(1)“上年年末余额”项目，反映企业上年资产负债表中所有者权益的年末数。

(2)“会计政策变更”和“前期差错更正”项目，分别反映企业采用追溯调整法处理的会计政策变更的累积影响金额和采用追溯重述法处理的会计差错更正的累积影响金额。

(3)“本年年初余额”项目，是指上年年末余额加减因“会计政策变更”和“前期差错更正”等所引起的所有者权益项目的增减数后的余额。

(4)“本年增减变动金额”项目：

①“综合收益总额”项目，反映净利润和其他综合收益扣除所得税影响后的净额的合计金额。

②“所有者投入和减少资本”项目，反映企业当年所有者投入的资本和减少的资本。

a.“所有者投入的普通股”项目，反映企业接受投资者投入形成的实收资本(或股本)和资本溢价或股本溢价。

b.“其他权益工具持有者投入资本”项目，反映企业接受其他权益工具持有者投入资本。

c.“股份支付计入所有者权益的金额”项目，是指企业为获取职工和其他方提供服务而授予权益工具或者承担以权益工具为基础确定的负债的交易。股份支付分为以权益结算的股份支付和以现金结算的股份支付。对于可行权日在首次执行日或之后的股份支付，应当根据《企业会计准则第 11 号——股份支付》的规定，按照权益工具、其他方服务或承担的以权益工具为基础计算确定的负债的公允价值，将应计入首次执行日之前等待期的成本费用金额调整留存收益，相应增加所有者权益或负债。

③“利润分配”项目，反映企业当年的利润分配金额，包括提取盈余公积、计算应付现金股利或利润等。

④“所有者权益内部结转”项目，反映企业构成所有者权益的组成部分之间当年的增减变动情况，包括资本公积转增资本、盈余公积转增资本、盈余公积弥补亏损、设定受益计划变动额结转留存收益和其他综合收益结转留存收益等。

a.“设定受益计划变动额结转留存收益”项目，反映企业因重新计量设定受益计划净负债或净资产所产生的变动计入其他综合收益，结转至留存收益的金额。

b.“其他综合收益结转留存收益”项目，主要反映：一、企业指定为以公允价值计量且其变动计入其他综合收益的非交易性权益工具投资终止确认时，之前计入其他综合收益的累计利得或损失从其他综合收益中转入留存收益的金额；二、企业指定为以公允价值计量且其变动计入当期损益的金融负债终止确认时，之前由企业自身信用风险变动引起而计入其他综合收益的累计利得或损失从其他综合收益中转入留存收益的金额等。该项目应根据“其他综合收益”科目的相关明细科目的发生额分析填列。

复习思考题

1.什么是会计报表？会计报表有什么作用？

2.说明会计报表的种类。

3.编制会计报表应遵循哪些要求？

4.试述资产负债表的编制方法。

主要概念

会计报表　资产负债表　现金流量　所有者权益

项目九

会计工作交接与会计档案管理

JICHU KUAIJI

知识目标

1. 了解会计工作交接的要求及程序。
2. 了解会计档案的内容。
3. 了解各种会计档案的保管期限。

技能目标

1. 掌握如何进行会计工作交接。
2. 掌握如何进行会计档案的整理、装订、保管、查阅与销毁等。

任务一　会计工作交接

会计工作交接，是会计工作中的一项重要内容，办好会计工作交接，有利于保持会计工作的连续性，有利于明确各自的责任。

会计人员调动工作或者离职时，与接替人员办清交接手续，可以使会计工作前后紧密衔接，保证会计工作连续进行，防止因会计人员的更换而出现会计核算混乱的现象，同时可以分清移交人员和接替人员的责任。关于会计工作交接问题，有关的会计法规都做了明确规定。《会计法》第四十一条规定，会计人员调动工作或者离职，必须与接管人员办清交接手续。《会计基础工作规范》第二章第三节对会计工作交接做了具体规定。

一、会计工作交接的要求

(1)会计人员工作调动或者因故离职，必须将本人所经管的会计工作全部移交给接替人员。没有办清交接手续的，不得调动或者离职。

(2)会计人员临时离职或者因病不能工作且需要接替或者代理的，会计机构负责人、会计主管人员或者单位领导人必须指定有关人员接替或者代理，并办理交接手续。临时离职或者因病不能工作的会计人员恢复工作的，应当与接替或者代理人员办理交接手续。移交人员因病或者其他特殊原因不能亲自办理移交的，经单位领导人批准，可由移交人员委托他人代办移交，但委托人应当承担对所移交的会计凭证、会计账簿、会计报表和其他有关资料的合法性、真实性承担法律责任。

(3)接替人员应当认真接管移交工作，并继续办理移交的未了事项。移交后，如果发现原经管的会计业务有违反财会制度和财经纪律等问题，仍由原移交人负责。接替人员应当继续使用移交的会计账簿，不得自行另立新账，以保持会计记录的连续性。

(4)单位撤销时，必须留有必要的会计人员，会同有关人员办理清理工作，编制决算。未移交前，不得离职。接收单位和移交日期由主管部门确定。

二、会计工作交接的流程

(一)移交前的准备工作

会计人员办理移交手续前，必须及时做好以下工作：

(1)已经受理的经济业务尚未填制会计凭证的,应当填制完毕。

(2)尚未登记的账目,应当登记完毕,并在最后一笔余额后加盖经办人员印章。

(3)整理应该移交的各项资料,对未了事项写出书面材料。

(4)编制移交清册,列明应当移交的会计凭证、会计账簿、会计报表、印章、现金、有价证券、支票簿、发票、文件、其他会计资料和物品等内容。

(二)移交内容

移交人员在办理移交时,要按移交清册逐项移交,接替人员要逐项核对点收,具体内容包括:

(1)现金、有价证券要根据会计账簿有关记录进行点交。库存现金、有价证券必须与会计账簿记录保持一致。不一致时,移交人员必须限期查清。

(2)会计凭证、会计账簿、会计报表和其他会计资料必须完整无缺。如有短缺,必须查清原因,并在移交清册中注明,由移交人员负责。

(3)银行存款账户余额要与银行对账单核对,如不一致,应当编制银行存款余额调节表调节相符,各种财产物资和债权债务的明细账户余额要与总账有关账户余额核对相符;必要时,要抽查个别账户的余额,与实物核对相符,或者与往来单位、个人核对清楚。

(4)移交人员经管的票据、印章和其他实物等,必须交接清楚。

(5)会计机构负责人、会计主管人员移交时,还必须将全部财务会计工作、重大财务收支和会计人员的情况等,向接替人员详细介绍。对需要移交的遗留问题,应当写出书面材料。

(三)监交

会计人员办理交接手续,必须有监交人负责监交。其中:

(1)一般会计人员办理交接手续,由单位会计机构负责人、会计主管人员负责监交;

(2)会计机构负责人、会计主管人员办理交接手续,由单位负责人监交,必要时可由上级主管部门派人会同监交。

通过监交,保证双方都按照国家有关规定认真办理交接手续,防止流于形式,保证会计工作不因人员变动受影响,保证交接双方处在平等的法律地位上享有权利和承担义务,不允许任何一方以大压小、以强凌弱,或采取不正当乃至非法手段进行威胁。

(四)交接完毕后事项

交接双方和监交人员要在移交清册上签名或者盖章,并应在移交清册上注明:

(1)单位名称、交接日期;

(2)交接双方和监交人员的职务、姓名;

(3)移交清册页数以及需要说明的问题和意见等。

移交清册一般应当填制一式三份,交接双方各执一份,存档一份。

交接工作完成后,移交人员应当对移交的会计资料的真实性、完整性负责。

任务二 会计档案的整理与装订

会计档案管理是会计工作的一项基本内容,也是实现会计基础规范化的重要环节。

一、会计档案及其内容

会计档案是指会计凭证、会计账簿和财务报告等会计核算专业材料，是记录和反映企业经济业务的重要史料和证据。会计档案具体包括：

(1)会计凭证，包括原始凭证、记账凭证；

(2)会计账簿，包括总账、明细账、日记账、固定资产卡片及其他辅助性账簿；

(3)财务会计报告，包括月度、季度、半年度、年度财务会计报告；

(4)其他会计资料，包括银行存款余额调节表、银行对账单、纳税申报表、会计档案移交清册、会计档案保管清册、会计档案销毁清册等。

二、电子会计档案及其要求

单位可以利用计算机、网络通信等信息技术手段管理会计档案。同时满足下列条件的，单位内部形成的属于归档范围的电子会计资料可仅以电子形式保存，形成电子会计档案：

(1)形成的电子会计资料来源真实有效，由计算机等电子设备形成和传输；

(2)使用的会计核算系统能够准确、完整、有效接收和读取电子会计资料，能够输出符合国家标准归档格式的会计凭证、会计账簿、财务会计报表等会计资料，设定了经办、审核、审批等必要的审签程序；

(3)使用的电子档案管理系统能够有效接收、管理、利用电子会计档案，符合电子档案的长期保管要求，并建立了电子会计档案与相关联的其他纸质会计档案的检索关系；

(4)采取有效措施，防止电子会计档案被篡改；

(5)建立电子会计档案备份制度，能够有效防范自然灾害、意外事故和人为破坏的影响；

(6)形成的电子会计资料不属于具有永久保存价值或者其他重要保存价值的会计档案。

三、会计档案的整理装订

每一个会计年度终了，企业会计机构负责对会计资料进行整理立卷。整理时应对会计资料按一定标准进行分类，然后装订成册，并按统一的次序排放。

(一)会计凭证的整理装订

在完成每月所有经济业务的账务处理后，应按月将会计凭证进行整理，并装订成册。基本步骤如下：

1.整理会计凭证

(1)将记账凭证分类按顺序号整理排列，清除原始凭证中的订书针、大头针、曲别针等金属物。

(2)将超过记账凭证宽度和长度的原始凭证，以记账凭证大小为基础整齐地折叠进去。注意应把其左上角或左侧面让出空来，以便装订后还可以展开查阅。

(3)将每类记账凭证按适当厚度分成若干册，每册的厚度尽可能保持一致，一般为1.5厘米左右，以保证装订牢固，美观大方。若单位采用科目汇总表账务处理程序或汇总记账凭证账务处理程序，在分册时还应兼顾记账凭证的汇总范围，并将科目汇总表或汇总记账凭证附于各册记账凭证之前。

2.装订会计凭证

(1)用会计凭证装订机在每册记账凭证的左上角或左侧面的适当位置选两个或三个点打孔。

(2)用装订线分别穿眼，绕扎多次，捆紧扎牢。若使用全自动装订机，则打孔、装订可一次性自动完成。

(3)给每册凭证加具封面和封底，封面上要注明单位名称及凭证类别、日期、起止号码、本月共几册、本册为第几册等内容，并由会计主管人员和装订人员分别签章。会计凭证封面格式如图 9-2-1 所示，抽出附件登记表格式如图 9-2-2 所示。原始凭证较多时可单独装订，如收料单和领料单等，可以单独装订成册保管，在其封面上注明所属记账凭证日期、编号、种类，同时在所属的记账凭证上注明“附件另订”及原始凭证的名称和编号，以便查阅。

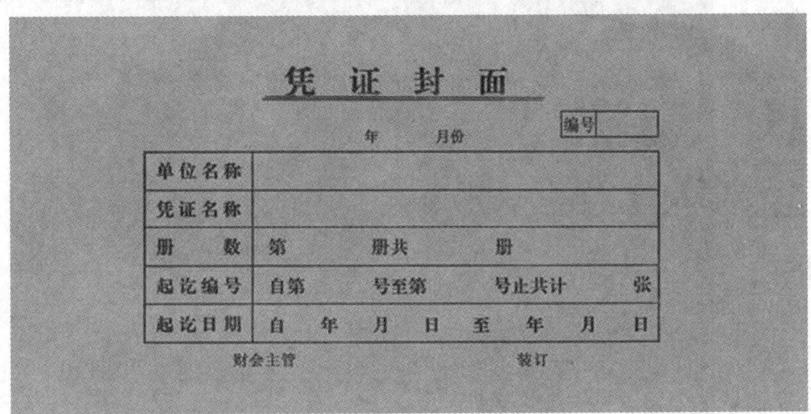

凭　证　封　面

年　　月份　　　　编号

单位名称	
凭证名称	
册　　数	第　　　册共　　　册
起讫编号	自第　　　号至第　　　号止共计　　　张
起讫日期	自　年　月　日　至　年　月　日

财会主管　　　　　　装订

图 9-2-1　会计凭证封面格式

抽 出 附 件 登 记 表

抽出日期			抽出附件详细名称	理　由	抽取人签单	审批人签单	归还日期	备注
年	月	日						

图 9-2-2　抽出附件登记表格式

(二)会计账簿的整理装订

年度终了，各种账簿在结转下年、建立新账后，要统一整理归档。

对活页式账簿，应将其中的空白页取出，按所有实际使用的账页排列顺序编号，并填写账簿目录表后装订成册。对多栏式活页账、三栏式活页账、数量金额式活页账等不得混装，应分类进行整理装订。

(三)会计报表的整理装订

会计报表编制完成及时报送后,留存的报表应按月装订成册,小企业可按季装订成册。会计报表装订前应加具封面,并在封面中注明企业名称、报表时间等,经企业负责人和财务主管审核、盖章后归档。会计报表封面格式如图 9-2-3 所示。会计报表装订顺序为会计报表封面、会计报表编制说明、各种会计报表按其编号顺序排列、会计报表的封底。

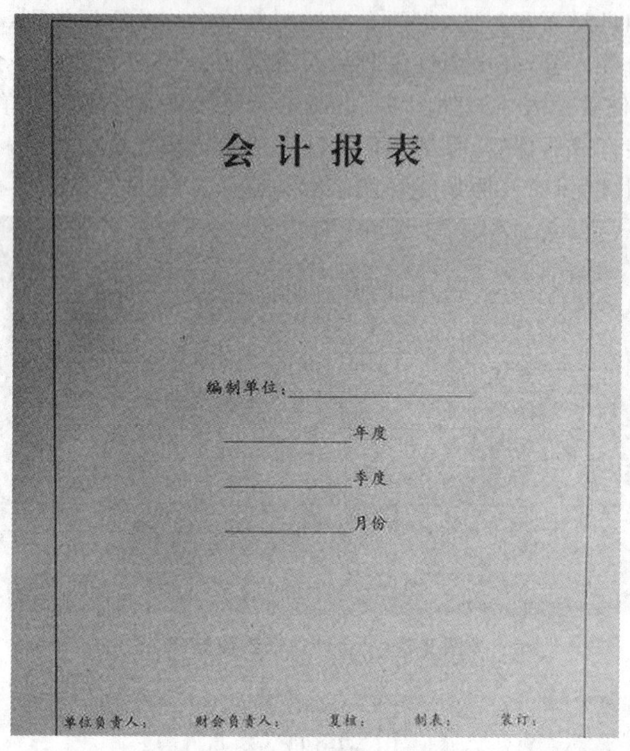

图 9-2-3 会计报表封面格式

任务三 会计档案的保管

一、会计档案的归档

当年形成的会计档案,在会计年度终了后,可暂由单位财会部门保管 1 年。期满后,原则上应由财会部门编造清册,移交本单位档案部门按规定的期限统一保管;未设立档案部门的,应在财会部门内部指定专人保管,但出纳员不得兼管会计档案。

档案部门接收保管的会计档案,原则上应保持原卷册的封装,个别需要拆封重新整理的,应当会同财会部门和经办人共同拆封整理,以分清责任。

各单位对会计档案应当科学管理,做到妥善保管、存放有序、查找方便,同时严格执行安全和保密制度,不得随意堆放,严防毁损、散失和泄密。

二、会计档案的保管期限

会计档案的保管期限分为永久、定期两类。定期保管期限一般分为10年和30年。会计档案的保管期限,从会计年度终了后的第一天算起。各种会计档案的保管期限如表9-3-1所示。

表9-3-1 企业和其他组织会计档案保管期限表

序号	档案名称	保管期限	备注
一	会计凭证		
1	原始凭证	30年	
2	记账凭证	30年	
二	会计账簿		
3	总账	30年	
4	明细账	30年	
5	日记账	30年	
6	固定资产卡片		固定资产报废清理后保管5年
7	其他辅助性账簿	30年	
三	财务会计报告		
8	月度、季度、半年度财务会计报告	10年	
9	年度财务会计报告	永久	
四	其他会计资料		
10	银行存款余额调节表	10年	
11	银行对账单	10年	
12	纳税申报表	10年	
13	会计档案移交清册	30年	
14	会计档案保管清册	永久	
15	会计档案销毁清册	永久	
16	会计档案鉴定意见书	永久	

三、会计档案的查阅与销毁

(一)会计档案的查阅

单位应当严格按照相关制度利用会计档案,在进行会计档案查阅、复制、借出时履行登记手续,严禁篡改和损坏。

单位保存的会计档案一般不得对外借出。确因工作需要且根据国家有关规定必须借出的,应当严格按照规定办理相关手续。

会计档案借用单位应当妥善保管和利用借入的会计档案,确保借入会计档案的安全完整,并在规定时间内归还。

(二)会计档案的销毁

经鉴定可以销毁的会计档案,应当按照以下程序销毁:

(1)单位档案管理机构编制会计档案销毁清册,列明拟销毁会计档案的名称、卷号、册数、起止年度、档案编号、应保管期限、已保管期限和销毁时间等内容。

(2)单位负责人、档案管理机构负责人、会计管理机构负责人、档案管理机构经办人、会计管理机构经办人在会计档案销毁清册上签署意见。

(3)单位档案管理机构负责组织会计档案销毁工作,并与会计管理机构共同派员监销。监销人在会计档案销毁前,应当按照会计档案销毁清册所列内容进行清点核对;在会计档案销毁后,应当在会计档案销毁清册上签名或盖章。

保管期满但未结清的债权债务会计凭证和涉及其他未了事项的会计凭证不得销毁,纸质会计档案应当单独抽出立卷,电子会计档案单独转存,保管到未了事项完结时为止。

单独抽出立卷或转存的会计档案,应当在会计档案鉴定意见书、会计档案销毁清册和会计档案保管清册中列明。

复习思考题

1. 会计工作交接的流程是怎样的?
2. 会计档案具体包括哪些内容?
3. 各种会计档案的保管期限是如何规定的?

主要概念

会计工作交接　会计档案　会计档案的保管期限

参考文献

[1]中华人民共和国财政部.企业会计准则(合订本)[M].北京:经济科学出版社,2017.

[2]企业会计准则编审委员会.企业会计准则详解与实务[M].修订版.北京:人民邮电出版社,2019.

[3]赵红英,丁金平,许苏瑾.基础会计[M].成都:电子科技大学出版社,2018.

[4]广东青年职业学院.基础会计[M].广州:华南理工大学出版社,2015.

[5]财政部会计资格评价中心.初级会计实务[M].北京:经济科学出版社,2017.

[6]张捷,刘英明.基础会计[M].6版.北京:中国人民大学出版社,2019.

[7]约翰·J.怀尔德,肯·W.肖,巴巴拉·基亚佩塔.会计学原理[M].21版.崔学刚,译.北京:中国人民大学出版社,2015.

[8]石本仁,谭小平.会计学原理[M].微课版4版.北京:人民邮电出版社,2018.

[9]陈国辉,迟旭升.基础会计[M].6版.大连:东北财经大学出版社,2018.

[10]孔德兰.企业财务会计[M].北京:高等教育出版社,2011.

[11]席进财.会计综合实训教程[M].北京:机械工业出版社,2018.

[12]邵瑞庆.会计学原理[M].4版.上海:立信会计出版社,2016.

[13]张艳萍.会计学原理与实务[M].4版.厦门:厦门大学出版社,2018.

[14]宋粉鲜,罗艳妮.会计学原理实训教程[M].上海:立信会计出版社,2015.